기독교문서선교회(Christian Literature Center: 약칭 CLC)는 1941년 영국 콜체스터에서 켄 아담스에 의해 시작되었으며 국제 본부는 미국 필라델피아에 있습니다.
국제 CLC는 59개 나라에서 180개의 본부를 두고, 약 650여 명의 선교사들이 이동도서차량 40대를 이용하여 문서 보급에 힘쓰고 있으며 이메일 주문을 통해 130여 국으로 책을 공급하고 있습니다. 한국 CLC는 청교도적 복음주의 신학과 신앙 서적을 출판하는 문서선교기관으로서, 한 영혼이라도 구원되길 소망하면서 주님이 오시는 그날까지 최선을 다할 것입니다.

추천사

임 열 수 박사
전, 건신대학원대학교 총장

나는 톰슨 매튜(Thomson Mathew) 교수를 만나 34년간 교분을 나눈 가까운 친구로서 하나님 나라를 함께 세우는 동역자로 보내는 축복을 누리게 된 것을 늘 감사하고 있습니다. 매튜 교수는 2대째 오순절 목회자 집안에서 태어나 자신도 목회자가 되기로 결심하여 예일(Yale)대학교 신학대학원을 졸업한 후에 코네티컷주에서 100명이 모이는 백인 교회를 담임하여 5년 동안 500명으로 부흥시켰습니다. 그 후 매튜 교수는 오랄 로버츠 목사님이 전인적 치료를 위해 세운 믿음의 도시 병원의 초대 원목으로 시작해서 후에 오랄로버츠대학교 교수가 되더니 급기야는 신학대학교의 학장이 되어 전 세계에서 오는 학생들을 성령 충만한 목회자로 만드는 훈련을 책임지는 축복을 받게 되었습니다.

목회학 박사와 교육학 박사 학위를 받은 저자는 세계 방방곡곡을 방문하여 강의하고, 설교하고, 세미나를 인도하고, 목회자들을 훈련하는 등 하나님 나라의 확장에 최선을 다했습니다. 역동적인 성령의 인도하심을 따라 자신의 전공 분야인 목회 상담과 목회 돌봄 분야에서 자신만의 이론과 기술을 개발했는데, 이 책은 그런 그의 신학과 믿음이 반영된 책이라 할 수 있습니다.

한국에는 교단을 초월하여 200명 이상의 오랄로버츠대학교 목회학 박사 졸업생들이 저자로부터 가르침을 받았습니다. 이 책을 번역한 전요섭 교수는 그중에서도 톰슨 매튜 교수의 수제자라 할 수 있습니다. 오클라호마 털사로 유학가서 저자 밑에서 수학했을 뿐 아니라, 틈만 나면 저자와 연락하고, 한국을 방문할 때면 만나서 서로 토론하면서 30여 년간 교제를 이어 오고 있습니다. 공동 번역한 주영광 목사도 유학하면서 저자와 많은 교제를 통해 그의 신학과 믿음을 배운 학자입니다.

이 책이 한국에 소개된 것은 커다란 축복입니다. 아무쪼록 이 책이 한국 교회의 목회자와 성도에게 큰 축복이 되기를 간절히 기도드립니다.

김상식 박사
성결대학교 총장

  미국 오랄로버츠대학교 신학대학 학장과 신학대학원장을 지내신 톰슨 매튜 박사의 책 『신앙 정체성과 성령의 삶』(Spiritual Identity and Spirit-Empowered Life)을 우리말로 옮기게 된 것을 기쁘게 생각합니다. 책의 제목대로 크리스천의 영적 정체성을 확고히 수립하고 성령 충만한 삶을 사는 것은 크리스천에게 가장 기본적이면서 가장 중요한 신앙생활이라 하겠습니다.
  진정으로 크리스천이 영적 정체성을 확립하고 성령 충만한 삶을 산다면 그 어떤 국제적 팬데믹이나 국가적 위기 상황 또는 개인적 시련에 처하게 되더라도 문제에 휩싸이지 않고, 문제를 돌파하고, 극복하게 되며, 승리하는 삶을 살 수 있다고 확신합니다. 그런 면에서 이 책은 시기적절한 책으로서 한국 교회에 소개된 것을 다행한 일로 여기며, 모든 크리스천이 반드시 읽어야 할 필독서라고 사료되어 추천하는 바입니다.

윌리엄 부커(William Buker) 박사
오랄로버츠대학교 기독교상담학 교수

  톰슨 매튜 박사는 풍부한 목회 경험과 임상 사례를 통해 고무적이면서, 실천하기는 쉽지 않은 영적 정체성 확립을 위해 성령의 권능이 요구되는 대화의 장을 열고 있다. 지성을 겸비한 학자로서 그의 문장은 권위 있고, 실천가로서의 업적이 녹아 있으며, 희망과 치유의 목소리까지도 담고 있다.
  이 책은 공동체 안에서 정체성 위기를 겪는 성도와 성령의 권능을 통해 삶의 목적과 소명을 온전히 이루고자 소망하는 모든 사람이 꼭 읽어야 할 메시지로서, 명료하고 탁월한 글로 내용을 기술하고 있다.

데니스 린제이(Dennis Lindsay) 박사
Christ for the Nations 대표

오늘날 대적 마귀는 끊임없이 크리스천의 정체성을 도둑질하고 있으므로 크리스천은 하나님의 성령으로부터 부여된 영적 권능을 간절히 소망한다. 톰슨 매튜(Thomson Mathew) 박사는 성령의 기름 부음이 있는 메시지를 통해 이런 영적 권능을 받으려는 방법과 절차를 소개한다. 그는 성령의 권능을 받기 위한 중요한 요소로 출신, 자기 정체성, 삶의 목적, 의로운 삶이라고 설명한다.

그의 간증적인 사례는 하나님과의 친밀함을 매일 갈망하는 성도들에게 깊은 공감대를 이룰 것이다. 이 책은 성령의 권능이 충만한 세계로 독자들을 안내할 훌륭한 지침서라 할 수 있다. 뛰어난 분석을 통해 성도들의 삶 가운데 주어진 사명을 온전히 감당하는 초석을 놓도록 돕는 역할을 할 것이다. 또한, 놀라운 통찰력을 통해 실제적이고 의미 있는 계획을 세울 수 있도록 돕는 역할도 할 것이다.

핑키 피셔(Pinkie Fischer) 군종목사
미합중국 육군 소령

톰슨 매튜 박사는 하나님이 크리스천으로 하여금 잠재된 능력을 깨달아 완수하기 원하시는 세 가지 중요한 영역에 대해 초점을 맞추고 있다. 즉, 그리스도 안에서 우리의 정체성과 부르심의 소명을 이해하고, 최종적으로 크리스천의 부르심을 실행하기 위한 영적 권위를 실천하는 것이다. 건강한 오순절신학을 바탕으로 읽기 편하게 기술된 이 책은 원목, 군목, 사목, 교목이 다양한 회중과 함께 어디서든 활용할 수 있도록 기술된 훌륭한 영적 지침서라 할 수 있다. 성경 공부, 그룹 모임, 목회 상담 또는 개인의 영성 개발을 위해서도 활용이 가능하다.

클레랑스 보이드 주니어(Clarence V. Boyd, Jr.) 박사
오랄로버츠대학교 기독교영성학부 학장

톰슨 매튜 박사는 최근 이 땅의 교회가 직면한 매우 심각하고 난해한 문제를 다루고 있다. 『신앙 정체성과 성령의 삶』이라는 제목이 말해 주듯이, 이 책이 다루는 주요 주제는 자기 정체성, 삶의 목적 그리고 성령의 권능이다. 모든 크리스천은 사회적 관습과 역사적 기준으로 규정되었던 우리 사회의 모든 경계를 해체하는 현대 문화의 공격을 간과해서는 안 된다. 나아가 우리의 정체성이 무엇인지 심각하게 분별해야 한다.

마찬가지로 교회도 현대 문화에 선한 영향력을 미치는 교회의 역할에 대한 고민이 있어야 한다. 진리를 재정립하기 위해 기존 질서를 허무는 세상 문화에 대해서 참 진리를 세상과 소통하며 전하기 위한 시대적인 교회의 부르심이 있기 때문이다. 마지막으로 내 동료이자 친구인 매튜는 힘에 대한 구체적 문제를 언급한다. 근원적 힘의 근원이 더 이상 하나님으로부터 왔음을 인정하지 않는 이 세대에 하나님의 권능을 나타내기 위해 소명을 받은 교회는 최후의 보루로 남아 있어야 한다.

그럴싸해 보이는 수많은 대안적인 힘의 근원을 제시하는 현대 문화는 젊은이들의 정신세계를 혼미하게 하는 일을 멈추지 않는다. 매튜는 이런 현실을 정확히 직시하여 교회의 영향력에 명운이 달린 이 전투에 맞서지 않는다면 우리 사회 모든 분야의 결정에 파급력을 미칠 도덕적 해이가 지속할 것이라고 추론했다. 그는 지금 우리에게 필요한 것은 유형적이면서 가시적 방법을 동원해 교회가 다시 한번 선한 영향력을 발휘할 것을 진정성 있게 호소하고 있다.

이 책은 현대 문화 안에서 진정한 근원이 되는 하나님을 통해 크리스천의 정체성과 삶의 목적 그리고 권능을 발견하고자 하는 성도라면 반드시 읽어야 할 필독서다.

애덜라인 바버(Adeline Barber)
암센터 종양학 전문간호사

톰슨 매튜 박사의 신간인 『신앙 정체성과 성령의 삶』은 모든 하나님의 자녀에게 숨겨진 잠재력의 세계로 독자들을 안내한다. 25년 전 나는 오클라호마 털사에 위치한 믿음의 도시 병원(City of Faith Hospital) 원목으로 섬겼던 이 책의 저자를 만나는 특권을 얻었다. 당시 톰슨 매튜 목사와 나는 환자들을 위해 기도했고, 성령의 권능을 통한 중생과 축사, 신유의 기적을 볼 수 있었다.

이 책은 그의 수십 년의 사역을 통해 열매 맺은 여러 사례로 이루어졌다. 나는 평신도 간호사로서 이 책이 신학적으로 견고하며 동시에 실용적이라는 사실을 발견할 수 있었다. 영적 정체성의 세 가지 요소들은 토대를 이루는 진리들이다. 모든 크리스천은 심령에서 우러나오는 간절한 기도를 통해 하나님 나라를 위한 삶의 목적을 찾고, 그 목적을 달성하기 위해서 성령의 권능을 구하고 있다.

이 책은 그런 간구에 대한 해답을 제시한다. 또한, 개인의 영성 개발을 위한 훌륭한 지침서이기도 하다. 각 장의 말미에 소개된 질문들은 성경 공부 모임이나 소그룹 또는 신학대학원 강의에서도 활용 가능한 측정 도구라 할 수 있다. 특별히 일터에서 선한 영향력을 발휘하고자 하는 모든 크리스천에게 이 책을 추천한다.

스티븐 캣시스(Steven B. Katsis) 박사
의과대학 교수

우리 몸 안에 장기가 몸의 기능을 발휘하도록 각각의 용도가 있는 것처럼 하나님은 우리에게 특정한 목적을 설계해 주셨고, 그 목적을 능히 감당하고, 이룰 수 있도록 권능도 주신다. 톰슨 매튜 박사는 하나님이 설계해 주신 크리스천의 정체성과 삶의 목적 그리고 성령의 권능을 독자들이 개인의 삶 속에서 잘 발견할 수 있도록 훌륭하게 기술했다.

데이비드 웨이크필드(David Wakefield) 박사
전문상담사

　이 책은 그리스도 안에서 독자들의 정체성을 더욱 구체화함으로써 독자들이 성령의 권능을 통해 크리스천의 영향력을 발휘하여 주변에 상한 심령들을 치유하고 사역할 기회와 방법론을 제공한다. 또한, 부모 세대와 자녀세대 구분 없이 모든 크리스천이 겪고 있는 말세적 도전을 다루고 있고, 이에 대해 톰슨 매튜 박사는 세상을 향한 더 큰 파문을 일으킬 것을 독자들에게 도전한다. 그와 함께 이 여정을 떠날 것을 권면하고 싶다.

샤론 도허티(Sharon Daugherty) 목사
Victory Christian Center 담임

　이 책에서 신학자인 톰슨 매튜 박사는 현대 크리스천과 관련된 주제를 다루기 위해 성경을 면밀히 연구하여 모든 성도가 이해할 수 있는 크리스천의 삶에 대한 신학을 정립했다. 그는 과거와 현재 모든 교회에서 발견되는 공통분모에 주목했다. 즉, 교회는 자연적으로 그리스도 안에서 우리의 정체성을 발견해야 하는 요구가 있고, 부르신 삶의 목적과 소명을 위해 실천해야 하며, 마지막 때에 성령의 권능으로 승리하는 삶을 사는 것이다.

신앙 정체성과 성령의 삶

Spiritual Identity and Spirit-Empowered Life
Written by Thomson K. Mathew
Translated by Joseph Jeon & David Ju

Copyright ⓒ 2017 by Thomson K. Mathew
Originally published in English under the title
Spiritual Identity and Spirit-Empowered Life
by GOODNEWS BOOKS,
Kottayam, Kerala 686 004, India
www.thomsonkmathew.com
All rights reserved.

Translated and printed by permission of GOODNEWS BOOKS.
This Korean Edition Copyright ⓒ 2022 by Christian Literature Center, Seoul, Korea.

신앙 정체성과 성령의 삶

2022년 8월 10일 초판 발행

| 지 은 이 | 톰슨 매튜 |
| 옮 긴 이 | 전요섭, 주영광 |

편 집	한명복
디 자 인	박성준 서민정 김소영
펴 낸 곳	(사)기독교문서선교회
등 록	제16-25호(1980.1.18.)
주 소	서울특별시 서초구 방배로 68
전 화	02-586-8761~3(본사) 031-942-8761(영업부)
팩 스	02-523-0131(본사) 031-942-8763(영업부)
이 메 일	clckor@gmail.com
홈페이지	www.clcbook.com
송금계좌	기업은행 073-000308-04-020 (사)기독교문서선교회W
일련번호	2022 - 78

ISBN 978-89-341-2457-3 (93230)

이 한국어판 저작권은 통해 독점 계약한 (사)기독교문서선교회가 소유합니다.
신저작권법에 의해 한국 내에서 보호를 받는 저작물이므로 무단 전재와 무단 복제를 금합니다.

Spiritual Identity and Spirit-Empowered Life

신앙 정체성과 성령의 삶

톰슨 매튜 지음
전요섭 · 주영광 옮김

CLC

목차

추천사   1
임열수 박사 전, 건신대학원대학교 총장 외 9인
한국의 독자들께 보내는 특별 서신   11
저자 서문   15
역자 서문   21
프롤로그   23

제1부 하나님이 세우신 가정의 정체성   30
제1장 하나님의 자녀   31
제2장 하나님의 가족   49
제3장 예수 그리스도의 제자   63
제4장 하나님 나라의 시민   83
제5장 온전한 사람   96

제2부 하나님의 부르심에 합당한 삶의 목적   110
제6장 예수 그리스도를 섬기는 치유자   113
제7장 신자, 예배자, 소망을 낳는 사람   126
제8장 지도자   144
제9장 선교사   165
제10장 선지자   178

제3부 삶 가운데 성령의 권능   191
제11장 무덤이 아닌 성전   192
제12장 성령의 선물을 받은 사람   207
제13장 축복받은 사람   220
제14장 오늘의 성자   233
제15장 소명을 위해 영적 권능과 기름 부음을 받은 사람   246

에필로그   265

한국의 독자들께 보내는 특별 서신

톰슨 매튜 박사
오랄로버츠대학교 명예교수

　목사의 가정에서 태어나 성장한 나는 어린 시절 세계 지도를 펼쳤을 때 한국이란 나라가 어디에 있는지 찾을 수 없을 정도로 한국에 대해 무지했다. 하지만, 지금은 작고하신 어머니께서 소리 내어 간절하게 한국과 그 땅에 사는 하나님의 백성들을 위해 기도하신 추억을 간직하고 있다. 나는 꿈에 그리던 그 아름다운 나라를 수차례 다니며 사역하는 특권과 그 땅의 수많은 그리스도의 형제, 자매들을 만나 그리스도의 사랑을 나누는 축복을 누릴 수 있었다. 이런 점에서 가족처럼 느껴지는 한국 독자들과 함께 나의 책을 나눌 수 있는 특권을 주신 하나님께 먼저 감사와 찬양과 영광을 올린다.

　이 책이 나오도록 애써 주신 모든 분께 감사의 말씀을 전하고 싶다. 특별히 가르치고 사역하는 와중에도 시간을 내어 정확한 번역으로 섬겨 주신 전요섭 교수와 주영광 목사의 노고와 헌신에 감사드린다. 유능한 지도자이면서 하나님께 충실한 종으로 섬기는 이분들과 같은 문서 사역자들을 알게 된 것은 나로서 특권이 아닐 수 없다. 출판을 허락하신 저명한 기독교문서선교회(한국 CLC)에도 감사의 말씀을 전한다. 나의 오랜 친구로서 학술적 사역(academic ministry)으로 동역했고, 추천사를 작성해 준 전, 건신대학원대학교 총장 임열수 박사에게도 감사의 말씀을 전한다. 지속적인 그의 격려가 한국에서 출판을 결정하는 계기가 되었다. 시기적절하고 훌

류한 추천사를 작성해 주신 성결대학교 김상식 총장께도 감사의 말씀을 드린다.

이 책은 팬데믹 시대를 사는 한국과 동일한 역사를 공유하는 전 세계의 예수 그리스도를 따르는 모든 크리스천에게 필수적 메시지를 담고 있다. 한국인은 물론 한국에 대한 사랑으로 한국어를 사용하는 전 세계 하나님의 사람들에게도 이 책이 전해져서 자신의 영적 정체성, 삶의 목적과 권능을 발견하게 되길 간절히 기도한다. 그 발견이 한국 교회와 열방의 교회들을 깨우고, 이는 다시 한국 땅 너머의 선교지로까지 확장되는 충격을 가하게 되길 소망한다.

이 서신을 읽고 계신 독자들의 관심에도 진심으로 감사드린다. 부디 이 책을 읽는 동안 하나님이 베푸시는 최고의 선물과 그분의 메시지를 받게 되시길 소망한다.

A WORD TO MY BELOVED KOREAN READERS

As a young boy growing up in a pastor's home who did not know where Korea was on the world map, I heard my late mother praying for Korea and God's people there. I have been fortunate to visit that beautiful land many times and minister there, and am blessed now to have many beloved brothers and sisters there. It is my privilege to share this book with my Korean family.

I am grateful to everyone involved in the translation and production of this volume. I am especially grateful to the outstanding translators, Dr. Jeon and David Ju, for their faithful and tireless effort to produce an accurate version of the book, and to the reputable publisher, CLC KOREA. I have been blessed to know the translators as capable leaders and servants of God. I am grateful to my longterm colleague in the academic ministry and former president of Asia Life University, Dr. Yeol Soo Eim, for his encouragement to publish this book in Korea and to Dr. Sang Sik Kim, president of Sungkyul University, who kindly wrote a recommendation.

This book contains a vital message for every follower of Jesus, especially in this period of Korean and global history. It is my prayer that God's people who share the Korean language as their heart language will receive this message and thereby discover their true identity, purpose, and power. May this discovery impact that the church and its mission in and beyond the land of Korea.

Thank you for investing your time to read these pages. I wish you God's very best as you read this book and receive its message.

Dr. Thomson K. Mathew
Professor Emeritus and Former Dean
College of Theology and Ministry
Oral Roberts University
United States of America

저자 서문

톰슨 매튜 박사
오랄로버츠대학교 명예교수

  나는 목사, 원목, 교목, 신학대학 및 신학대학원 교수로 사역하면서 자기 정체성과 삶의 목적 부재 때문에 발생한 여러 심각한 문제들로 고통받는 많은 사람을 접해 왔다. 나는 대학교 학장으로 섬기면서 많은 학생이 자신을 향한 하나님의 부르심과 삶의 목적을 잃고 헤매는 것을 보아 왔다. 그런 학생들의 고민, 즉 영적 정체성 부재에 대해 걱정은 하지만 실재적 도움을 주지 못하는 교수들도 보아 왔다. 교육 현장 바깥에서도 비슷한 유형의 고민거리를 가진 사람들을 만나 왔다.

  이들은 교회, 선교 단체, 직장에서 공허한 삶을 살아가고 있으며, 건강하지 못한 행동을 하고 있었고, 하나님과 동행하는 삶을 빈번하게 포기하며, 그들의 잠재력을 실현할 소망도 가지고 있지 않았다. 그들은 뭔가를 이루려고 열심히 노력하지만, 이 깨어진 세상 속에서 전인적 인간으로 살 수 없다는 현실에 직면하고 말았다. 성령의 권능을 통해서만 그런 삶이 가능하다는 것을 망각했기 때문이다.

  나와 신앙적 대화를 나눈 여러 크리스천 형제, 자매들을 통해 깨달은 점은 이런 문제의 원인은 주로 자신들이 누구인지 모른다는 정체성의 문제, 특별히 자신이 영적 존재라는 사실을 망각한 데서 기인한다는 것이다. 일반 심리학자들은 이미 자아 정체성 형성이 성공의 열쇠라는 이론을 구축

했다.¹ 하지만 우리 기독교인들은 정체성의 문제는 어른이 아닌 청소년기에나 겪는 문제라고 치부하기 십상이다.

자신이 누구인지 아는 것은 인생의 전 연령에 걸쳐 중요하다. 생명과 사망, 예수의 부활 때문에 우리가 하나님 안에 거할 수 있다는 진리와 함께 하나님이 예수 때문에 우리를 어떻게 생각하시는지 안다는 것은 더욱 중요한 일이 아닐 수 없다. 영적 정체성을 깨달아 자신의 실제 모습인 영적 권능을 가진 크리스천으로서 삶을 살아 내고, 이를 위해 자신의 온 역량을 집중하는 것이 국가적, 경제적, 인종적 정체성과 같은 어떤 정체성 형성보다 훨씬 더 중요한 것이라고 확신한다.

피상적 수박 겉핥기식이 아닌 영혼의 깊은 폐부를 찌르는 방법으로 자신의 내재된 잠재력의 한계에 이를 수 있는지 판단했을 때, 성령의 권능을 받은 크리스천만이 진정으로 자신이 누구인지 인정하고, 그 실재를 알게 된다는 것을 확신한다.

성공적인 삶과 사역 그리고 자신을 향한 하나님의 부르심과 삶의 목적을 온전히 감당하는 것은 순전히 영적 권능을 받았느냐 못 받았느냐에 달려 있다. 삶의 목적과 소명을 위한 성령의 권능은 개인의 속사람이 진정한 영적 정체성과 통합될 때 극대화된다.

이 진리는 예수 그리스도로부터 배울 수 있다. 예수께서는 높고 높은 보좌를 버리고 낮고 천한 이 땅에 오시면서 정체성의 도전을 이겨내셨기 때문에 그의 사역을 완벽하게 수행할 수 있었다. 요한복음(요 6:35; 10:9; 14:6)에 기록된 예수의 "나는~이다"("I am")라는 진술은 나의 주장을 뒷받침하는 명백한 증거라고 본다. 『목자 예수』(*Jesus the Pastor*)² 를 저술했던 존 프라

---

1 David Sortino, "Creating a Success Identity," *Press Democrat*, March 23, 2012, n.p., http://davidsortino.blogs.pressdemocrat.com/10116/creating-a-success-identity/.

2 John W. Frye, *Jesus the Pastor: Leading Others in the Character and Power of Christ* (Grand Rapids: Zondervan, 2000), 50–54.

이(John W. Frye) 목사에 따르면, 예수께서는 그의 운명적 사명을 완수하기 위해 영적 권능을 부여받았다고 명시한다.

프라이는 예수께서 자신이 누구인지 그리고 무엇을 위해 성육신했는지 강한 정체성을 가지고 있었다고 설명한다. 이런 강한 정체성으로 인해 자신의 운명과 목적과 소명에 집중할 수 있었다. 놀랍게도 예수께서는 자신이 행했던 사역의 결과 위에 자신의 정체성을 올려놓고 저울질하지 않았다. 예수께서 첫 번째 사역을 행하기 훨씬 전부터 하나님 아버지께서는 예수의 존재 자체를 인정하시면서 이렇게 말씀하셨다.

> 너는 내 사랑하는 아들이라 내가 너를 기뻐하노라(눅 3:22).

예수의 정체성은 사역의 결과에 좌우되는 것이 아니라 하나님 아버지 속에 깊게 뿌리 내린 관계성에 있었다. 많은 크리스천이 사역의 결과에만 집중한 나머지 정체성 상실의 덫에 빠지기 쉽다. 하지만 영적 권능을 부여받은 크리스천의 정체성에 대한 성경적 모델은 하나님께 뿌리내린 관계성, 우리의 삶을 통한 그의 목적 그리고 성령의 권능을 통해서 발견될 수 있다.

예수께서는 자신이 누구인지 알고 있었기 때문에 하나님 아버지의 일을 할 수 있었다. 예수께서는 사탄이 파괴적인 악한 힘을 가지고 있음에도 사탄을 두려워하지 않았다. 예수께서는 자신의 정체성 때문에 사탄으로부터 권세를 뺏어 올 수 있었다. 예수께서는 자신이 하나님의 아들이며 주의 성령이 자신에게 임했다는 사실을 알고 있었다(눅 4:18).

에릭 에릭슨(Erik Erikson)은 청소년기와 정체성에 관한 의미 있는 연구로 널리 알려진 심리학자다. 그는 인간의 발달 단계와 각 단계에서 나타나는 독특한 문제를 연구하고 나서, 청소년기에 나타나는 가장 중요한 문제는 정체성에 관한 의문에서 비롯된다는 결론을 내렸다.³ 그의 의견에 동의하나 정체성과 관련된 문제는 청소년기에만 국한된 문제는 아니라고 확신한다. 그것은 평생 지속 가능한 문제라고 본다. 그리고 영적 정체성에 관한 질문은 모든 세대를 초월하는 매우 중요한 문제다.

과학 기술의 발달과 세계화는 사람들에게 정체성 상실에 대한 두려움을 가져다 주고 있다. 많은 사람이 정체성 상실의 예방을 위해 특단의 조치를 취하기도 한다. 하지만 오늘날 크리스천은 정체성 상실보다 더 큰 실제적 위협으로 다가오는 영적 정체성에 더 큰 관심을 기울여야 한다. 이 책은 이런 위협에 맞설 크리스천을 돕고자 저술한 노력의 산실이다.

나는 30년 넘게 지속한 성경 연구와 설교 사역, 교수 사역, 상담 사역을 통해 모든 세대와 소통하며 사역할 수 있었다. 이런 경험을 바탕으로 이 책에서는 세 가지 입체적 요소(정체성, 삶의 목적, 성령의 권능) 안에서 15가지 소주제로 재분류하여 기독교 영성과 정체성에 관해 기술하고자 했다. 각 장에서는 한 가지 주제를 포함하고 있다.

여러분은 이 책을 통해 다음의 진리들을 마주하게 될 것이며, 각 진리들은 하나로 묶여 성령의 권능을 부여받은 크리스천의 정체성이라는 결론을 내리게 될 것이다. 다음의 소주제들을 진정한 정체성 회복을 위해 하나님 마음과 연결되는 성경적 창문으로 인식하길 바란다.

1. 하나님의 자녀
2. 하나님의 가족
3. 예수 그리스도의 제자
4. 하나님 나라의 시민
5. 온전한 사람

---

3   Erik H. Erikson, *Identity: Youth in Crisis* (New York: W. W. Norton & Co, 1968), 88-91.

6. 예수 그리스도를 섬기는 치유자
7. 신자, 예배자, 소망을 낳는 사람
8. 지도자
9. 선교사
10. 선지자
11. 무덤이 아닌 성전
12. 성령의 선물을 받은 사람
13. 축복받은 사람
14. 오늘의 성자
15. 소명을 위해 영적 권능과 기름 부음을 받은 사람

나는 예수를 따르는 모든 사람이 크리스천의 개념에 대해 새로운 정체성을 가지고 중생했지만, 끊임없이 정체성을 찾고 통합하는 존재라는 사실을 잊지 않았으면 한다. 모든 크리스천은 하나님의 가정으로 입양된 자녀들이다. 아버지의 유산을 받은 아들과 딸이며, 예수 그리스도와 함께 유산을 받고, 전능하신 하나님을 아바 아버지로 부를 수 있는 특권도 부여받게 되었다. 이것은 영적 정체성에 있어 모든 요소의 기초가 된다.

여러분은 서두르지 말고 충분한 시간을 두고 이 책을 정독하여 장마다 자신의 삶에 반영해 보길 추천한다. 각 장의 말미에는 개인의 삶을 반영할 수 있는 질문들을 수록해 놓았다. 해당 장에 포함된 진리들을 스스로 삶에 적용하고 통합할 수 있도록 주님께 도움을 구하며 나아가길 바란다. 나는 여러분이 깊은 이해를 통해서 영적 정체성 형성을 위한 요소들을 완전히 통합하고 여러분의 영과 생각에 그것이 자리 잡을 수 있도록, 그래서 성령의 도우심으로 그 지식을 행할 수 있기를 기도한다. 여러분이 내재된 잠재력을 충분히 발휘하여 자신의 맡겨진 사명을 이루고 원수들이 여러분을 무서워하며 패배하기를 소망한다.

이 책은 또한 소그룹 모임과 신자들 간 교제와 대화의 장을 촉진하는 자원으로 사용되도록 저술되었다. 오늘날 세상은 끊임없이 "기독교인은 이래야 해"라는 말을 한다. 그보다 중요한 것은 성령께서 우리를 어떻게 보시는지에 따라 자신을 규정하는 법을 배워야 한다.

나는 오랄로버츠대학교(Oral Roberts University)에서 신학대학 학장으로 16년을 섬긴 후에 평교수로 보직을 옮기면서 안식년을 맞아 이 책을 저술하고 있다. 지면을 활용하여 윌리엄 윌슨(William M. Wilson) 총장님과 캐서린 마르티네즈(Kathleen Reid Martinez) 학감께 감사의 인사를 드리고 싶다. 또한, 대대적 조직 개편 가운데서도 오랜 시간 동안 나와 환상의 팀워크를 이루며 수고해 준 동료 교수들과 교직원들, 항상 곁에서 여러 모양으로 지지와 격려를 해 준 사람들, 아내 몰리(Molly)와 나의 자녀 에이미(Amy), 피주 코시(Fiju Koshy), 제이미 매튜(Jamie Mathew) 그리고 20년 가까이 비서로 섬겨 준 주디 코프(Judy Cope), 능력 있는 편집 비서인 말린 맨킨스(Marlene Mankins), 학장 조교인 히더 라이트(Heather Wright)에게 감사의 인사를 전하고 싶다.

마지막으로 이 책을 읽는 모든 독자에게 하나님의 은총이 임하길 기원한다.

역자 서문

이 책은 톰슨 매튜(Thomson K. Mathew) 박사의 저서 *Spiritual Identity and Spirit-Empowered Life*를 우리말로 옮긴 것이다.

저자 매튜 박사는 오랄로버츠대학교에서 목회학 및 목회상담학을 가르치신 교수이셨고, 신학대학장 및 신학대학원장을 지내신 후 은퇴한 학자이시다. 역자 전요섭 교수와 주영광 목사는 모두 매튜 박사의 제자이면서 동시에, 전 교수와 주 목사는 아신대학교 상담대학원에서 상담학으로 맺어진 사제지간이기도 하다. 또한, 매튜 박사, 전 교수, 주 목사는 모두 오랄로버츠대학교 선후배 사이로서 2중, 3중 관계로 얽힌 각별한 사이이다.

매튜 박사는 복음주의 목회학자 및 목회상담학자로서 여러 권의 저서를 출간하여 학계에 많은 영향을 미치신 분이다. 그의 저서 가운데 『21세기 목회 전략: 영적 권능이 있는 설교, 가르침, 치유와 리더십』(*Spirit-Led Ministry in the 21st Century: Empowered Preaching, Teaching, Healing and Leading*)은 2019년에 우리말로 번역되었는데, 이는 우리나라에 소개된 매튜 박사의 첫 저작이었으며, 한국 교회에 큰 반향을 일으켰다. 이번에 우리말로 번역된 『신앙 정체성과 성령의 삶』은 우리나라에 소개되는 그의 두 번째 저서가 되었다. 첫 번째 책은 한국 교회 목회자들에게 선한 영향을 미친 도서라면, 두 번째 책은 한국 교회 성도들에게 큰 유익을 끼치게 될 도서라고 우리는 확신한다.

우리는 이 책을 번역하면서 스승의 의도가 충분히 드러나도록 노력했으나 옮기는 과정에서 문화적 차이로 인해 독자들이 이해하기 모호한 부분들이 눈에 띄었는데, 그런 부분들은 우리 문화에 맞도록 과감하게 의역했음을 밝히고 싶다. 우리는 스승이신 매튜 박사의 훌륭한 신학, 신앙, 간증, 고백, 묵상, 지혜가 담긴 이 책을 한국 교회 성도들에게 소개하는 것만으로도 큰 기쁨이라고 생각한다.

우리는 수차례 대역 회의를 가지면서 이 책의 내용을 통해 먼저 은혜와 감격을 얻게 되었는데, 이는 역자들이 누리는 특혜라 하지 않을 수 없다. 확신하건대, 우리는 한국 교회 성도들이 이 책을 통해 영적 정체성을 바르게 확립하고, 성령의 능력을 받는 삶에 대한 바른 지침과 깨달음을 얻게 되리라 믿어 의심하지 않는다.

SOLA GRATIA!

2022년 6월 5일, 성령강림주일에
전요섭, 주영광

프롤로그

예수 그리스도, 사도 바울 그리고 우리

사도행전은 1세기 초대 교회에서 일어났던 진지한 이야기들을 담고 있지만 19장에서 우리는 웃고 넘기기에는 슬픈 사건 하나를 접하게 된다. 엉뚱한 이 사건을 통해 우리는 강하고 진정한 기독교 영성의 정체성이 왜 중요한가를 배울 수 있다. 이것은 또한 성령의 권능을 받은 크리스천의 정체성이 중요하다는 것을 강조하는 사례이기도 하다.

사도 바울은 에베소에서 회심한 제자들을 만났고, 이들은 대략 12명이었다. 그들은 요한의 세례를 받았다고 바울에게 말했다. 요한은 회개의 세례를 베풀었기 때문에 그들은 성령에 대해 아는 바가 없었다. 바울이 그들에게 안수할 때 성령이 그들에게 임하셨다.

바울은 에베소에서 약 2년을 머물며 복음 전파 사역, 가르치는 사역, 치유 사역을 행했다.

> 하나님이 바울의 손으로 놀라운 능력을 행하게 하시니 심지어 사람들이 바울의 몸에서 손수건이나 앞치마를 가져다가 병든 사람에게 얹으면 그 병이 떠나고 악귀도 나가더라
> (행 19:11-12).

많은 사람이 바울의 사역을 통해 하나님의 은혜를 경험했고, 예수를 믿게 되었다. 다른 사람들은 예수를 구주로 받아들이지는 않았지만, 바울의 사역을 통해 초자연적 기사와 이적 그리고 사람들의 변화를 목격하고 적

지 않은 충격을 받게 되었다. 그들 중 몇 명은 군중들로부터 주목받기 원하고, 바울이 행한 사역의 외형적 결과만을 쫓으며, 바울을 흉내 내기 시작했다.

유대의 한 제사장 스게와에게 일곱 아들이 있었다. 이들은 바울을 흉내 내기 위해 실제 사역 현장에서 귀신들린 자에게 축사를 시도했다.

"내가 바울이 전파하는 예수를 의지하여 너희에게 명하노라."

하지만 아무 일도 일어나지 않았다. 그들은 같은 명령을 반복했다. 마침내 악귀가 그들에게 대답했다.

"내가 예수도 알고 바울도 알거니와 너희는 누구냐?"

그들은 화들짝 놀랐다. 하지만 여기서 끝이 아니었다. 지금부터 웃기지만 슬픈 이야기가 이어진다.

> 악귀 들린 사람이 그들에게 뛰어올라 눌러 이기니 그들이 상하여 벗은 몸으로 그 집에서 도망하는지라(행 19:13-16).

하나님은 우리가 상하여 벗은 몸으로 살아가도록 또는 사역하다가 그런 일을 당하도록 부르지 않으셨다. 우리는 원수에게 상하도록 지음을 받지도 않았다. 원수는 강하고 긍정적인 영적 정체성이 없는 사람들을 상하게 한다.

악귀는 스게와의 아들들에게 내가 예수도 알고 바울도 아는데, 너희에 대해서는 아는 바가 전혀 없다고 말했다. 다시 말해, 이 영적 존재는 예수와 그의 사도인 바울의 영적 권위와 정체성에 대해서는 인식하고 있었지만, 스게와의 아들들의 정체성과 권위에 대해서는 의문을 가졌다. 스게와의 아들들은 예수와 친밀한 관계를 통해 성령의 권능과의 접촉점을 만드는 영적 정체성이 모자랐기 때문이다.

개인의 영적 정체성은 그 사람의 영적 권위와 힘을 대변한다. 예수께서는 자신의 정체성에 대해 의문을 품는 여러 상황에 종종 맞닥뜨리셨다. 사람들은 끊임없이 예수의 정체성을 향해 도전해 왔다. 사람들은 다음과 같이 묻기를 주저하지 않았다.

"이 사람은 그 목수의 아들이 아닌가?"

이렇게 말하기도 했다.

"그 어머니와 동생들은 우리와 함께 있었는데 말이지"(마 13:55, 요약).

정리하자면, 그들은 예수의 정체성을 예수의 권위와 영향력으로부터만 확인했다. 하지만 예수의 정체성은 육신의 아버지와 어머니 그리고 형제들에게 한정된 것이 아니었다. 예수의 정체성을 이해하려면 더 포괄적 개념이 필요한데, 그것은 육신의 가족 관계는 물론 그의 영적 관계성까지 고려해야 한다는 것이다. 예수의 정체성과 권위는 그의 생물학적 가족 관계 이상의 원천적 뿌리에 연결되어 있다.

예수께서 제자들에게 질문했던 때를 기억하는가?

"사람들이 인자를 누구라 하느냐?"

이 질문에 제자들이 대답하기를 "더러는 세례 요한, 더러는 엘리야, 어떤 이는 예레미야나 선지자 중의 하나라 하나이다"라고 했다. 예수께서는 질문의 초점을 제자들에게로 옮기며 물으셨다.

"너희는 나를 누구라 하느냐?"

베드로가 제자들을 대표해서 "주는 그리스도시오 살아 계신 하나님의 아들이시니이다"라고 고백했다. 예수께서는 그들에게 "이 사실을 알게 한 이는 혈육이 아니고 하늘에 계신 내 아버지시다"라고 대답하셨다(마 16:13-17). 베드로의 고백은 성령의 감동을 통해서였다. 예수께서는 제자들이 그의 진정한 정체성을 입체적으로 알기를 원하셨다.

예수께서는 자신의 정체성을 알고 계셨다. 다음의 구절들은 그것을 확증해 주는 것이다. 예수께서는 다음과 같이 말씀하셨다.

① 내가 곧 길이요 진리요 생명이다(요 14:6).
② 내가 문이다(요 10:9).
③ 나는 세상의 빛이다(요 8:12).
④ 나는 하늘에서 내려온 살아있는 떡이다(요 6:51).
⑤ 나는 선한 목자다(요 10:11).
⑥ 나는 포도나무다(요 15:5).
⑦ 나는 알파와 오메가다(계 1:8).

예수께서는 강한 정체성을 가지고 계셨다. 예수의 정체성은 사역 결과에 근거한 것이 아니었다. 서문에서 언급했듯이 예수께서는 첫 번째 기적을 행하기 전부터 이미 아버지로부터 확증을 받았다. 예수의 정체성은 하나님 아버지로부터 근거한 것이었다. 예수의 정체성은 이 땅과 연결된 관계성도 있지만, 그것을 초월하는 속성이다. 예수의 정체성은 그분에게 목적과 사명을 주시고, 주의 성령을 주심으로 권능을 부여하신 하늘에 계신 아버지와 깊은 관계성이 있다(눅 4:18).

예수께서 예루살렘에 올라갔을 때 사람들의 질문을 떠올려 보자.

"이 자는 누구인가?"

이 질문은 예수께서 과거에 수없이 그곳에 갔음에도 불구하고, 아무도 거룩한 성에 계신 거룩한 자를 알아보는 사람이 없었다는 것을 보여 준다. 그날에 예수께서는 그들의 질문에 음성으로 답변하지 않았다. 대신 예수께서는 성전 안으로 들어가 병든 자를 고치기 시작했다. 예수께서는 사람들의 질문에 음성 대신 행동으로 대답한 것이다. 예수께서는 자신이 성전보다 더 큰 신유의 권세를 가진 메시아라는 것을 보여 주셨다.

예수께서는 제사장이나 대제사장은 아니었지만, 성전을 깨끗하게 할 권위를 가진 분이었다. 맹인과 저는 자들이 성전에 들어왔다가 예수를 만나고 나서 성전을 떠날 때 그들은 더 이상 맹인과 저는 모습이 아니었다. 이것은 예수의 정체성과 권위에 대해 명백히 보여 주는 장면이다. 그리고 앞선 질문에 대한 예수의 대답이기도 하다.

"이 자는 누구인가?"

예수께서는 자신이 누구인지 알고 있었다. 예수의 이런 정체성은 예수가 자기 삶의 목적과 운명을 완수하는 데 필요한 권능을 받게 했다. 예수께서는 자신이 누구인지 아는 것 그리고 그 지식과 성령의 기름 부으심 때문에 권능이 더해지는 것으로 말미암아 자연력, 악귀의 힘, 질병, 사망보다 우세한 권위를 행할 수 있었다(눅 8장). 사탄은 예수께서 하나님의 아들이라는 사실을 알고 있었다.

또한, 모든 권위가 예수께 위임되었다는 것도 알고 있었다. 예수께서 예루살렘에 입성했던 날 사람들은 이 사실을 간과했다. 예수께서 나귀 새끼를 타고 입성했기 때문이다. 하지만 사탄은 놓치지 않았다. 스게와의 아들들에게 반응했던 악귀의 반응이 이 사실을 증명해 준다.

바울도 예수처럼 역시 강한 정체성을 가지고 있었다. 사탄 역시 바울을 알고 있었다. 바울의 정체성은 바울 자신뿐만 아니라 대외적으로도 사도의 권위를 인식시켰다. 그는 자신에 대해 다음과 같이 이야기한다.

> 나는 팔일 만에 할례를 받고 이스라엘 족속이요 베냐민 지파요 히브리인 중의 히브리인이요 율법으로는 바리새인이요 열심으로는 교회를 박해하고 율법의 의로는 흠이 없는 자라(빌 3:5-6).

바울은 자신의 가족과 업적에 뿌리내린 매우 강한 민족적 정체성을 가지고 있었다. 하지만 자신이 소유한 개인과 민족적 정체성에 대해 모든 것을 해로 여기게 되었고, 대신 영적 정체성을 받아들이게 되었다. 그는 자신이 사도이고, 소명을 받았고, 권능을 얻었으며, 하나님으로부터 보냄을 받았다는 것을 알고 있었다. 그는 이것에 대해 장황한 설명을 늘어놓지 않았다. 하지만 그의 영적 정체성은 권위를 더해 주었고, 그로 말미암아 다른 사람에게 담대히 말할 수 있었다.

> 너희를 명하노니(살전 5:27; 딤전 5:21; 6:13).
>
> 너희를 권하노니(행 27:22).
>
> 누가 너희를 꾀더냐(갈 3:1).

이런 바울의 강한 영적 정체성은 에베소에서의 초자연적 사역을 가능하게 했다. 에베소는 스게와의 아들들이 바울을 흉내 냄으로 자신의 파멸을 자초했던 곳이기도 하다.

제사장의 아들들은 예수의 제자들이 했던 그런 방식대로 행하지 않았기 때문에 난관에 부딪쳤고 줄행랑을 치게 되었다. 그들은 성령 충만하지도 않았으며, 귀신을 쫓아내는 데 필요한 성령의 권능은 더더욱 없었다. 악귀는 그들의 정체성에 의문을 제기했으며, 물리적으로 그들을 제압했다. 그들은 생명의 위협을 느껴 상하여 벗은 몸으로 줄행랑을 쳤다.

영적 정체성이 관건이다. 하나님의 가족으로서, 성령의 그릇으로서, 강한 정체성을 갖는 것은 크리스천의 삶을 목표 지향적이고 승리하는 방향으로 이끄는 데 매우 중요한 역할을 한다. 불완전하고 깨어진 세상 가운데 전인적 존재로 살아가는 비결은 강한 영적 정체성을 갖추는 것이다.

이 책은 영적 권능을 부여받은 크리스천의 정체성에 관해 그것을 발견하고, 발전시키고, 살아 내는 방법에 관해 기술하고 있다. 서문에도 언급했듯이 나는 하나님의 말씀 가운데 영적 정체성을 연구했고, 이를 15가지 소주제로 구분했으며, 이는 다시 세 개의 주제로 통합했다.

첫 번째 주제에 해당하는 처음 다섯 가지 소주제에서는 정체성을 다루었다.

두 번째 주제에서는 우리 삶 가운데 하나님의 목적과 관련된 정체성을 기술했다.

세 번째 주제에서는 성령의 권능과 관련 있는 정체성을 설명했다.

독자들은 영적 정체성을 설명한 대지마다 해당 내용의 권위와 힘을 발견할 수 있을 것이다. 이는 하나님의 말씀이 우리에게 확증을 주기 때문이다. 각각의 소주제는 우리 안에서 마치 여러 물줄기가 모여 큰 강을 이루듯 큰 연합을 이룰 것이다. 성령이 이끄는 힘은 우리를 거룩한 삶의 목적을 추구하는 전인적 생활 방식의 사람으로 변화시킬 것이다. 그리고 이것은 세상을 향해 거룩한 충격을 가할 것이다.

각 장을 읽고 나서 그 내용을 여러분의 삶에 반영해 보길 바란다. 해당 성경 구절을 참조하고 각 장 말미의 질문에도 답해 보길 바란다. 나와 함께 시작한 이 여정을 위해 기도의 자세를 유지하길 바란다. 이제 곧 시작할 이 여정 가운데 작지 않은 충격이 있기를 기도한다.

제1부

하나님이 세우신 가정의 정체성

제1장 하나님의 자녀

제2장 하나님의 가족

제3장 예수 그리스도의 제자

제4장 하나님 나라의 시민

제5장 온전한 사람

제1장

하나님의 자녀

> 영접하는 자 곧 그 이름을 믿는 자들에게는
> 하나님의 자녀가 되는 권세를 주셨으니(요 1:12).

인도에 사는 한 힌두교 신자는 그의 아들이 크리스천이 되었다는 사실에 매우 기분이 언짢았다. 동네 불량배들을 고용해 예배 시간에 불쑥 쳐들어가 목사와 예배드리는 성도들을 공격했다. 자신의 아버지가 목사를 때리는 것을 본 젊은 회심자는 자리를 박차고 현장에 뛰어들어 자신의 영적 아버지를 방어했다. 하지만 그는 불량배들에게 얼굴을 얻어맞았다. 갑자기 분위기가 달라졌다. 청년의 아버지는 자기 아들을 때린 불량배들을 향해 몸을 돌려 그들에게 주먹을 날렸다.

힌두교 신자인 아버지는 자기 아들이 기독교로 개종한 것에 대해 반기는 마음은 없었지만, 여전히 그 청년은 그의 아들이었다. 그리고 그 아들이 다치는 것을 원하지 않았다. 우리는 여기에서 불완전한 아버지라도 자기 아들에게는 특별한 애정이 있다는 것을 발견할 수 있다. 성경에는 우리를 일컬어 완전하신 아버지인 하나님의 아들과 딸이라고 기록했다(요 1:12; 롬 8:14-16; 마 5:48).

그렇다. 우리는 하나님의 자녀다. 이제 이 심오한 진리를 반영할 우리의 영적 정체성에 관한 공부를 시작해 보자.

개인의 정체성 형성은 모든 사람의 발달 과정에 중요한 요소다. 서문에서 언급했듯이 심리학자 에릭 에릭슨의 연구에 따르면, 정체성에 대한 질문은 청소년기에 대단히 중요한 주제다. 하지만, 모든 연령대를 사역한 나의 경험을 뒤돌아보면 정체성에 대한 질문은 나이가 많든 적든 실제로 모든 연령대의 사람이 겪는 매우 중요한 문제라는 것을 깨달았다. 신실한 크리스천들을 포함한 많은 성인이 진정한 자신의 정체성을 깨닫지 못한다.

불행하게도 다양한 이단 사이비 집단이 정체성 결여의 약점을 이용하기도 한다. 진정한 정체성 부재로 인해 무모하게 망가지는 인생을 목격하는 일은 매우 슬픈 일이다. 영적으로 죽어가는 이단, 인간성이란 찾아볼 수 없는 불량배들, 동양 종교를 믿는 신도, 중동의 폭력적인 지하드(역자 주: 이슬람교도들에게 부과된 종교적 의무로서 이슬람교가 위기에 처해 부득이 싸움해야 하는 방위적 성격의 것으로 보고 있다), 이들은 자신의 정체성과 목적을 찾기 위해 이런 인생을 산다고 말한다. 정체성의 의문은 우리가 맞닥뜨리는 개인의 삶과 사회 모두에게 많은 문제를 안겨 준다.

우리를 향한 하나님의 뜻은 그분 안에 거하는 우리 자신을 아는 것이다. 우리의 참된 정체성은 우리의 창조주이신 하나님 안에서 발견되는 것이다. 크리스천으로서 참된 정체성은 영적 정체성이다. 그리고 그것은 하나님 자녀의 지위에서 시작된다. 하나님에 대한 아버지의 개념은 구약성경에 익숙한 주제다. 하지만 나사렛 예수께서는 그의 삶과 죽음, 부활을 통해 그 주제를 완벽할 정도로 명료하게 우리에게 보이셨다.

1. 크리스천이자 하나님의 자녀

내가 오랄로버츠대학교 신학대학원 원장으로 섬길 때, 새로 임용된 성서신학 교수들의 박사 학위 논문을 읽는 습관이 생겼다. 논문을 통해서 그들의 연구 분야와 학문적 우수성을 알고 싶었기 때문이다. 그들의 논문은 학문적으로 그들을 알 수 있는 가장 좋은 증거 자료가 되었다. 그중 일부 교수들은 매우 깊고, 다루기 힘든 주제들을 연구하여 지금도 내 기억에 남는다. 특히, 다양한 언어로 기록된 문서들을 포함하여 정경을 연구한 경우가 그랬다. 그 가운데 가장 인상 깊었던 논문은 베일러(Baylor)대학교에서 신약학으로 박사학위를 받은 에드워드 왓슨(Edward Watson) 박사의 논문이었다.

기본적으로 그의 전체 논문은 한 가지 성서적 개념에 집중하고 있는데, 그것은 바로 입양이었다. 사도 바울이 사용한 이 단어는 우리와 같은 이방인들이 하나님에 의해 받아들여지고 그의 가족으로 편입되었다는 견해를 피력하기 위해 사용되었다(롬 8:15 참고).

왓슨의 논문에서 발견한 가장 눈에 띄는 사실은 바울에게 익숙했던 그리스-로마법에 따르면, 한 개인이 자신의 친아들과 의절하면 상속권까지도 박탈할 수 있다는 조항이었다. 하지만 입양을 한 아들, 즉 양자와는 이런 조항이 전면 금지되었다. 나는 바울이 우리가 어떻게 하나님의 가족으로 편입되어 그의 아들과 딸로서 변할 수 있는지 묘사하기 위해 입양이라는 단어를 선택했다는 견해에 감동하기 시작했다. 우리는 하나님의 자녀다. 그리고 하나님의 가족으로 당당히 설 수 있다는 자체가 감동적인 이야기다. 우리의 새로운 지위를 언급하는 관련 구절들을 살펴보자.

> 영접하는 자 곧 그 이름을 믿는 자들에게는 하나님의 자녀가 되는 권세를 주셨으니 (요 1:12).

> 성령이 친히 우리의 영과 더불어 우리가 하나님의 자녀인 것을 증언하시나니 자녀이면 또한 상속자 곧 하나님의 상속자요 그리스도와 함께한 상속자니(롬 8:16-17).

> 사랑하는 자들아 우리가 지금은 하나님의 자녀라(요일 3:2).

크리스천으로서 이 진리를 아는 특권이 얼마나 좋은가. 우리는 이 땅을 사는 하나님의 자녀다. 우리의 마음과 생각에 항상 이 지식을 새겨두길 바란다. 그리고 항상 이렇게 고백하길 바란다.

"나는 하나님의 자녀입니다!"

이런 정체성은 우리를 오만하거나 교만하게 만들지 않는다. 크리스천은 하나님의 자녀인 자신의 정체성을 기뻐하고 축하해야 마땅하다. 하지만 다른 사람들보다 어떤 면에서든 우월하다고 착각해서는 안 된다. 물론 우리는 하나님의 자녀다. 그런데도 우리는 어떠한 개인의 노력과 수고가 아닌 전적인 하나님의 은혜로 구원받은 죄인임을 잊어선 안 된다. 사도 바울은 항상 자신의 위치를 구원받은 죄인으로 인식했다. 더욱 정확한 표현으로는 그는 자신을 구원받은 과거의 죄인으로 묘사했다. 바울은 디모데에게 다음과 같이 편지를 썼다.

> 미쁘다 모든 사람이 받을 만한 이 말이여 그리스도 예수께서 죄인을 구원하시려고 세상에 임하셨다 했도다 죄인 중에 내가 괴수니라 그러나 내가 긍휼을 입은 까닭은 예수 그리스도께서 내게 먼저 일체 오래 참으심을 보이사 후에 주를 믿어 영생 얻는 자들에게 본이 되게 하려 하심이라(딤전 1:15-16).

바울은 또한 에베소 교회 신자들에게 오직 은혜와 믿음으로 구원받은 죄인의 신분을 상기시키면서 다음과 같이 기록했다.

> 너희는 그 은혜에 의하여 믿음으로 말미암아 구원을 받았으니 이것은 너희에게서 난 것이 아니요 하나님의 선물이라 행위에서 난 것이 아니니 이는 누구든지 자랑하지 못하게 함이라(엡 2:8-9).

기쁜 소식의 정수, 다른 말로 복음은 우리에게 하나님의 아들과 딸이 되는 권세가 주어졌다는 것을 의미한다. 이 첫 번째 장에서는 더욱 큰 그림을 그리기 위해 기쁜 소식의 중요 요소를 살펴보길 원한다.

1) 세상을 사랑하시는 하나님

성경은 우리에게 하나님이 세상을 이처럼 사랑하신다고 말한다(요 3:16). 하나님은 세상을 무조건적으로 사랑하신다. 하나님의 사랑을 표현한 단어인 아가페는 전적으로 무조건적이며 분수에 지나친 사랑을 받을 때 사용된다. 인간의 사랑은 "만약 ~한다면, 사랑할게"("if" love) 또는 "~ 때문에, 사랑할게"("because of" love)로 특징지을 수 있다. 하지만 하나님의 사랑은 "~에도 불구하고, 사랑할게" ("in spite of" love)로 정의될 수 있다.

우리가 과거에 어떤 죄를 지었음에도, 어떤 나쁜 평판을 가졌음에도, 하나님은 우리를 사랑하신다. 하나님은 어떤 죄인이라도 사랑하실 수 있는 분이다. 말씀이신 그가 스스로 하나님은 사랑이라고 성경에 기록하셨기 때문이다(요일 4:7-8).

예수께서는 하나님에 대하여 사랑이 많으신 아버지로 인식했다. 그는 하나님을 "아바, 아버지"라고 부르기도 했다(막 14:36). 탕자의 비유(눅 15:11-32)에서는 사랑이 많고, 인자하고, 오래 참으시는 아버지를 묘사하기도 했다. 예수께서 묘사한 아버지는 바로 하나님이다. 많은 사람이 하나님을 혈기 많고 권위주의적 군주로 오해하지만, 신약성경에 묘사된 하나님은 아가페 사랑이다.

인류가 하나님께 불순종했고, 그의 피조물이 하나님을 배신했다는 사실은 부정할 수 없다. 우리의 죄성 때문에 죄를 짓고 하나님의 마음을 상하게 했다는 사실도 역시 부정할 수 없다. 하지만 하나님은 우리를 끝까지 사랑하신다. 그는 여전히 그가 지으신 세상을 사랑하신다. 하나님은 우리를 사랑하신다. 이것이 기쁜 소식이다. 우리를 향한 하나님 사랑의 증거를 계속 알아보자.

2) 하나님이 그 아들을 보내심

> 하나님이 세상을 이처럼 사랑하사 독생자를 주셨으니 이는 그를 믿는 자마다 멸망하지 않고 영생을 얻게 하려 하심이라(요 3:16).

기쁜 소식은 하나님이 이 세상을 사랑하실 뿐만 아니라 모든 사람이 그 사랑을 볼 수 있도록 하나님의 독생자 예수를 이 땅에 보내심으로 그 사랑을 표현했다는 것이다. 사랑은 그 사랑이 표현되기 전까지 진정한 사랑이라 볼 수 없다. 하나님은 자기 아들을 이 땅에 보내심으로 자신의 사랑을 분명하게 우리에게 나타내셨다. 하늘의 영광을 버리고 인간의 몸으로 오신 예수께서는 아버지의 측량할 수 없는 그 사랑을 우리에게 나타내셨다.

하나님은 인류 역사 가운데 자신의 사랑을 다양한 방법으로 나타내셨다. 하지만, 성경에 따르면, 하나님은 자기 아들인 예수를 통해 자신을 본질적이고 완전하게 드러내셨다. 말씀이 육신이 되신 분이 예수이다(요 1:14). 우리는 독생자 예수 그리스도의 얼굴에서 아버지의 영광을 보게 된다.

예수께서는 우리에게 하나님의 사랑뿐만 아니라, 멸망치 않고 영생을 얻게 하려는 하나님의 뜻까지 나타내셨다(요 3:16). 이것을 위해서 최고의 희생제물이 필요했다. 성경은 우리에게 말씀하시기를 예수께서 온 인류를 위한 희생제물이 되었다고 기록한다. 예수께서는 자신의 생명을 갈보리라는 장소에 세워진 십자가에서 희생하심으로 인류가 용서, 구원, 하나님의 가족으로 입양되는데 더 이상 희생제물이 필요하지 않도록 만들었다. 인간에게 요구되는 것은 단번에 영원한 제사를 지낸 예수를 믿기만 하면 되는 것이다. 이것이 진정한 기쁜 소식이다.

이는 그를 믿는 자마다 멸망하지 않고 영생을 얻게 하려 하심이라(요 3:16).

성경은 말씀하고 있다.
엄청난 소식이다!
불행하게도 많은 사람이 자신의 희생을 통해 구원을 얻고자 노력한다. 하지만 그런 요구 조건은 존재하지 않는다. 이 소식이 믿기지 않고, 심지어 어리석게 들릴지 모르지만 한 가지 조건만 필요하다. 그것은 바로 예수를 믿는 것이다. 예수께서 우리의 부채를 탕감해 주셨다. 우리를 위해 죽어 주셨다. 예수께서는 과거나 오늘이나 여전히 값없이 완전한 구원을 주신다. 이 구원은 양자로 입양되는 것이다. 예수 그리스도를 믿음으로 우리는 하나님의 아들과 딸이 된다. 놀라운 진리가 아닐 수 없다.

3) 지금도 살아 역사하시는 예수

예수의 이야기는 아리마대 요셉으로부터 빌린 무덤에 장사된 것을 끝으로 마무리되지 않는다. 성경은 예수께서 갈보리에서 죽으시고 빌린 무덤에 장사되었다 할지라도 사흘 만에 부활하신 것을 계속 이야기하고 있다. 부활 이후에 예수께서는 여러 사람에게 나타나 보이셨고 후에 하늘로 들려 올라가셨다. 우리는 예수께서 지금도 아버지 우편에 앉으셔서 우리를 위해 중보하고 계시다는 것을 성경을 통해 알고 있다(요 20-21장; 행 1:3, 9-10; 13:30-31; 골 3:1; 히 7:24-25).

하늘로 올라가신 예수께서는 이 세상에 성령을 보내셨다(요 15:26). 예수를 영접한 자는 성령으로 잉태된 자다. 이 같은 새로운 거듭남은 바울이 그의 서신에서 언급한 입양의 개념이다.

> 너희는 다시 무서워하는 종의 영을 받지 아니하고 양자의 영을 받았으므로 우리가 '아바 아버지'라고 부르짖느니라(롬 8:15).

> 그 기쁘신 뜻대로 우리를 예정하사 예수 그리스도로 말미암아 자기의 아들들이 되게 하셨으니(엡 1:5).

성령은 우리를 하나님의 아들과 딸로 만들어 줄 뿐만 아니라, 우리를 인도하고 보호하여 하나님의 뜻을 행하게 하고, 이 세상에서 그의 창조 목적을 완수하게 한다. 우리는 분명한 입양 목적을 가지고 있다. 성령 안에 사는 것은 지으신 목적대로 승리와 권능이 넘치는 삶을 사는 것을 의미한다.

우리는 영적으로 죽은 영웅들의 세계에 살고 있다. 우리 주변에는 많은 지도자가 있지만, 예수를 따르는 자들은 영적으로 죽은 지도자들을 따르지 않는다. 크리스천은 살아 있는 그리스도를 따르는 자다. 예수께서는 오늘도 살아서 역사하신다. 성경에 따르면, 하나님의 자녀들은 그를 힘입어 살며 기동하며 존재한다(행 17:28).

4) 예수의 재림

우리는 거의 소망을 찾아보기 어려운 세상 속에서 살아간다. 세상에 보이는 것 대부분이 절망이다. 인간의 문제는 셀 수 없이 많고, 많은 사람이 어떻게 해야 할지 몰라서 당황하고 있다. 이렇게 어두운 세상 가운데, 한 가닥 소망이 보이는데, 그것은 바로 크리스천의 소망이다. 예수 그리스도께서 다시 오신다는 것은 약속의 말씀이다. 성경은 예수의 초림보다 재림에 관하여 더 많은 언약을 담고 있다.

예수의 생명, 사망 그리고 부활의 소망은 그를 따르는 제자들이 갖는 죽음에 대한 두려움을 없애 주었다. 제자들은 예수께서 사셨기 때문에 그들도 살 것을 믿었고, 더 이상 죽음에 대한 두려움을 가지고 살지 않게 되었다(요 14:19). 오직 크리스천만이 "사망아 너의 승리가 어디 있느냐 사망아 네가 쏘는 것이 어디 있느냐"라고 외칠 수 있다(고전 15:55).

우리의 궁극적 소망은 물질에 있지 않다. 특정한 국가의 정부나 제도에도 있지 않다. 우리의 소망은 오직 한 사람에게 있는데, 그분은 바로 예수 그리스도이다. 그분은 우리의 소망이다. 우리의 유일한 소망이 되는 분이시다. 성경에 의하면, 머지않아 하나님의 자녀들이 이 땅에 각 나라와 족속들 가운데서 일어나 다 함께 모일 것을 예언하고 있다(계 7:9). 장차 영광이 가득한 하나님의 자녀들 모임이 소집될 것이다.

얼마나 기쁜 날이겠는가?

말할 수 없는 기쁨으로 가득할 그 날의 경험을 과연 상상할 수 있겠는가!

이것이 기쁜 소식이다.

5) 우리는 약속의 자녀들

우리가 스스로를 '하나님의 자녀'라고 선포하는 것은 결코 작은 일이 아니다. 우리가 그렇게 선포할 때 우리는 이미 하나님의 유산을 상속받았으며, 동시에 예수 그리스도와 함께 공동으로 유산을 받았고, 하나님과 맺은 언약의 상속인이 된 권리를 주장하는 것이다. 이 세대를 사는 우리는 약속을 자주 어기기 때문에 이 진리를 충분히 이해하는 데 어려움을 느낄 수 있다. 우리는 깨어진 약속에 매우 익숙해져 있기 때문에 약속이 파행되는 불상사에도 별로 놀라지 않는다.

기업, 고용주, 정치인들은 관례대로 약속을 이행하지 않는다. 남편과 아내, 아버지와 어머니 어느 한쪽도 약속을 잘 지키는 것 같지 않아 보인다. 그렇게 우리의 마음은 상하게 된다. 그렇다면 하나님 아버지께서는 약속을 잘 지키시는지 알아보자. 그런데 그에 대한 사전 정보가 없다. 그의 약속을 믿어야 할지 확신이 서지 않는다.

다음과 같은 언약의 말씀을 어떻게 받아들여야 할지 모르겠다.

> 내가 결코 너희를 떠나지 아니하리라(히 13:5).

> 나는 너희를 치료하는 여호와임이라(출 15:26).

> 구하라 그리하면 너희에게 주실 것이요 찾으라 그리하면 찾아낼 것이요 문을 두드리라 그리하면 너희에게 열릴 것이니(마 7:7).

우리는 자신도 모르게 무의식적으로 하나님도 우리처럼 약속을 지키지 않을 거라고 오해할 수 있다. 하지만 사도 바울은 이 의견에 동조하지 않는다. 그는 말한다.

> 하나님의 약속은 얼마든지 그리스도 안에서 예가 되니 그런즉 그로 말미암아 우리가 아멘 하여 하나님께 영광을 돌리게 되느니라(고후 1:20).

스탠리 존스(Stanley Jones) 선교사는 그의 마지막 저서인 『하나님의 Yes』(The Divine Yes)에서 예수께서 우리를 향한 하나님의 대답이라는 결론을 내리면서 바울의 의견에 동의했다.[1] 하나님의 모든 약속은 예수 그리스도 안에서 그의 자녀들에게 '예'(yes)가 된다.

한 늙은 거지 이야기가 있다. 한 거지가 어린 시절부터 알고 지낸 지인으로부터 거액의 수표를 받았다. 거지는 자신의 옷차림이 남루하여 은행에 가

---

[1] E. Stanley Jones, *The Divine Yes* (Nashville: Abingdon, 1975).

서 수표를 교환할 때 도둑으로 의심받을까 봐 두려워졌다. 하지만 그가 은행에 갔을 때, 은행에서는 수표를 내미는 거지의 옷차림이 아닌 수표에 서명한 지인의 평판을 보고 친절하게 교환을 해 주었다. 하나님은 선하시기 때문에 그의 약속도 선하다. 하나님은 약속을 꼭 지키시며, 우리의 공급자가 되시기 때문에 그의 언약은 항상 이루어진다. 하나님의 시선에서 우리는 거지가 아니며, 우리는 그분의 자녀다. 그분은 우리의 기도를 들으신다.

하나님의 말씀인 성경은 약속의 책이다. 우리는 성경을 한번도 펼쳐보지 않아 어머니가 오래전 아들에게 전해 준 성경 갈피 사이에 끼어둔 많은 약속 어음을 모른 채 살아가는 철없는 아들처럼 종종 하나님의 약속을 잊고 살 때가 있다. 우리는 하나님의 약속을 알아야 하며 그것을 실천해야 한다. 하나님은 예수 그리스도 때문에 그리고 우리가 그의 사랑스러운 자녀이기 때문에, 하나님의 말씀 안에서 우리에게 약속한 언약은 항상 지키신다. 고린도후서 1:20에 중요한 두 단어가 나오는데 그것은 "그리스도 안에서"이다. "하나님의 약속은 얼마든지 그리스도 안에서 '예'(yes)가 되니."

하나님의 약속은 바늘과 실의 관계처럼 크리스천의 삶을 향한 하나님의 목적과 항상 짝을 이루기 때문에 크리스천들의 삶 속에서 반드시 실현된다. 하나님에게 '우연'이란 없다.

① 요셉이 구덩이 안에 던져져 있을 때 미디안 상인들이 도착한 것은 우연이 아니었다(창 37:28).
② 아기 모세가 나일강 가에 숨겨져 있을 때 바로의 딸이 나일강으로 간 것은 우연이 아니었다(출 2:5).
③ 젊은 시녀가 나아만 장군의 집에서 수종 들었던 것도 우연이 아니었다(왕하 5:2).
④ 왕이 잠이 오지 않아 역대 일기를 가져다가 신하에게 읽게 하여 모르드개가 자신의 생명을 구한 것을 알게 된 것은 요행수로 벌어진 것이

아니었다(에 6:1-3).
⑤ 소년이 시내에서 매끄러운 돌 다섯을 골라 주머니에 넣은 일은 무료했던 십 대의 장난이 아니었다(삼상 17:40).

하나님은 이들 내면에 각자의 사명을 심으셨고, 그들을 통해 하나님의 목적을 이루셨다. 하나님은 자신의 약속을 지키는 분이시다.

하나님은 자기 아들과 딸인 우리에게 관심이 많으시다. 그분은 독생자 예수의 피로 우리를 대속하셨고, 모든 선한 것으로 우리에게 공급하길 원하신다. 로마서 8:32에는 다음과 같이 질문한다.

> 자기 아들을 아끼지 아니하시고 우리 모든 사람을 위하여 내주신 이가 어찌 그 아들과 함께 모든 것을 우리에게 주시지 아니하겠느냐(롬 8:32).

하나님의 언약이 성취된 구약 시대 약속은 어떠한가.

① 하나님이 약속하신 대로 아브라함은 모든 민족의 복이 되었다(창 22:17).
② 노아 시대 이후 땅은 홍수로 멸망되지 아니했다(창 9:11).
③ 이스라엘 백성은 더 이상 애굽의 노예가 되지 아니했다(출 3:7-10).
④ 요엘 선지자에게 약속하신 대로 우리 자녀들은 지금 장래 일을 말하고 있다(욜 2:28).

신약성경에서도 동일하게 약속을 지키는 하나님의 신실함을 발견할 수 있다.

신약성경의 하나님의 약속은 다음과 같다.

① 우리를 구원하시고(히 7:25),
② 우리를 치료하시고(출 15:26),
③ 우리에게 권능을 주시고(행 1:8),
④ 우리를 지탱해 주시고(요 14:16),
⑤ 우리에게 공급해 주시고(마 6:32),
⑥ 우리를 인도해 주시고(시 32:8),
⑦ 우리를 버려두지 않겠다는 약속을 해 주셨다(요 14:18).

하나님은 지금도 이 약속들을 이행하고 계신다. 이런 약속을 함으로써 음부의 권세가 절대로 이기지 못하는 그분의 교회를 세워가고 계시기 때문이다. 나는 하나님이 지금 세계 여러 곳에서 이 일을 하고 계신 것을 보아 왔다. 하나님은 아직 남아 있는 중요한 약속도 이행하실 것을 믿어 의심치 않는다. 최후의 약속인, '예수의 재림'까지도 말이다(요 14:3).

하나님의 모든 약속은 그분의 자녀인 우리에게 속해 있다. 모든 약속은 우리의 주님이자 구원자이신 예수 그리스도로 인해 성취될 것이다. 하나님의 자녀로서 우리의 정체성을 깊은 지경까지 내면화하고 하나님의 약속을 선포하기 시작할 것을 권면한다.

크리스천은 성령으로 거듭나야 할 뿐만 아니라 성령 충만도 사모해야 한다. 성령 충만은 우리의 영적 정체성을 더욱 깊은 차원으로 안내할 것이다. 여러분이 성령으로 충만한 크리스천의 정체성을 갖게 됨으로써 성령 충만과 정체성 사이의 깊은 연관성까지 깨닫게 되기를 바란다.

나의 딸인 엘리자베스 매튜 코시(Elizabeth Mathew Koshy) 박사는 상담 전문가로서 세 가지 성경적 그림을 제시하여 내가 이 개념을 확립하는 데 도움을 주었다. 그녀에 따르면, 성령 충만한 크리스천은 불에 의해 표현될 수 있는 사람들이다. 성경에서 불의 이미지는 성령을 표현하는 데 자주 사용되었다. 엘리자베스는 성령 충만함의 정체성을 다음 세 가지 측면을 통해 설명했다.

① 성령 충만의 정체성은 우리가 불을 내리는 순간을 포함한다.
② 성령 충만의 정체성은 우리가 불 가운데 걸어가는 순간을 포함한다.
③ 성령 충만의 정체성은 우리가 불을 휴대하는 생활 방식을 포함한다.

이 관점들은 다음과 같다.

1) 불을 내림

열왕기상 18:16-39에는 갈멜산 정상에서 벌어진 엘리야와 바알 선지자들의 대결을 다루고 있다. 이 영적 전쟁에서 엘리야는 450명의 바알 선지자들에게 바알이 참신이라면 하늘에서 불을 내려 송아지를 불태워서 증거를 보이라고 제안한다. 바알 선지자들은 바알을 향해 춤추고, 소리 지르고 심지어 자신의 몸을 자해하면서 몇 시간 동안 바알을 불렀다. 하지만 아무 일도 일어나지 않았다. 그들은 바알에게 아무런 대답도 들을 수 없었다. 이제 엘리야의 차례가 다가왔다.

엘리야가 가장 먼저 한 일은 제단을 수축한 일이었다. 그리고 송아지를 제단 위에 올려놓고 물을 세 번 그 위에 부었다. 그리고 아브라함과 이삭과 야곱의 하나님은 가장 위대한 하나님임을 크게 선포했다. 즉시 하늘에서 불이 내려와 모든 제단과 물과 송아지를 태웠다(왕상 18:16-39). 우리는 오늘날에도 '불을 내림'을 인식하고, 그것을 사용할 때 산 정상을 가득 채웠던 실제 성령의 역사를 경험하며 하나님의 권능을 직접 눈으로 목격하게 될 것이다. 이것은 성령 충만을 설명할 때 가장 중요한 부분이라 할 수 있다. 하지만 성령 충만한 크리스천의 정체성에 관하여는 아직 설명할 부분이 남아 있다.

2) 불 가운데 걸어가기

다니엘 3:13-30에는 느브갓네살의 조서, 즉 하나님 외에 다른 신을 섬기는 것을 거부한 용감한 하나님의 사람들, 사드락, 메삭, 아벳느고의 이야기가 나온다. 그들의 이런 결정은 사람의 관점에서는 죽음을 면할 수 없는 형벌, 즉 맹렬히 타는 풀무 불 가운데로 던져지는 결과를 가져오게 되었다. 이 세 명의 젊은이들은 하나님이 이 형벌 가운데서도 자신을 구해 주실 것을 믿었고, 만약 하나님이 자신을 구원해 주시지 않더라도 다른 신을 섬길 수 없다고 진술했다. 그들은 자신만이 불 속에 있을 것을 믿으며, 그 속으로 걸어 들어갔다. 하지만 하나님은 다른 계획을 세우고 계셨다.

25절에는 풀무 불 가운데 네 번째 사람이 있었다고 기록되어 있다. 사드락, 메삭, 아벳느고가 그들이 믿었던 대로 불 가운데 걸어갈 때 하나님의 임재가 그들과 함께 있었다. 그들은 털끝 하나 상하지 않고 풀무 불에서 나오게 되었고, 모든 영광을 하나님께 돌렸다(단 3:13-30).

진정으로 성령 충만한 크리스천의 정체성은 '불 가운데로 걸어가기'를 통해 하나님이 함께 계심을 기억하며, 하나님의 진리를 위해서 자신의 삶까지도 포기할 수 있는 의지가 요구된다.

3) 항상 불을 휴대하기

마지막으로 성령 충만한 크리스천의 정체성 중에서 대부분 사람이 가장 중요하지 않다고 생각했던 내용이지만 가장 중요한 부분을 살펴보자. 누가복음 2:36-38에는 안나라는 이름을 가진 한 여성이 나온다. 그녀는 나이든 선지자이며 84년 동안 과부로 살아 왔다. 그녀는 매일 성전에 올라가 금식하며 기도했다. 누가가 기록했던 그 시대의 문화적 정황을 고려했을 때, 안나는 사회로부터 아무런 가치가 없는 존재였다. 그녀를 보호해 줄 남편이 없었고, 자식도 없어 보였다. 사회적으로 투명 인간과 같은 존재였다. 하지만 그녀는 주야로 예배를 드렸다(눅 2:36-38). 사회에서 무시받는 한 늙은 여자가 매일 성전에 올라가 기도하는 장면을 잠시 상상해보자.

"메시아가 오고 있다"라고 기도할 때 같은 회당에 있는 주변 사람들의 눈살이 찌푸려지는 모습을 상상해볼 수 있는가?

그녀의 낮고 천한 신분에도 불구하고, 사람들은 그녀의 존재감을 느낄 수 있었다. 안나의 기도 소리가 들린다.

"메시아가 오고 있다."

마침 그때 84년의 고독과 나약함의 시간을 보낸 안나에게 마리아와 요셉의 팔에 안긴 한 아기는 구세주로 여겨졌다. 안나는 아기에게 다가가 하나님께 감사하며 즉시 주변 사람들에게 이분이 '예수'라고 말하기 시작했다. 이것이 진정한 성령 충만한 크리스천의 경험이다.

이제 누가가 저술한 다른 정경인 사도행전으로 발길을 돌려 보자. 사도행전 1:8에는 예수께서 부활 후에 제자들에게 나타나 다음과 같은 약속을 하신 내용이 기록되어 있다.

> 오직 성령이 너희에게 임하시면 너희가 권능을 받고 예루살렘과 온 유대와 사마리아와 땅끝까지 이르러 내 증인이 되리라(행 1:8).

'항상 불을 휴대하기'는 고통과 공허함으로 가득한 이 세상에서 사회적 압박에 상관없이 안나처럼 예수께서 어떤 분인지 바라보는 믿음을 갖는 것을 의미한다. 또한, 안나처럼 구원해 주신 은혜에 대한 감사와 겸손도 갖추어야 한다. 사도행전 2장에 마가 다락방에 임했던 성령 강림 사건으로 인해 우리는 내면에 '불타는' 성령을 모시게 되었다. 불을 사용하여 예수께서 누구인지 이웃에게 전해야 하며, 일회성의 영향력에서 머무는 것이 아니라 긴 여운이 남도록 예수를 전해야 한다.

영적 정체성은 세 가지 요소, 즉 정체성, 삶의 목적, 권능을 포함하고 있다. 첫 번째 요소인 크리스천의 정체성은 하나님의 아들과 딸로서 지위를 의미한다. 성령의 권능을 입은 크리스천의 정체성은 이 개념의 견고한 기초가 되어야 한다. '성령의 권능을 입은 영적 정체성'은 불을 내리고, 불 가운데로 걸어가며, 궁극적으로 어디를 가든지 항상 불을 휴대한 삶을 의미한다.

지금까지 배운 요점을 정리하며 이 장을 마무리하고자 한다. 여러분은 하나님의 자녀다. 여러분은 하나님의 아들과 딸이다. 여러분 안에는 성령의 불이 거한다. 필요할 때 담대하게 불을 내리고, 요구받을 때 신뢰 가운데 불 가운데로 걸어가며, 항상 불을 휴대하여 하나님의 자녀로서 발휘되는 정체성의 권능을 행하길 바란다. 믿음의 여정 가운데 예수 그리스도의 이름으로 여러분과 여러분 가정에 약속하신 하나님의 언약도 구하길 바란다.

토의를 위한 질문

1. '하나님의 자녀'라는 용어는 여러분에게 어떤 의미인가요?

2. 하나님의 아들과 딸이 된 과정에서 입양의 개념에 대해 어떻게 생각하나요?

3. 이 장에서 언급된 '좋은 소식'의 다섯 가지 특징을 답해 봅시다.

4. 하나님의 자녀가 된 것과 하나님의 목적을 이루는 것 사이에 어떤 연관성이 있는지 답해 봅시다.

5. 하나님의 자녀로서 여러분의 정체성과 여러분을 향한 하나님의 목적에 대해 어떻게 생각하는지 답해 봅시다.

6. 하나님이 성취하신 구약의 약속은 어떤 것들이 있었나요?

7. 하나님이 성취하신 또는 현재 일하고 계신 신약의 약속들은 어떤 것이 있었나요?

8. 엘리자베스 매튜 코시는 불의 개념과 성령 충만한 크리스천의 정체성 사이를 어떻게 연관 지어 설명했나요?

9. 이 장에서 배운 내용 중 가장 인상 깊었던 내용에 대해 답해 봅시다.

10. 하나님의 자녀로서 여러분은 자신이 가진 정체성의 강점을 어떻게 평가하나요?

제2장

하나님의 가족

> 여인이 어찌 그 젖 먹는 자식을 잊겠으며 자기 태에서 난 아들을 긍휼히 여기지 않겠느냐 그들은 혹시 잊을지라도 나는 너를 잊지 아니할 것이라 내가 너를 내 손바닥에 새겼고 너의 성벽이 항상 내 앞에 있나니(사 49:15-16).

선한 사마리아인의 비유는 전 세계적으로 널리 알려진 이야기 중의 하나다. 예수께서는 다음 질문을 하시고 그에 대한 답을 할 수 있도록 도움을 주기 위해 이 비유를 사용하셨다.

"누가 나의 이웃인가?"

신기하게도 예수께서는 다음과 같은 질문에 대한 답변을 유도하기 위해 선한 사마리아인의 비유를 사용하시진 않으셨다.

"누가 나의 가족인가?"

추측하기를 예수의 삶 자체가 이 질문에 대한 답이 될 만한 비유였기 때문에 '누가 나의 가족인가'의 질문을 생략하신 것 같다.

'가족'이란 단어는 구약성경에서는 히브리어로 '베잇'(*bayit*), 신약성경에서는 헬라어로 '오이코스'(*oikos*)로 각각 기록되었으며, 공통으로 '집' 또는 '가정'을 의미한다. 구약성경에서 가족의 개념은 대가족, 심지어 혈연관계가 아닌 하인이나 노예까지도 포함하고 있다. 심지어 같은 민족이 아닌 이방인 노예나 타지방에서 온 손님까지도 가정의 한 부분으로 간주했다.

신약성경에서 가정의 범위도 별반 다르지 않다. 대가족, 하인, 노예 그리고 그들의 식솔까지도 가족에 포함하고 있다. 전형적인 구약의 가족은 50명이 넘는 인원을 포함하고 있다. 야곱의 가족도 최소한 70명은 넘어 보인다(창 46:5-27). 이런 형태의 가족은 현대 가족과는 큰 격차를 보인다. 오늘날 핵가족 시대를 사는 사람들에게 하나님의 말씀에서 발견되는 가족의 참된 의미를 인식하기란 쉽지 않다.

구약 시대 개인의 정체성은 자신의 가족에 기반을 두고 있다. 성경에는 하나님이 가족이란 개념을 구상하셨고, 천지를 만드심과 동시에 첫 번째 가족도 창조하셨다고 가르치고 있다(창 2:19-24). 율법은 가족을 보호하며 가족에 대한 규범도 제시한다.[1]

하나님은 가족에게 복을 주셨고, 말씀에 따라서 사람들은 자식을 하나님의 복으로 간주했다(시 127:3-5). 불임은 저주로 간주했고, 불임하는 여성이 자녀를 낳을 때는 그 지역 사회에서 큰 주목을 받게 되었다(삼상 2:5). 이런 점에서 족장 이삭의 어머니였던 사라와 사무엘 선지자의 어머니였던 한나는 구약 시대에 일약 유명인으로 떠오른 여인들이었다.

구약성경에서 하나님은 가족 안에서 일하셨고, 가족을 통하여 일하셨다. 하나님은 아브라함의 가족과 다윗의 가문에 관여하셨다. 하나님은 엘리와 사울의 가문을 기뻐하지 않으셨다. 구약성경은 하나님을 아버지(신 32:6; 사 64:8)와 어머니(사 66:13)로 묘사한다. 하나님은 이스라엘의 아버지(렘 31:9)가 되시고, 이스라엘은 그분의 장자(출 4:22)가 된다. 하나님은 아버지(시 103:13)처럼 자식에게 연민을 느끼시지만, 어머니(호 13:8)처럼 자녀들을 보호하신다.

---

1 간결하면서도 포괄적인 성경적 가족의 개념은 다음을 참조하라. Brenda B.Colijn, "Family in the Bible:A Brief Survey," *Ashland Theological journal* 36(2004):73-84.,https://biblicalstudies.org.uk/pdf/ashland_theological_journal/36-1_073.pdf.

아버지가 훈육하듯이 자녀에게 징계를 내리시고, 어미 독수리처럼 자신의 자녀를 훈련하신다(신 32:11-12). 하나님은 공급하시는 아버지이자, 돌보고 지지해 주는 어머니가 되신다. 그분은 또한 남편(렘 31:32)과 공급자(창 22:14)로서 묘사되기도 한다.

신약성경에서도 마찬가지로 가족에 대한 매우 긍정적 모습을 기록하고 있고, 크리스천의 가정생활에 대한 지침을 제공한다. 예수께서는 부모들을 주목하셨고, 자녀 대신에 예수께 간청했던 부모들에게 응답하셨다. 예수께서는 야이로의 딸(막 5:22-24, 38-42)과 수로보니게 여인의 딸(막 7:24-30)을 고쳐 주셨다. 나인성 과부의 죽은 아들도 살려 주셨다(눅 7:11-17). 예수께서는 자신에게 보내진 어린아이들을 축복하셨고, 아이들을 오지 못하게 막았던 제자들을 꾸짖으셨고(눅 18:16), 결혼을 동의하셨으며, 이혼에 대한 진리를 가르치셨다(마 19:3-12).

신약성경에는 예수 그리스도의 가계에 대한 더 자세한 정보를 제공한다. 예수께서는 다윗의 후손으로 성육신하셨다. 마태와 누가는 공통적으로 예수의 혈통을 확고히 세우기 위해 심혈을 기울여 족보를 작성했다(마 1:1-17). 누가가 더 긴 목록을 작성하긴 했다(눅 3:23-38). 이 구절들을 통해 예수께서는 아브라함의 씨이며, 다윗의 계보에 속한 사실을 알 수 있다(눅 1:69; 2:4).

예수께서는 하나님이 가지고 계신 아버지 속성을 이전보다 더 충분하게 드러내셨다. 말씀이 육신이 되신, 우리와 함께 계셨던 예수께서는 하나님을 "아바"로 부르셨다. 예수께서는 하나님 아버지의 속성을 가르치기 위해 잃어버린 아들의 비유를 사용하셨다. 예수의 말씀을 들은 회중들은 하나님이 사랑이 많으시고, 그분의 자녀들이 아버지께 돌아오기만을 간절히 기다린다는 것을 배우게 되었다.

우리는 바울의 직계 가족보다도 그의 신앙 공동체에 대해 더 많은 사실을 알고 있다. 하지만 사도 바울은 기독교 가정의 이상(the ideal)을 확립하는 데 각고의 노력을 기울였다. 특별히 연로한 여성과 과부에 대한 존경과 관심을 표했다. 바울은 디모데에게 다음과 같이 조언했다.

> 만일 어떤 과부에게 자녀나 손자들이 있거든 그들로 먼저 자기 집에서 효를 행하여 부모에게 보답하기를 배우게 하라 이것이 하나님 앞에 받으실 만한 것이니라(딤전 5:4).

> 만일 믿는 여자에게 과부 친척이 있거든 자기가 도와주고 교회가 짐지지 않게 하라 이는 참 과부를 도와주게 하려 함이라(딤전 5:16).

바울은 자신의 가족을 부양하지 않는 남자들을 향하여 그들의 믿음을 의심하면서 다음과 같이 말했다.

> 누구든지 자기 친족 특히 자기 가족을 돌보지 아니하면 믿음을 배반한 자요 불신자보다 더 악한 자니라(딤전 5:8).

바울은 남편, 아내, 아버지, 자녀 심지어 노예들한테도 엄격한 원칙을 제시했다. 포괄적인 그의 가르침을 살펴보자.

> 남편들아 아내 사랑하기를 그리스도께서 교회를 사랑하시고 그 교회를 위하여 자신을 주심 같이 하라(엡 5:25).

> 아내들이여 자기 남편에게 복종하기를 주께 하듯 하라(엡 5:22).

> 또 아비들아 너희 자녀를 노엽게 하지 말고 오직 주의 교훈과 훈계로 양육하라(엡 6:4).

> 자녀들아 주 안에서 너희 부모에게 순종하라 이것이 옳으니라(엡 6:1).

> 종들이 두려워하고 떨며 성실한 마음으로 육체의 상전에게 순종하기를 그리스도께 하듯 하라(엡 6:5).

신약성경에는 가족들이 집단으로 구원받는 사례가 수차례 기록되었다. 고넬료와 그의 가족들이 한 날에 성령으로 충만하게 되어 세례를 받았다(행 10장). 루디아와 그의 가족 모두가 같은 날에 세례를 받았다(행 16:14-15). 빌립보 감옥의 간수와 그의 가족들이 같은 날 밤에 세례를 받았다(행 16:33). 신약성경을 통해서 우리는 하나님이 가족 전체를 구원하고 복 주기를 원한다는 것을 알 수 있다.

초대 교회 성도들은 화려한 곳에서 예배드리지 않았다. 성경에는 그들이 서로의 집에서 만났다고 기록되었다. 그들의 집은 기도 처소와 예배당이었다(행 12:12). 회당에서 성도들이 점점 핍박받게 되면서 가정 교회는 점차 일반적 형태로 확산했다. 누가는 오순절 이후에 신앙 공동체로서 가정을 다음과 같이 묘사했다.

> 집에서 떡을 떼며 기쁨과 순전한 마음으로 음식을 먹고 하나님을 찬미하며 또 온 백성에게 칭송을 받으니 주께서 구원받는 사람을 날마다 더하게 하시니라(행 2:46-47).

각 가정에서 공동체가 모였지만, 결국에 한 가족이 되었다는 것을 유추할 수 있다. 자신의 신앙 때문에 직계 가족을 잃은 성도들은 신앙 공동체로 입양되면서 새로운 가족이 생기게 되었다. 예수께서는 이런 소속의 변화에 대한 대비책으로 미리 다음과 같이 말씀하셨다.

> 내가 세상에 화평을 주러 온 줄로 생각하지 말라 화평이 아니요 검을 주러 왔노라 내가 온 것은 사람이 그 아버지와 딸이 어머니와 며느리가 시어머니와 불화하게 하려 함이니 사람의 원수가 자기 집안 식구리라 아버지나 어머니를 나보다 더 사랑하는 자는 내게 합

> 당하지 아니하고 아들이나 딸을 나보다 더 사랑하는 자도 내게 합당하지 아니하며 … 너희를 영접하는 자는 나를 영접하는 것이요 나를 영접하는 자는 나를 보내신 이를 영접하는 것이니라 … 또 누구든지 제자의 이름으로 이 작은 자 중 하나에게 냉수 한 그릇이라도 주는 자는 내가 진실로 너희에게 이르노니 그 사람이 결단코 상을 잃지 아니하리라 하시니라(마 10:34-42).

교회는 하나님을 믿는 사람들이다. 교회에 존재하는 성도들은 하나님의 자녀들이다. 그들은 신앙으로 엮인 가족이다. 모든 크리스천은 그리스도 안에서 형제와 자매다. 그리스도 안에서는 유대인과 이방인, 남자와 여자, 자유인과 노예의 구분이 없다(골 3:11). 급진적으로 생겨난 새로운 가족이지만, 그것을 창조한 분은 원래 가족을 창조하신 동일한 하나님이시다. 사람은 성령의 역사를 통한 탄생과 함께 가족으로 구성된다. 영으로 난 사람은 하나님의 가족으로 거듭나게 된다. 유대인은 오랜 세월 동안 하나님의 가족 구성원이었다. 이방인도 이 가족으로 편입이 되었다. 이제 유대인과 이방인은 동일한 가족 구성원이다.

이로써 가족이 없는 사람은 존재하지 않는다. 고아일지라도 신앙 공동체에서 아버지와 어머니를 얻게 되었다. 어떻게 해서 형제나 자매를 잃은 사람도 교회 안에서 형제, 자매를 얻게 되었다. 직계 가족으로부터 거부를 당한 사람도 새로운 하나님의 가족으로부터 환영과 인정을 받게 되었다. 남자, 여자, 아이, 고아, 과부, 노인, 기혼자, 미혼자, 유대인, 이방인 모두가 하나님 가정 안에서 가족을 찾게 되었다. 오늘날 핵가족 세대에게는 이 진리를 이해하기가 매우 어렵고 급진적으로 받아들여질 수도 있지만, 이것이 우리의 가족이다.

1. 가족의 영원한 사랑

　1981년 7월 29일, 역사상 가장 유명하고 믿기지 않을 정도로 화려한 결혼식이 영국에서 치러졌다. 신랑은 영국 왕실의 계승자인 찰스 왕자였다. 신부는 숙녀 다이애나 스펜서였다. 보도에 따르면, 4,500개의 아름답고 싱싱한 화분이 결혼식장인 세인트 폴 성당(St. Paul's Cathedral)으로 향하는 길에 도열되었으며, 약 2,500명의 내빈이 예배당을 가득 채웠다. 기자들에 따르면, 전 세계 안방으로 송출할 결혼식 영상을 위해 75명의 기술자가 작동하는 21개의 카메라 장비가 동원되었다고 한다. 추산하기로 전 세계 7억 1천 5백만 명이 실시간으로 결혼식 방송을 보았다고 한다. '20세기 최고의 결혼식'이라고 부를 정도로 동화 같은 이 이야기는 머지않아 비극적인 결말을 맞게 되었다. 별거, 고발, 배신, 외도 후에 결혼은 파경으로 치달았고, 결국 공주는 운명을 달리했다.

　세상의 모든 재물과 온 우주의 화려함을 지급한다 하더라도 영원하고 진실한 사랑 또는 안정된 돌봄을 제공해 주는 가족과 바꿀 수 없다. 우리는 타락한 세상에 속해 있으므로 이 땅의 사랑은 한계가 있기 마련이다. 진실하고 영원한 사랑은 오직 하나님과 그의 가족 안에서만 찾을 수 있다. 성경은 하나님이 세상을 이처럼 사랑하신다고 말씀한다(요 3:16). 하나님의 사랑은 전 지구적(global)이고, 너무나 방대하지만 동시에 무척 개인적이기도 하다. 하나님은 무조건적 방식으로 우리를 영원히 사랑하신다.

　하나님은 우리를 너무나 많이 사랑하셔서 그의 독생자 예수를 우리에게 주셨고, 예수를 통해 새로운 가족도 주셨다. 우리가 아직 죄인 되었을 때 그리스도께서 우리를 위해 죽어 주셨다(롬 8:5). 하나님은 우리를 너무나 많이 사랑하셔서 그리스도를 주실 뿐만 아니라, 그를 통하여 현재 삶에서 필요한 것과 앞으로 다가올 삶에서 필요한 모든 것을 주시는 분이시다(롬 8:32). 하나님의 가족으로서 신앙 공동체는 이런 공급의 한 부분이다.

하나님의 사랑은 무조건적이고 영원하다. 우리가 그 영원한 사랑을 떠나지 않는 이상 우리는 하나님의 사랑을 받게 된다. 인간의 사랑은 조건적이고, 제한적이며 종종 신뢰할 수 없다. 하나님의 사랑은 무조건적이고, 무제한적이며, 완전히 신뢰할 만하다. 이 세상의 어떤 것도 또한 다가올 세상의 어떤 것도 하나님의 사랑에서 우리를 끊어내지 못한다. 바울의 이야기를 들어 보자.

> 누가 우리를 그리스도의 사랑에서 끊으리요 환난이나 곤고나 박해나 기근이나 적신이나 위험이나 칼이랴 기록된바 우리가 종일 주를 위하여 죽임을 당하게 되며 도살당할 양 같이 여김을 받았나이다 함과 같으니라 그러나 이 모든 일에 우리를 사랑하시는 이로 말미암아 우리가 넉넉히 이기느니라 내가 확신하노니 사망이나 생명이나 천사들이나 권세자들이나 현재 일이나 장래 일이나 능력이나 높음이나 깊음이나 다른 어떤 피조물이라도 우리를 우리 주 그리스도 예수 안에 있는 하나님의 사랑에서 끊을 수 없으리라(롬 8:35-39).

이것은 엄청난 소식이다.

2. 영원히 기억될 가족

하나님의 가족 안에서는 모든 구성원이 의미와 가치를 공유하고 모든 사람이 영원히 기억될 것이다. 언약의 말씀을 들어 보자.

> 여인이 어찌 그 젖 먹는 자식을 잊겠으며 자기 태에서 난 아들을 긍휼히 여기지 않겠느냐 그들은 혹시 잊을지라도 나는 너를 잊지 아니할 것이라 내가 너를 내 손바닥에 새겼고 너의 성벽이 항상 내 앞에 있나니(사 49:15-16).

이스라엘 백성이 자신을 잊었냐고 불만을 제기할 때 하나님은 답하셨다. 하나님의 답변은 명확했다.

"어떻게 여인이 젖 먹는 자식을 잊겠느냐"

돌보는 아이를 잊어 먹는 엄마를 상상조차 하겠는가. 만약 그런 일이 있다고 한들, 하나님은 자신의 자녀를 잊을 분이 아니다. 손바닥에 그들의 이름을 새겼다고 했기 때문에 굳게 보장되는 사실이다.

하나님의 말씀에 따르면, 오직 한 가지 하나님이 잊어버리는 것은 우리의 죄다.

내가 그들의 악행을 사하고 다시는 그 죄를 기억하지 아니하리라(렘 31:34).

하나님이 자신의 자녀를 기억한다는 것은 성경에 확실하게 기록되어 있다. 하나님은 노아를 기억하셨고(창 8:1), 아브라함을 기억하셨으며(창 19:29), 라헬과 한나를 기억하셨다(창 30:22; 삼상 1:19). 그리고 하나님은 여러분도 기억하실 것이다. 그에 대한 예언적 말씀은 이것이다.

내가 너를 내 손바닥에 새겼고(사 49:16).

다른 말로 하면 하나님은 하늘 위에, 산 위에 또는 파도 위에 여러분을 새긴 것이 아니라, 바로 그분의 손바닥 위에 여러분을 새기셨다.

언제 이런 일이 일어났는가?

언제 하나님의 손에 우리를 새기셨는가?

그것은 하나님이 예수의 이름으로 인간이 되셔서 우리의 이웃으로 함께 사시다가 십자가에 달려 돌아가신 때로 확신한다.

다음 예수의 손을 기억하는가?

① 그의 손에 떡 다섯 개를 가지사, 축사하시고, 떡을 떼어 배고픈 무리에게 주니
② 그의 손이 맹인을 만지고 그들을 고쳐 주시니
③ 그의 손이 만질 수 없는 나병 환자를 대시며 깨끗하게 하시니
④ 그의 손이 어린아이를 데려와 축복하시며
⑤ 그의 손이 물속에 가라앉는 베드로를 잡으시며
⑥ 그의 손이 잡히시던 날에 떡을 가지사, 떼어 제자들에게 주시며, 이르시되 "이것은 내 몸이니라"(마 26:26).

어느 날 예수를 대적하는 무리가 갈보리 언덕으로 예수를 끌고 가 나무 십자가에 양팔을 벌리고 양손에 못을 박았다.

예수의 양손을 주목해 보자.

상처 이상의 무언가를 발견했는가?

양손에 새겨진 여러분의 이름이 보일 것이다. 믿기지 않는다면, 인도로 파송되었던 사도 도마에 확인해 보자. 어느 날 도마는 예수의 양손을 살펴봤다. 요한복음에 이 장면이 기록되어 있다. 부활하신 예수께서 처음 제자들에게 보이셨을 때 도마는 그 자리에 있지 않았다. 도마는 부활하신 주님을 봤다는 제자들의 증언을 믿기 어렵다고 호소하며 다음과 같이 말했다.

> 내가 그의 손의 못 자국을 보며 내 손가락을 그 못 자국에 넣으며 내 손을 그 옆구리에 넣어 보지 않고는 믿지 아니하겠노라(요 20:25).

예수께서 일주일 후에 돌아오셔서 도마를 놀라게 하시며 다음과 같이 말씀하셨다.

네 손가락을 이리 내밀어 내 손을 보고 네 손을 내밀어 내 옆구리에 넣어보라 그리하여 믿음 없는 자가 되지 말고 믿는 자가 되라(요 20:27).

놀란 도마는 짧게 외쳤다.

나의 주님이시요 나의 하나님이시니이다(요 20:27-28).

도마가 본 것은 예수의 상처뿐만 아니라 그 상처 위에 새겨진 자신의 이름이 아니었겠는가?
여러분에게도 이런 일이 생길 수 있다.
예수의 부활한 몸에는 여전히 십자가 처형 때 생긴 상처가 남아 있다는 게 분명해졌다. 상처의 흔적은 영원히 그대로 남는다는 게 밝혀졌다(요 20:27). 과거의 십자가는 우리를 속량했다. 현재의 십자가는 우리를 치유했다. 미래의 십자가도 마찬가지이다. 정확하게 하나님은 예수의 십자가를 통해 역사(history)를 써내려 가셨고, 십자가에서 그것을 나누셨다.

① 십자가에서 사탄은 패했다.
② 십자가에서 죄는 힘을 잃었다.
③ 십자가에서 사망은 소멸했다.
④ 십자가에서 악은 제압되었다.
⑤ 십자가에서 최고의 사랑이 나타났다.
⑥ 십자가에서 화해가 이루어졌다.
⑦ 십자가에서 죄짐이 가벼워졌다.
⑧ 십자가에서 하나님이 우리에게 '그렇다'(yes)라고 답하셨다.
⑨ 십자가에서 무덤의 승리가 무효가 되었다.
⑩ 십자가에서 구원이 이루어졌다.

⑪ 십자가에서 정죄가 사라졌다.
⑫ 십자가에서 죄 용서받았다.
⑬ 십자가에서 병자들이 고침 받았다.

십자가 때문에 우리의 슬픔은 기쁨이 되고, 우리의 밤은 낮이 되었으며, 우리의 사망은 생명으로 변했다.

① 이제 약한 자가 강하다고 말할 수 있다.
② 가난한 자가 부유하다고 말할 수 있다.
③ 눈먼 자가 볼 수 있다고 말할 수 있다.

십자가는 하나님과 우리 모두에게 기념비적 사건이다. 그것은 우리가 우리를 속량하신 하나님의 행동을 떠올리게 하며, 하나님은 그 아들의 못자국난 상처에 새겨진 우리의 이름을 하나님이 잊지 않도록 하는 기능을 한다. 하나님은 우리를 잊지 않으실 것이다.

나는 과거에 원목으로 섬겼던 믿음의 도시 병원(City of Faith Hospital)에서 만난 젊고 아름다운 한 여성 환우를 기억한다. 거듭난 성도인 그녀는 찾아오는 가족이 아무도 없었다. 어머니와 할머니는 유방암으로 돌아가셨고, 아버지도 돌아가셨다. 그녀는 형제나 자매도 없이 혼자 살면서 자신이 병에 걸렸다는 사실을 비밀로 했고, 두려움 때문에 최대한 오랫동안 아무런 의료적 도움도 구하지 않았다. 의사 소견에 따르면, 그녀가 병원을 찾은 시기에 그녀의 병세는 이미 많이 악화되어 있었기 때문에 향후 예측은 밝지 않았다.

어느 날 회진을 통해 그녀를 찾았을 때 그녀가 나에게 질문했다.

"저에게는 아무 가족이 없습니다. 제가 얼마나 살지도 모르겠어요. 부탁 하나만 드려도 될까요?"

그녀가 실제적 도움을 구할 것으로 생각하며 대답했다.

"물론이죠, 무엇을 도와드릴까요?"

그녀는 "만약 제가 죽으면 저를 기억해 주시겠어요?"라고 말했다.

기대치 못한 요청으로 나의 감정이 동요되었다. 그리고 나는 "물론이죠. 당신을 기억하겠습니다"라고 말했다. 그것이 그녀를 본 마지막 회진이었다.

우리는 모두 기억되기를 원한다. 성경에는 하나님이 우리를 자신의 자녀로 그리고 가족의 일원으로 기억하신다고 분명히 기록되었다. 하나님은 그분의 손에 우리를 새겼기 때문에 영원히 우리를 잊지 않으실 것이다. 하나님께 속한 가족 구성원으로 우리는 영원히 기억될 것이다.

감사하게도 나는 인도의 한 목회자 가정에서 양육되었다. 내가 태어나고 자란 환경 때문에 많은 어려움을 겪긴 했지만, 직계 가족과 아버지가 목회하시는 교회 가족의 사랑과 지지를 받는 축복을 누리며 자랄 수 있었다.

나의 아내도 나와 비슷한 환경에서 자랐다. 우리 부부는 지금은 성인이 된 두 딸에게 어려서부터 안전하고 사랑이 넘치는 가정을 제공하고자 노력했다. 하지만 이런 상황이 우리의 대다수 친구나 독자들에게는 여의치 않다는 것을 알고 있다.

나는 여러분이 자신의 직계 가족으로부터 사랑과 지지를 받는 별(star)과 같은 존재였는지 아니면 반대의 경우였는지 나로선 알 길이 없다. 하지만 어떤 경우라도 이제는 문제 될 것이 없다. 여러분의 직계 가족이 사랑이 넘치고 건강하다면 하나님께 감사와 찬양을 드려야 한다. 만약 직계 가족이 사랑을 줄 수 없는 반대의 경우라도 절망하지는 말자. 여러분은 지금 세상에서 가장 사랑이 넘치는 가족에 속해 있다. 여러분은 그 가족 안에서 사랑받는 자녀다. 그리고 영원토록 빛나고 빛날 별이다(단 12:3).

여러분은 특별한 존재이다!

토의를 위한 질문

1. 성경에 명시된 가족의 개념과 현대 문화에서 가족의 개념을 비교하여 답해 봅시다.

2. 여러분이 이해하고 있는 아버지와 어머니로서 하나님을 설명해 봅시다.

3. 하나님이 가족 안에서 가족을 통해 일하신다는 내용을 부연 설명해 봅시다.

4. 신약성경에서 예수의 족보를 통해 무엇을 알 수 있나요?

5. 예수께서 가족에 관한 관심을 어떻게 드러내셨는지 답해 봅시다.

6. 사도행전에서 세 가족이 구원받은 사건과 초대 교회의 가정의 역할에 대해 토의해 봅시다.

7. 가족에 관한 바울의 중요한 가르침은 어떤 것들이 있었나요?

8. 교회(신앙 공동체)가 하나님의 새로운 가족이라는 개념에 대해 토의해 봅시다.

9. 영적 가족으로서 크리스천 공동체의 특징과 장점을 토의해 봅시다.

10. 직계 가족으로서 교회 가족으로서 여러분의 경험을 돌아보고, 그것으로부터 배운 점이 있다면 나눠 봅시다.

제3장

예수 그리스도의 제자

> 그러므로 너희는 가서 모든 민족을 제자로 삼아 아버지와 아들과 성령의 이름으로 세례를 베풀고 내가 너희에게 분부한 모든 것을 가르쳐 지키게 하라 볼지어다 내가 세상 끝날까지 너희와 항상 함께 있으리라(마 28:19-20).

미국 교회에 새롭게 고조되는 위기가 있다. 교회의 가장 중요한 과업과 관련된 위기로 제자를 길러내는 것이다. 교회와 복음주의 기독교계에서 논란이 되는 많은 걱정의 이면에는 특별히 이 문제, 즉 제자도의 실종(issue of missing discipleship)이 자리 잡고 있다. 출석 교인이 늘었다고 주장하는 교회조차도 제자도의 확장에 대해서 자랑하지 않는다. 하지만 대부분 대형 교회에서는 출석 교인과 사회적 영향력 모두 감소 추세에 있긴 하다.

나와 대화를 나눈 목사들은 이런 문제 진단에 대해 동의하지만, 이런 문제 진단이 의미 있고 폭넓게 적용 가능한 개선 조치로 실행되었다는 증거는 발견되지 않는다. 교회에는 모든 종류의 문제를 안고 살아가는 사람들을 도울 만한 프로그램이 있다. 하지만 그들을 성장시켜 예수 그리스도의 제자로 인도하는 데는 역부족이다. 교회는 사람들을 출석 교인(membership)에서 제자도(discipleship)로 이동시키는 데 실패했다.

갤럽(Gallup)조사에 따르면, 미국 인구의 77퍼센트가 자신을 '크리스천'이라고 답했다.[1] 2010년 미국 종교 센서스(US religion census) 통계에 따르면, 46퍼센트의 인구는 자신을 지역 교회 회중에 속해 있다고 답했다. 하지만 그중 불과 절반의 사람들만 실제로 주일 예배에 참석하고 있다고 한다. 이것은 극찬하는 간증이 아님을 밝힌다.

선교학자 에드 스테처(ED Stetzer)는[2] 크리스천을 다음 세 가지로 나누었다.

① 문화적 크리스천(Cultural Christians)
② 회중적 크리스천(Congregational Christians)
③ 헌신된 크리스천(Committed Christians)

각 범주에 해당하는 인원수의 비교 수치는 위 분류와 동일한 순서이고, 다시 정리하면 대체로 교회를 지지하는 지역 주민, 주일 예배만 참석하는 크리스천, 일단의 헌신된 크리스천으로도 나눌 수 있다.

문화적 기독교에 대한 스테처의 견해는 기독교 신앙이라기보다 이신론(deism)에 가깝다. 그것은 삶과 동떨어진 신앙을 단언하며 행함이 없는 신조를 믿는다. 회중적 기독교도 별반 나을 게 없다. 회중적 기독교는 개인 돌봄을 생략한 채 개인을 공동체에만 속하게 하여 참여하기보다 관중(spectator)으로서만 머물게 한다. 스테처에 따르면, 헌신된 크리스천에 해당하는 진실한 제자도는 목표 지향적이고, 성경에 몰두하고, 소그룹 모임

---

[1] Frank Newport, "In U.S., 77% Identity as Christian," Gallup, December 24,2012,http://www.gallup.com/poll/159548/identify-christian.aspx.
[2] Ed Stetzer, "Is the Church Dying in the U.S.? Redefining Christians as Cultural, Congregational, & Convictional", Vision Room, accessed March 4, 2017, http://visionroom.com/church-dying-u-s-redefining-christians-cultural-congregational-convictional/.

에도 열심이며, 영적 성장에 집중하는 사람들이다.

많은 사람이 제자도보다 출석 교인으로 머무는 데 만족해 보인다. 그들은 예수의 친구보다 예수의 팬(fans of Jesus)으로 남는 것을 선호한다. 크리스천 사이에서 제자도의 고갈은 국가 전체에 엄청난 충격을 준다. 특별히 정치, 경제, 교육 분야에 큰 타격을 준다. 모든 사람의 삶에서 발견되는 종교적 측면인 시민 종교(civil religion)와 문화적 기독교는 지역 사회와 국가를 변형시키지 못한다. 영악한 정치인들은 자신의 목적을 위해 종교를 악용하고, 이런 종교는 하나님을 위한 세상에 영향을 주지 못한다. 오직 하나님 나라의 원칙만이 지역 사회와 세상에 영향력을 미칠 수 있다. 생명존중 문화와 도덕성은 참된 기독교에서 발생하며, 큰 희생이 따르는 제자도에 의해 육성된다.

유대교와 기독교의 유산을 필요할 때만 편리하게 주장하는 문화적 기독교는 국가를 변형시키지 못한다. 그들에게는 경건의 모양은 있으나 경건의 능력은 없다(딤후 3:5). 제자도의 대가를 치른 형제와 자매들이 하나님의 치유 능력으로 세상에 영향력을 끼칠 수 있다.

교회는 그리스도의 지상 명령을 회복해야 한다.

> 너희는 가서 모든 민족을 제자로 삼아 아버지와 아들과 성령의 이름으로 세례를 베풀고 내가 너희에게 분부한 모든 것을 가르쳐 지키게 하라(마 28:19-20).

하나님의 뜻은 우리 안에 그리스도의 형상을 이루는 것이다. 사도 바울은 이것을 성취하는 데 심한 고통이 따른다고 여겼다. 그는 갈라디아 성도들에게 다음과 같이 자신의 감정을 표현했다.

> 나의 자녀들아 너희 속에 그리스도의 형상을 이루기까지 다시 너희를 위하여 해산하는 수고를 하노니(갈 4:19).

나는 딸과 사위가 자신들의 첫째 아들이 태어나기 몇 달 전에 처음으로 초음파 검사를 하면서 걱정스럽게 초음파 사진을 살펴보던 때를 기억한다. 하나님도 우리의 영혼에 그분 아들의 형상이 있는지 유심히 살펴볼 것이라는 생각이 들었다. 제자도의 목적은 영성 형성(spiritual formation)이다. 이는 신자가 그리스도를 얼마나 닮았는지에 따라 그 성숙도를 측정하는 것이다.

> 하나님이 미리 아신 자들을 또한 그 아들의 형상을 본받게 하기 위하여 미리 정하셨으니 이는 그로 많은 형제 중에서 맏아들이 되게 하려 하심이니라(롬 8:29).

제자도에 대한 저명한 작가 리로이 아임스(LeRoy Eims)는 다음과 같은 의미 있는 말을 했다.

> 교회는 24시간 돌아가는 신발 공장에서 신발을 찍어 내듯 제자를 생산하지 않으며, 누구나 생산하는 평범한 신발도 만들지 않는다.[3]

이와 유사한 많은 사례가 미국에서 일어나고 있다.

제자도는 그리스도와의 관계와 밀접한 연관이 있다. 그리스도와 가깝거나 또는 먼 사이일지라도 제자도는 그 사이를 줄이는 역할을 한다. 우리는 주님과의 관계를 성경적 이미지로 평가할 수 있다. 예를 들어, 우리는 자신에게 다음의 질문을 할 수 있다.

나는 떡과 물고기를 먹고 즐겼던 5,000명 군중에 속할 것인가, 아니면 마가 다락방에서 기다렸던 120문도에 속할 것인가?

---

3 Leroy Eims, *The Lost Art of Disciple Making* (Grand Rapids, MI: Zondervan, 1978), 59-61.

나는 전도하기 위해 파송되었던 70명 가운데 남을 것인가, 아니면 예수를 가깝게 따르도록 부름을 받은 12명 가운데 남을 것인가?

예수와 변화산에 동행했던 베드로, 야고보, 요한 세 제자 중 한 명이 되겠는가?

잔인한 금요일에 홀로 십자가 옆을 지켰던 요한이 될 것인가, 아니면 가방 속 동전 때문에 예수를 포기한 다른 자처럼 될 것인가?

이것은 사뭇 진지한 생각이다.

제자는 예수 그리스도를 주인으로 모시고 살아간다. 그들에게 예수께서는 단지 구속자 또는 치료자가 아니다. 그분은 개인의 삶 가운데 주인이 되셨다. 제자는 예수께서 모든 권세를 가지셨음을 인정하고, 그 권위 아래 살아가는 존재다. 누가복음은 인간 삶의 모든 영역 가운데 예수의 권세를 증언했다. 8장에는 다음의 세력들보다 우위에 있는 예수의 권세를 인용하면서 이 진리의 개요를 설명한다.

① 자연력(22-25절)
② 귀신(26-39절)
③ 질병(42b-48절)
④ 죽음(40-42a, 49-56절).

1. 자연력보다 우위의 권세를 가진 예수

예수와 제자들이 갈릴리 바다를 건너기 위해 배에 올랐을 때 예수께서는 잠들어 계셨다. 광풍이 일어나 제자들을 위태롭게 만들었고, 제자들은 부르짖으며 예수를 깨웠다. 예수께서는 바람과 물결을 꾸짖으셨고, 그것들은 예수께 순종했다. 이처럼 누가는 광풍의 바다를 포함하는 자연력을 능가하는 예수의 권세에 대해 증언했다.

2. 귀신보다 우위의 권세를 가진 예수

누가는 거라사 지역에 귀신 들린 자가 고침을 받은 사건을 기록했다. 이 남자는 무덤 사이에 살면서 벌거벗고, 정신 착란 증세를 보였지만, 예수를 만나고 나서 예수의 발 앞에 엎드렸다.

> 예수께서 네 이름이 무엇이냐 물으신즉 이르되 군대라 하니 이는 많은 귀신이 들렸음이라 무저갱으로 들어가라 하지 마시기를 간구하더니(눅 8:30-31).

예수께서는 귀신들이 근처에 있는 돼지 떼로 들어가도록 허락하셨다. 돼지 떼는 호수에 내리달아 빠져 죽게 되었지만, 자유를 찾은 남자는 예수의 발 앞에 "옷을 입고 정신이 온전하여" 앉아 있었다(35절). 누가에 따르면, 예수께서는 사탄의 힘보다 우위의 권세를 가졌다. 귀신들은 예수의 존재만으로 벌벌 떨며, 그분의 말씀에 순종한다.

3. 질병보다 우위의 권세를 가진 예수

누가는 예수께서 거라사 지역으로부터 돌아오자마자 거대한 무리가 그를 덮칠 정도로 과하게 환영한 것을 기록했다. 그 무리 중에 열두 해 동안 혈루병을 앓아 온 한 여인이 있었다. 의사들이 그녀를 고칠 수가 없었기 때문에 그녀는 절망에 빠졌다. 이 이름 모를 여인이 예수의 뒤로 가서 옷가에 손을 대니 그 즉시 혈루병이 고침을 받았다.

> 예수께서 이르시되 내게 손을 댄 자가 누구냐 하시니 내게 손을 댄 자가 있도다 이는 내게서 능력이 나간 줄 앎이로다(45, 46절).

그 여자가 앞으로 나와서 예수의 발 앞에 엎드리며 자신의 간증을 고백했다.

> 딸아 네 믿음이 너를 구원했으니 평안히 가라(48절).

이 구절을 통해 누가는 예수께서 질병은 물론 심지어 불치병까지도 고치는 권세가 있음을 보여 주었다.

4. 죽음보다 우위의 권세를 가진 예수

누가복음 8장은 예수께서 회당장 야이로의 죽은 딸을 살리는 이야기를 끝으로 마무리된다. 예수께서 바로 전에 혈루병 여인을 고치는 사역을 하실 때 야이로에게 그의 사랑하는 딸이 죽었다는 소식이 전해진다. 예수께서 야이로에게 말씀하셨다.

> 두려워하지 말고 믿기만 하라 그리하면 딸이 구원을 얻으리라(50절).

예수께서 야이로와 함께 그의 집에 가셨고, 죽었던 12살 여자아이를 일으키셨다.

> 그 영이 돌아와 아이가 곧 일어나거늘(55절).

이 사건을 통해 누가는 예수께서 최후의 대적인 죽음조차도 능가하는 최고의 권세를 가졌다는 증거를 기록했다.

마태는 예수의 말씀을 인용하며 자신이 기록한 복음서를 마무리 짓는다.

> 하늘과 땅의 모든 권세를 내게 주셨으니 그러므로 너희는 가서 모든 민족을 제자로 삼아 아버지와 아들과 성령의 이름으로 세례를 베풀고 내가 너희에게 분부한 모든 것을 가르쳐 지키게 하라 볼지어다 내가 세상 끝날까지 너희와 항상 함께 있으리라(마 28:18-20).

예수께서는 모든 권세를 가졌고, 그 권세를 그분의 제자들에게 나누어 주어 이 땅에 예수와 그분의 나라를 증거하도록 부름을 받은 제자들의 사명을 감당하게 하셨다. 참된 제자는 자신의 삶보다 우위에 있는 예수 그리스도의 권세를 받아들이고 예수께로부터 받은 그 권세를 가지고 이웃을 돌보는 사람이다. 제자도는 다음 두 가지를 포함한다.

첫째, 권세 아래 살아가는 것이고,
둘째, 적절한 권세를 실행하는 것이다.

우리는 안디옥에서 처음으로 "크리스천"(그리스도인)이라는 호칭을 받기 이전에는 제자로 불렸다는 사실을 기억해야 한다. 제자는 추종자이자 배우는 사람이다(눅 6:40). 우리는 예수 그리스도를 열심히 따르고 그분으로부터 배운다. 우리는 그리스도와 그의 말씀으로부터 인격(갈 5:22-23), 신념(히 11:24-25), 사역(막 7:37), 관점(롬 12:1-2)을 배운다. 우리는 수습생으로서 주인을 모방하며 기술을 연마하는 자들이다. 그리스도는 우리를 부르셨고 우리에게 응답하신다(마 4:19). 우리에게 뒤를 돌아보는 일은 없다(눅 9:62).

제자로서 우리는 다음과 같은 변화를 경험하게 될 것이다.

① 우리는 포도나무인 예수 안에 거하며 열매를 맺는다(요 15:5-8).
② 우리는 그리스도를 사랑하며 자신을 부인하고 십자가를 진다
 (눅 14:11, 26; 9:23; 14:27).
③ 우리는 예수의 이름으로 이웃을 사랑하고 그들을 섬기는 데 전념한다
 (요 13:34-35; 마 10:25; 25:40).

제자도는 과정을 통해 형성되며, 실제로는 변형까지 가능하게 된다. 하나님의 은혜 때문에 우리는 자녀로 입양되었고, 구원받았을 뿐만 아니라 변화가 되었다. 제자도는 그리스도를 위한 선택(decision)에서 진정한 개종(true conversion)으로, 개종에서 성화(sanctification)로 우리를 이동시킨다. 그리스도의 제자들은 사도의 권면을 진지하게 받아들인다.

> 너희는 이 세대를 본받지 말고 오직 마음을 새롭게 함으로 변화를 받아 하나님의 선하시고 기뻐하시고 온전하신 뜻이 무엇인지 분별하도록 하라(롬 12:2).

진정한 변화는 공동체 안에서 일어나며, 개인의 영혼, 육체 그리고 관계의 변화까지도 포함한다. 바울은 이 과정을 요약했다.

> 평강의 하나님이 친히 너희를 온전히 거룩하게 하시고 또 너희의 온 영과 혼과 몸이 우리 주 예수 그리스도께서 강림하실 때에 흠 없게 보전되기를 원하노라(살전 5:23).

하나님의 말씀, 그리스도의 영, 신앙 공동체가 이 믿음의 여정 가운데 포함되어 있다.

제자도는 성장 과정이다. 이에 대해 단계별로 연구한 학자들이 있다. 여러 영적 성장 모델들이 있지만, 내가 선호하는 모델은 나의 조언자이자 동료였던 오랄로버츠대학교의 척 파라(Chuck Farah) 교수가 개발한 모델이다. 그는 자신의 모델을 신앙의 '형태'로 불렀다. 파라 교수에 따르면, 제자도 가운데 가장 낮은 단계를 '역사적 신앙'(historical faith)이라 부른다. 이것은 개인이 속해 있는 교회 또는 그 개인에게 영향을 주는 다른 사람의 신앙에 근거한 형태를 뜻한다. 이 단계에서 개인은 자신을 교단이나 그 유산의 한 부분으로 인식한다. 이들에 따르면, 신앙은 개인이 소유한 것이 아니라 작은 개인의 헌신으로 이루어진 '현존하는 집단'이라 할 수 있다.

파라 교수는 그다음 단계를 '임시적 신앙'(temporary faith)이라고 불렀다. 이 단계에서는 개인의 신앙이 생기를 띠지만, 단지 짧은 기간만 유지가 된다. 예수의 비유(마 13:1-23) 가운데 가시 떨기나무에 뿌려진 씨앗처럼 영적 각성은 일시적일 뿐이다.

다음 단계는 '구원 신앙'(saving faith)으로 불린다. 이 단계에서 개인은 그리스도 안에서 중생을 경험한다. 하지만 많은 사람이 오랫동안 이 단계에 갇혀 있기도 한다. 그들은 자신을 '크리스천'이라고 주장할 수 있지만, 현실에서는 영적 성장이 일어나지 않는다. 앞서 살펴본 회중적 크리스천에 해당하는 많은 사람이 이 단계에 속한다.

파라 교수는 그다음 단계를 '기적을 위한 신앙'(faith for miracles)으로 불렀다. 개인은 이 단계에서 성령의 역사에 대해 열려 있지만, 신앙은 무엇인가를 계속 '해야만 한다'라고 인식한다. 신앙은 인생을 쉽게 풀리게 만드는 어떤 특별한 것이 아니다. 이런 관점이 개인의 신앙을 율법, 규정, 공식 위에 기반을 두게 만든다.

그다음 단계는 '은사 신앙'(gift faith)으로 불린다. 이 단계에서 개인은 하나님 안에서 성장하며 성령의 은사에 대해 열려 있어 자신의 삶을 통해 은사가 나타나길 원한다. 이 단계에서 신앙은 무엇인가를 해야만 하는 것은 아니다. 그것은 순전히 하나님으로부터 받은 선물이다. 은사 신앙의 단계에 이르기 위해 노력을 쏟는 사람들이 있다. 하지만 그들의 성품은 은사와 어울릴 정도로 성숙하지 않았다. 그들은 종종 삶의 수양 부족 때문에 오히려 자신을 파괴하는 행위를 보일 때가 있다.

파라 교수는 다음 단계를 '열매 맺는 신앙'(fruit faith)으로 불렀다. 이 단계에서는 활발한 제자도가 나타나며, 중요한 영적 성장도 증명이 된다. 참된 제자도는 개인의 성품을 변화시킨다. 성령의 은사는 주어지지만, 성령의 열매는 경작된다. 이런 경작은 오직 과정을 통해서만 가능하며 반드시 다른 사람을 포함해야 한다. 어느 사람도 고립되어 혼자 힘으로 이 단계까지 이르지는 못한다. 이 단계에서 교회는 잠재력을 가진 제자들이 성장할 수 있도록 의도적으로 더 많은 기회를 제공함으로써 교회를 개선할 수 있다.

신앙의 형태 모델에서 가장 높은 단계의 제자도를 파라 교수는 '사역 신앙'(ministry faith)으로 불렀다. 이는 개인적 요구에 사로잡히는 대신에 이웃을 돌볼 수 있는 여유를 가질 때 나타난다. 성숙한 제자는 이웃과 복음을 나누며, 그들을 양육할 수 있게 된다. 제자도에 관한 다른 모델들은 이 단계를 '일꾼', '지도자', 기타 호칭으로 불렀다.

내가 파라 교수의 모델을 선호하는 이유는 제자도를 단지 일과 지도력에만 제한하지 않고, 사역 그 자체에 초점을 맞췄기 때문이다. 이 단계에 있는 개인은 신앙에 대해서 하나님으로부터 무언가를 받으려 하지 않고 오히려 이웃에게 무언가를 주려고 하는 것이 신앙이라는 것을 깨닫는다.

이 가장 높은 단계의 신앙은 받는 것이 아닌 주는 것 그리고 다른 사람으로부터 사역을 받으려고 기대하는 것이 아닌 이웃을 돌보는 것이다. 우리는 크리스천이 예수를 따르는 제자로서 그들의 숨겨진 잠재력에 이를 수 있도록 제자도와 조언을 제공해야 하며, 특별히 새 신자들을 돌봐야 한다.

몇 해 전, 내가 인도에서 만난 젊은 복음 전도자는 참된 제자로 불러도 무색하지 않은 좋은 예가 될 것 같다. 나는 이 형제를 나의 아버지 장례식이 끝나갈 무렵에 만났다. 아버지는 30년 동안 인도 남부의 한 교회에서 목회하셨으며, 교단의 노회장도 겸하여 섬기셨다. 이 젊은 전도사는 아버지 생전에 이 땅의 사역에 대한 깊은 감사를 표했고, 특별히 그의 개인 삶 가운데 아버지가 끼친 영향력에 감사했다.

그는 "제가 당신의 아버지를 처음 만났을 때 저는 그분의 구두 수선공이었어요. 그분은 저의 영적 아버지와 조언자가 되어 주셨습니다. 오늘날 제가 사역자로 섬길 수 있게 된 것은 당신 아버지의 헌신 때문입니다"라고 말했다. 어떤 사연인지 모르겠지만, 아버지께서는 내가 받았던 아이비리그 교육도 안 받으셨는데 젊은 구두 수선공을 제자도와 일대일 양육을 통해서 복음 전도자로 변하게 하셨다. 나는 여전히 아버지께서 어떻게 그렇게 하셨는지 해답을 찾고 있다. 하지만 제자화가 실제로 가능하다는 것은 확신하고 있다.

제자화의 궁극적 목적은 변화를 통해 한 개인을 사역자로 잉태하는 것이다. 이런 사역은 안수받은 목사나 교회와 선교 단체의 사역자들에게만 제한되지 않는다. 예수 그리스도의 활력 있는 제자가 됨으로써 규정되는 것이다. 그것은 이 깨어진 세상 가운데 전인적 존재로 살아가는 것을 의미한다. 다른 말로, 하나님 나라의 생활 방식으로 살아가는 것을 의미한다.

나는 크리스천으로서 자신이 제자로서 어떻게 성장하고 발전하는지 측정할 수 있는 자가 진단 방법을 발견했다. 이것은 폴 프루이저(Paul Pruyser)의 저서 『생의 진단자로서 목회자』(The Minister as a Diagnostician)를 기초로 작성한 것이다. 프루이저는 이 책에서 이 방법을 '목회적 진단 주제'(pastoral diagnostic themes)로 호칭했다. 목회 상담자들은 이 주제를 영적 진단을 하는 데 주로 사용했지만, 우리는 제자도를 검토하는 데 사용할 것이다.

프루이저의 주제들은 예수 그리스도의 제자로 살아가면서 건강과 행복과 관련이 있고 측정 가능한 실제적 관점들을 제공한다.[4]

1) 성결에 대한 인식

건강한 크리스천은 그들의 삶 속에서 거룩한 하나님의 임재를 인식해야만 한다. 사람들은 종종 자신의 삶 문제에 대해 하나님이 그들의 상황 가운데 어디에 계시는지 의문을 갖는다고 묘사한다. 개인의 삶 가운데 하나님의 임재를 인식하는 것은 건강한 제자도의 징후(sign)다.

2) 섭리에 대한 감각

섭리는 신학적 용어로 창조주 하나님이 자신의 피조물을 돌본다는 의미가 있다. 건강한 제자는 하나님이 자신의 필요를 공급해 주실 것이라는 확신을 하고, 그들 삶에 펼쳐진 도전과 문제를 신뢰의 위치에서 마주하는 사람이다. 하나님의 섭리는 그분의 모든 피조물에 해당한다. 섭리에 대한 감각은 개인을 믿음으로 살게 하고 하나님이 자신의 필요를 예수 그리스도를 통해서 공급할 것이라는 말씀 가운데 거하게 한다(빌 4:19).

3) 믿음

성장하는 사람은 믿음의 눈으로 세상을 바라보는 사람이다. 단지 안경 하나가 사람의 시야에 영향을 미치듯이 믿음은 개인 삶의 관점에 영향을

---

[4] Paul W. Pruyser, *The Minister as Diagnostician: Personal Problems in Pastoral Perspective* (Philadelphia: Westminster John Knox Press, 1976), 61-79.

준다. 건강한 제자는 믿음으로 행하고 단지 보는 것으로만 행하지 않는다. 믿음은 개인이 하나님의 섭리를 믿을 수 있게 해 주며, 하나님이 신실하시다는 것도 믿게 만든다. 우리가 히브리서 11장에 "믿음으로"라고 반복되는 말씀을 생각해 보면 히브리서 기자는 삶을 믿음의 여정으로 묘사하고 있다는 것이 분명해진다. 건강한 제자는 이런 유형의 믿음을 가진 사람이다.

4) 감사

건강한 제자는 삶을 대하는 그들의 자세가 고마움에 기초하여 감사가 넘치는 삶을 산다. 불행하게도 감사는 풍요로운 우리 사회에서 품귀 현상을 빚는 것처럼 여겨진다. 건강한 제자는 감사함으로 하나님의 은혜를 즐기는 사람이다. 감사는 선물의 크기에 좌우되지 않으며, 주는 사람으로부터 흘러나와 주변 관계로 퍼져간다.

5) 회개 과정

모든 거듭난 크리스천은 하나님이 그들의 죄를 용서해 주신 것을 믿는다. 크리스천의 삶은 용서받은 삶이다. 하지만 우리는 모두 추가로 지은 죄와 누락된 죄의 지배를 받는다. 이것은 반드시 회개의 자세를 가지고 살아야 하는 것을 의미한다. 메타노이아(회개)를 경험하고, 용서를 구하며, 겸손하게 사는 능력이 영적으로 유익한 삶의 증거가 된다.

6) 교제의 감정

성경은 성도 간의 교제에 대해 언급한다. 공동체 정신은 유대감을 발전시킨다. 성장하는 제자는 하나님과 교제 그리고 믿음의 공동체에서 구성원들과의 교제를 경험한다. 이것은 성례전을 넘어 교회에서 맺어진 믿음의 공동체와 확대된 하나님의 가정 안에서 소속감과 친밀감을 느끼는 감정으로까지 확대된다. 건강한 제자는 하나님과 인간 모두에게서 친밀감을 느끼는 포용력을 가지고 있다.

우리는 모두 교회를 '그들만의' 교회로 묘사하는 특정한 교회 구성원들을 만난 적이 있을 것이다. 이유에 상관없이 이런 자세는 그리스도의 몸으로서 교제 감정의 부재를 불러온다. 소속감과 공동체 의식을 갖는 것은 영적 성장과 발전을 가져올 징후(sign)다.

7) 소명 의식

모든 사람은 하나님으로부터 부름을 받았다. 따라서 모든 크리스천은 어떤 일이든지 상관없이 자신의 일터를 소명의식을 가지고 봐야 한다. 이런 관점에서 '전문적' 사역과 '세상적' 직장은 모두 다 하나님이 주신 소명의 자리이다. 우리는 모든 일을 함에 있어 그리스도께 하도록 부름을 받았다(엡 6:5; 골 3:17). 건강한 제자는 자신을 향한 하나님의 부르심을 볼 수 있는 사람이다.

프루이저의 주제들은 참된 제자도를 위한 중요한 단서였다. 우리는 예수 그리스도의 제자로서 성장과 발전의 척도로 이 주제들을 활용하여 우리의 삶을 검토하면서 유익을 취할 수 있을 것이다. 무엇보다도 우리는 제자로서 "우리 주 곧 구주 예수 그리스도의 은혜와 그를 아는 지식에서 자라도록" 부름을 받았다(벧후 3:18).

제자도는 성령의 역사 없이는 일어날 수 없는 영적 형성과 관련이 있다. 참된 제자는 성령께서 자신의 내면 안에서 자신을 통해 일하시도록 자신을 내어드리는 삶이다. 사도행전은 초대 교회 제자들의 삶에서 성령께서 행하신 네 가지 구체적인 것들을 증언하고 있다.

① 성령은 제자에게 권능을 주셨다.
② 성령은 제자의 비전을 확장하셨다.
③ 성령은 제자가 낯선 사람들을 품게 하셨다.
④ 성령은 제자를 변화시키셨다.

1) 제자에게 권능을 주신 성령

성령은 우리의 능력 너머를 볼 수 있게 하는 힘의 원천이다. 마가 다락방에서 기다렸다가 오순절 날에 성령을 받은 제자들은 성령으로부터 권능을 부여받게 되었다. 성령은 초대 교회 크리스천들이 그들의 능력 너머를 볼 수 있게 만드는 힘이 되었다. 겁에 질렸던 이 무리는 성령 강림 사건의 결과로 새로운 담대함에 사로잡히게 되었다(행 4:20; 5:29; 7:54-60; 9:31). 기사와 이적이 교회 지도자들의 사역 그리고 여기저기 다른 사람들의 사역에서도 나타나게 되었다(행 8:8). 성령은 사도가 아닌, 신령한 일을 하도록 여겨진, 평범한 사람들을 통해 여러 지역, 가령 안디옥 같은 곳에서 역사되기 시작했다.

2) 제자의 비전을 확장한 성령

성령이 오시자 크리스천의 신앙은 지역 사회에서 세계로 이동했다. 제자들은 그들의 비전이 확장되는 것을 경험했다. 그들이 성령으로 충만하게 된 후에 예수께서 제자들에게 말씀하셨던 것 중 많은 부분이 이해가 되기 시작했다. 그들은 하루 사이에 마가 다락방의 120문도가 3,000명의 신자가 된 것을 목격했다. 공동체는 성장했으며, 공동체의 비전과 사명도 확장되었다. 그들에게 세계라는 것은 예루살렘에 불과했지만, 오순절 이후 예루살렘은 전 세계에 진출하기 시작했다. 처음에 교회는 셀 수 있는 교인들로 구성되어 있었지만, 곧 갑절로 증가하게 되었다.

성령은 초대 교회 제자들의 세계관에 영향을 끼쳤다. 그들은 한때 제한된 비전을 가진 그 지역 토박이 사람들이었다. 오순절 사건이 그들의 비전을 확장했고, 전에는 생각지도 못한 미지의 장소로 그들을 진출하게 했다.

3) 낯선 사람들을 품게 하신 성령

성령은 낯선 사람들을 교회로 인도하셨고, 교회는 그들을 포용할 수 있게 되었다. 제자들이 항상 이런 현상을 겪어 왔던 것은 아니었다. 성령은 교회를 성장시키기 위해 개인과 공동체 내외부의 장애물들을 제거하기 시작했다. 물리적 거리는 더 이상 장애가 되지 않았다. 사마리아와 안디옥까지 복음이 전파되었다. 공동체의 일상과 사역 안에 여자들이 포함되었다. 마침내 아들과 딸 모두가 가르치고 예언하기 시작했다(행 18:26; 21:9). 관계와 사역에 있어 직함은 방해가 되지 않았다. 사도가 아닌 집사들이 사역을 통해 기사와 이적을 행했다.

인종은 더 이상 문제가 되지 않았다. 사도행전 2장에 마가 다락방에 있던 120문도들은 기본적으로 유대인 무리였다. 사도행전 3장에 장애인이 등장한다. 사도행전 6장에는 헬라계 여자들이 돌봄을 받는다. 사마리아 사람들이 사도행전 8장에서 회심을 하게 된다. 아프리카의 에디오피아 사람도 8장에 등장한다. 이방인 고넬료도 사도행전 10장에서 초대받게 된다. 유럽인 사업가였던 루디아도 16장에 등장한다. 성령은 이처럼 한 지역에만 한정되었던 무리가 전 세계를 포용하고, 그들이 지구촌 다양성을 실천하게 했다.

4) 제자를 변화시킨 성령

성령은 1세기 교회의 개인과 공동체를 변화시켰다. 성령께서 사람들을 만지고 개별적으로 변화를 시킬 때, 예루살렘과 에베소의 공동체도 변화되었다. 베드로의 삶은 훌륭한 사례 연구가 될 만하다. 그는 중요한 결단에서 여러 번 '아니오'라고 답한 제자다. 그는 십자가에 대해 '아니오'라고 답했다(마 16:21-23). 성경에 기록되기를 예수께서 발을 씻기실 때도 반대를 했다(요 13:8).

고넬료를 포함한 이방인의 집에 가는 계획에 대해 강력하게 반대를 했었다(행 10:14, 28). 하지만 그는 믿기지 않는 하나님의 방문으로 설득을 당했고, 곧 가서 고넬료를 방문하게 되었다. 그는 이 이방인의 집에서 예수를 전파했으며, 그와 주변에 모든 사람이 심히 놀라는 결과를 가져왔다.

> 베드로가 이 말을 할 때에 성령이 말씀 듣는 모든 사람에게 내려오시니 베드로와 함께 온 할례 받은 신자들이 이방인들에게도 성령 부어 주심으로 말미암아 놀라니 이는 방언을 말하며 하나님 높임을 들음이러라 이에 베드로가 이르되 이 사람들이 우리와 같이 성령을 받았으니 누가 능히 물로 세례 베풂을 금하리요(행 10:44-47).

베드로는 그의 안에서 역사하시는 성령으로 말미암아 변화되어 다시는 이전과 같지 않았다. 그의 변화는 하나님의 목적을 위해 중요하고 전략적인 변화였다. 그 일이 있고 난 뒤 베드로 사도는 한때 기독교 입교 시 유대교 전제 조건에 대해 요지부동한 입장을 고수했지만, 예루살렘 공의회에서 그와는 정반대의 입장을 취해 다양성을 지키고 옹호했다(행 15:6-10).

놀랍지 않은가!

그는 성령에 의해 변화되었다. 제자는 성령의 권능으로 변화된 사람이다.

여러분은 예수 그리스도의 제자다. 예수의 권세 아래 살면서 예수로부터 주어진 권세를 가지고 이웃을 돌보는 사람이다. 여러분은 하나님의 말씀과 예수의 보혈로 거룩해지고, 성령의 권능으로 변화되고 있다. 우리 구세주를 아는 지식과 그의 은혜 안에서 자라나야 한다. 예수 그리스도의 제자로서 여러분의 정체성과 권세를 주장하고, 변화된 삶의 권능을 행해야 한다.

토의를 위한 질문

1. 오늘날 교회에서 요구되는 제자도에 대한 여러분의 견해를 말해 봅시다.

2. 전 세계 각 회중에서 나타나는 크리스천의 세 가지 그룹에 대한 의견을 말해 봅시다.

3. 예수 그리스도의 제자에 대해 여러분이 내린 정의는 무엇인가요?

4. 제자의 중요한 특징을 열거해 봅시다.

5. 예수의 권세와 제자의 권세에 대해 이 장에서 무엇을 배웠는지 답해 봅시다.

6. 척 파라(Chuck Farah) 교수의 일곱 가지 신앙의 유형에 대해 말해 봅시다.

7. 폴 프루이저(Paul Pruyser)의 진단적 주제에 기초한 영적 성장의 척도는 어떤 것들이 있나요?

8. 사도행전에 기술된 초대 교회 제자들에게 나타난 성령의 역사에 대한 네 가지 결과는 어떤 것이 있나요?

9. 영적 형성과 변화의 과정에서 공동체의 역할에 대한 여러분의 견해를 말해 봅시다.

10. 여러분의 삶에서 성령의 임재를 통한 변화의 경험을 말해 봅시다.

제4장

하나님 나라의 시민

> 그러나 우리의 시민권은 하늘에 있는지라 거기로부터 구원하는 자
> 곧 주 예수 그리스도를 기다리노니(빌 3:20).

몇 가지 공신력 있는 연구 조사에 따르면, 자신을 '크리스천'이라고 주장하는 미국인의 생활 방식은 크리스천이 아닌 사람들의 생활 방식과 비교했을 때 별다른 차이점이 발견되지 않는다는 결과가 나왔다. 연구원 조지 바나(George Barna)는 중생한 성인 가운데 단지 9퍼센트만이 성경적 세계관을 가지고 있다고 발표했다.[1]

다른 6퍼센트의 중생한 성인은 성경적 삶의 기반으로 부를 수 있는 것을 가지고 있긴 하지만, 중요한 것은 중생한 성인의 85퍼센트는 기본적인 크리스천의 기반이나 성경적 세계관 어느 것도 가지고 있지 않다는 점이다. 바나에 따르면, 대부분의 중생한 크리스천은 그들의 도덕적 선택의 기준이 하나님의 말씀이 아닌 자신의 감정에 좌우된다는 응답을 했다.[2]

이렇게 된 원인을 밝히는 많은 방법이 있지만, 나의 견해는 이렇다. 현대 크리스천은 예수께서 가르치신 하나님 나라의 개념, 하나님 나라가 요

---

[1] Ed Stetzer, "Barna: How Many Have a Biblical Worldview?" *CT*, March 9, 2009, n.p., http://www.christianitytoday.com/edstetzer/2009/march/barna-how-many-have-biblical-worldview.html.

[2] Stetzer, n.p.

구하는 생활 방식, 하나님 나라를 구현하기 위해 그들이 받은 초대장에 대한 진정한 이해가 부족하기 때문이다.

하나님 나라를 전파하는 것은 안전한 지위를 보장하지 않는다. 세례 요한은 하나님 나라를 전파하다가 결국 참수형을 당했다. 예수께서는 세례 요한의 설교 중에서 한 부분을 인용하여 말씀하셨다.

> 회개하라 하나님의 나라가 가까이 왔느니라(막 1:15).

그리고 예수께서는 십자가형을 당하셨다. 예수의 제자들도 같은 내용을 전파했고, 그들 역시 생명으로 대가를 치러야만 했다.

하나님은 항상 그분의 나라가 임했다는 선포를 할 개인을 찾고 계시고, 그 선포는 회개를 촉구함으로 시작된다. 세상은 그런 요청을 좋아하지 않지만, 하나님 나라의 삶은 회개와 함께 시작된다. 복음서에서 '회개'는 요청이 아니다. 그것은 명령이다.

예수께서 삭개오에게 말씀하셨다.

> 내려오라(눅 19:5).

그리고 예수께서는 마태에게 말씀하셨다.

> 나를 따르라(마 9:9).

예수께서는 젊은 부자 청년에게 말씀하셨다.

> 네 소유를 팔아 가난한 자에게 주라(마 19:21).

이런 말씀들은 요청을 의미하지 않는다. 그것들은 명령이다.

우리는 모두 한 이민자가 시민이 되어 가는 절차인 귀화에 익숙하다. 하지만 '거듭나지' 않고는 아무도 하나님 나라에 귀화 신청이 불가능하다. 어둠의 나라와 빛의 나라, 두 개의 나라가 존재한다. 다른 나라에 들어가기 위해서는 반드시 이 나라에서 죽어야만 한다. 좀 더 자세히 설명하자면, 다른 나라에서 태어나려면 반드시 한 나라에서 죽어야만 한다. 하나님 나라는 빛과 생명의 나라다. 우리가 생명의 나라에 들어가려면 우리는 죽음에서 생명으로 통과해야 한다.

하나님 나라는 신성한 개념이다. 고기와 음료가 아니라 성령 안에 있는 의와 평강과 희락이다(롬 14:17). 실제로 그것은 하나님이 다스리시는 원리와 통치를 의미한다.

하나님 나라에는 네 가지 관점이 있는데, 그것들은 이 땅에서 하나님 나라의 생활 방식을 채택하는 방법을 알려 줄 것이다.

① 하나님 나라의 시간의 개념
② 하나님 나라의 가치
③ 하나님 나라의 우선 순위
④ 하나님 나라의 신비

지금부터 이것들을 하나씩 살펴보고자 한다.

1. 하나님 나라의 시간의 개념

하나님의 말씀에 의하면, 하나님 나라는 이미 임했다. 예수께서 이 땅에 오셨을 때 이미 임했고, 선포되었다.

> 하나님 나라가 가까이 왔느니라.

하나님 나라는 과거, 현재, 미래를 포함하고 있다. 과거에 관해서 하나님 나라는 이미 임했다(마 3:2; 12:28). 현재에 관해서 하나님 나라는 지금-여기에 있다. 성령의 권능을 목격하는 우리 가운데 있다(눅 17:21). 미래에 관해서 하나님 나라는 아직 오고 있다(마 6:10). 온 우주를 가득 메울 하나님 나라는 곧 임할 것이다.

따라서 우리는 현재 임한 하나님 나라와 아직 임하지 않은 하나님 나라 사이에서 살고 있다. 우리는 지금 믿음 가운데 살아가며 하나님 나라의 많은 유익을 누린다. 구원, 기사와 이적 및 치유와 기적 그리고 성령의 은사들은 현재 하나님 나라의 유익들이다. 하지만 우리가 아직 보지 못한 하나님 나라의 충만한 다른 차원이 존재한다.

지금 우리의 모든 기도는 아직 응답받지 않았다. 아직 모든 고통이 사라지지 않았다. 아직 순수한 사람들이 고통받고 있다. 병자들이 완전하게 치유받지 못했다. 사랑하는 사람들이 죽는다. 핍박이 계속된다. 하지만 하나님 나라의 충만함은 올 것이다. 그때까지 현재의 고난은 장차 우리에게 나타날 영광과 비교할 수 없다(롬 8:18). 우리는 다음과 같은 기도를 쉬지 않는다.

"아버지 당신의 나라가 임하옵시며."

우리는 그날에 하나님이 우리 모든 얼굴의 눈물을 닦아 주실 것을 믿는다(사 25:8).

그렇다면 우리는 어떻게 현재 임한 하나님 나라와 아직 임하지 않은 하나님 나라 사이에서 살아가야 할까?

정답은 간단하다. 우리를 사랑하셔서 우리를 위하여 자신을 버리신 하나님의 아들을 믿는 믿음으로 살아가야 한다(엡 5:2).

우리는 이 세상에서 하나님 나라의 생활 방식으로 살아갈 것이다.

하나님 나라의 생활 방식은 어떻게 이루어져 있을까?

답을 하기 전에 우리는 먼저 하나님 나라의 가치, 하나님 나라의 우선순위, 하나님 나라의 비밀에 대해 생각해야 한다.

2. 하나님 나라의 가치

하나님 나라의 가치는 반대로 뒤집는 역설이다. 예를 들어 하나님 나라에서는 주는 것이 곧 받는 것이다.

> 주라 그리하면 너희에게 줄 것이니 곧 후히 되어 누르고 흔들어 넘치도록 하여 너희에게 안겨 주리라 너희가 헤아리는 그 헤아림으로 너희도 헤아림을 도로 받을 것이니라(눅 6:38).

하나님 나라에서는 지도력을 얻으려면 먼저 섬겨야 한다. 나중된 자가 먼저 된다고 하셨기 때문이다(막 10:31). 살려면 죽어야 한다.

> 누구든지 나를 따라오려거든 자기를 부인하고 자기 십자가를 지고 나를 따를 것이니라 누구든지 자기 목숨을 구원하고자 하면 잃을 것이요 누구든지 나와 복음을 위하여 자기 목숨을 잃으면 구원하리라(막 8:34-35).

이것들은 단지 하나님 나라의 시민을 위한 추상적인 신학적 위치를 말하는 것이 아니다. 우리가 그렇게 살도록 예정된 실제적 가치다. 대가를 지급하지 않고 이렇게 살 방법은 없다. 나는 젊은 청년과 새 신자들이 하나님 나라의 가치를 고수했다는 이유로 친구와 직장을 잃는 충격적 사례들을 많이 보아 왔다. 직장에서 타협하지 않고 하나님 나라의 신념을 지키고자 노력한 사람들 가운데는 승진이 거절된 사람도 있다. 차별을 겪는 사람도 있으며 조롱을 당하기도 한다.

인도에서 나의 부모님과 조부모님이 새롭게 개종한 크리스천을 집으로 데려온 적이 있었다. 그들은 주님의 나라에 함께할 수 있는 초청에 응했다는 이유로 사랑하는 사람들로부터 의절을 당하게 되었으며, 그들의 가족으로부터 상속권도 거부당하게 되었다. 그렇다. 하나님 나라의 가치는 그에 대한 대가를 지급해야만 한다. 하지만 충실하게 남아 있는 많은 사람에게 주님이 더 넓은 문을 열어 주시고, 더 놀라운 기회를 주신 것도 보아 왔다.

3. 하나님 나라의 우선 순위

하나님 나라의 우선 순위도 세상의 기준과 같지 않다. 하나님 나라에서는 형성(formation)되는 것이 정보(information)보다 더 중요하며, 조건 없는 사랑이 가장 중요하다. 하나님 나라는 아가페(조건 없는 사랑)의 원리로 다스려진다. 이 사랑은 형제간 우애 또는 이웃 간의 사랑보다 위대하다. 그것은 삼위일체 사랑과도 같다.

삼위일체 사랑은 무엇일까?

잘 알려진 도서 『제자입니까』(Disciple)[3]를 저술한 후안 카를로스 오티스(Juan Carlos Ortiz)에 따르면, 삼위일체 사랑은 으깬 감자와도 같다. 여러분은 연합에 대해 다른 사람들과 함께 있는 것, 가령 봉지에 담긴 감자들을 떠올릴 수 있을 것이다. 감자들은 연합에 대해 노래를 부르며 다음과 같이 말한다.

"우리는 같은 봉지 안에 있고, 같은 상표도 붙어 있어."

하지만 그들은 이렇게도 말한다.

"나는 덩치 큰 감자지만, 너는 쪼끔만 감자야."

또는 "주목해봐. 나는 흰색 감자지만, 너는 갈색 감자야."

종종 우리도 교회 안에서 이와 같은 연합을 이룰 때가 있다. 하지만 우리가 봉지에서 감자를 꺼내 껍질을 벗겨 내고, 잘게 썰어서, 냄비 안에 넣고, 그것을 끓이고 나서 으깬 감자를 만든다면 이 감자에 새로운 일이 일어난다. 그것은 동일한 감자가 되어 누가 큰 감자였는지, 작은 감자였는지 구분할 수 없게 된다. 그들은 하나가 되었기 때문에 누가 흰색 감자인지 갈색 감자인지 차이를 발견할 수 없게 된다.

이런 사랑이 삼위일체 사랑이다. 이런 사랑 안에서 우리는 노래를 부른다.

우리는 한 성령 안에서 하나입니다. 우리는 주님 안에서 하나입니다.[4]

진정한 크리스천의 삶은 사랑과 연합에 우선 순위를 두는 삶이다.

우리 중 대부분은 실제적이고, 무조건적이며 신성한 아가페 사랑에 익숙하지 않다. 우리는 조건적 사랑에 익숙해져 있다. 나는 이런 사랑을 '만약에

---

[3] Juan Carlos Ortiz, *Disciple* (Carol Stream:Creation House, 1975), 60-64.
[4] "We Are One in the Spirit," copyright 1966 by peter Scholte; 다음을 보라. lyrics at http://www.untiedmusic.com/exekiel/onespirt.html.

사랑' 또는 '때문에 사랑'이라고 부른다. 하나님은 우리에게 그럼에도 불구하고 사랑을 주셨고, 우리가 이 사랑으로 충만하게 되기를 원하신다.

몇 년 전에 알게 된 한 여성은 자신이 어떻게 암을 예방하는 방법을 터득했는지 내게 말했다. 그녀는 숨겨뒀던 비밀을 말하며 하루에 세 번씩 최대한 많은 양의 당근 주스를 마셨다고 고백했다. 그녀는 여러 해 동안 이 전략을 실행해 왔고, 나도 그 방법이 효과가 있다는 것을 믿게 되었다. 그녀는 건강했으며 암도 걸리지 않았다. 하지만 그녀에게 약간의 문제가 생겼다.

그것은 그녀가 이제 당근처럼 보인다는 것이었다!

분명히 당근 주스로 오랜 시간 동안 자신을 채운다면, 그녀의 피부는 당근색이 반영되어 당근처럼 보일 것이다. 마찬가지로 오랜 시간 동안 하나님의 사랑으로 여러분을 채운다면, 여러분에게도 하나님의 사랑이 보이기 시작할 것이다.

하나님 나라에서는 진실한 관계가 높은 우선 순위를 갖는다. 하나님 나라에서 관계는 인간 신체의 여러 기관처럼 유기적으로 작동한다. 모든 구성원은 하나의 몸으로 연결되어 있고, 서로 지원해 주고, 영양분을 전달해 주며, 서로를 위해 양보해 준다. 하나님 나라에서는 서로 경쟁하지 않으며, 서로 공격하지도 않는다. 우리는 서로 지원해 주고 양육해 준다.

교회에 관한 영적 은유들을 살펴보자.

① 그리스도의 몸(고전 12:27)
② 산 돌 같이 신령한 집(벧전 2:5)
③ 믿음의 가정(갈 2:10)
④ 하나님의 가족(살전 4:10)
⑤ 성도의 교제(사도 신경)

모든 은유가 친밀한 관계를 나타낸다. 모든 은유가 강한 연결과 목적의식이 있는 연합을 내포하고 있다.

예배 역시 하나님 나라의 우선 순위다. 예배는 하나님 나라의 언어로 볼 수 있다. 설교도 우선 순위에 들어간다. 하나님 나라 시민들은 나라의 주인이신 왕을 목격한 자들이다. 그들은 구원자, 치료자, 주님, 왕이신 분을 설교할 의무가 있는 자들이다.

4. 하나님 나라의 신비

예수의 비유에 따르면, 하나님 나라는 특정한 신비로움을 포함한다.

첫째, 하나님 나라에 대한 모든 것은 눈으로 보이지 않는다.

준비된 음식에 가미된 소금처럼 보이진 않지만, 매우 영향력 있고 인식할 수 있다. 예수께서 말씀하셨다.

> 너희는 세상의 소금이니 소금이 만일 그 맛을 잃으면 무엇으로 짜게 하리요 후에는 아무 쓸데 없어 다만 밖에 버려져 사람에게 밟힐 뿐이니라(마 5:13).

하나님 나라는 보이지 않는 누룩처럼 밀가루 반죽을 부풀게 하고 팽창시킨다.

> 마치 여자가 가루 서 말 속에 갖다 넣어 전부 부풀게 한 누룩과 같으니라(눅 13:21).

현재 하나님 나라에서는 좋은 것과 나쁜 것이 공존한다. 밀과 잡초가 한 계절 동안 함께 자라지만, 분리되는 때가 곧 올 것이다(마 13:24-29). 좋은 물고기와 나쁜 물고기가 한 그물에 잠깐 공존하지만, 분류 작업이 시작될 것이다(마 13:47-49). 이점이 신비롭다.

둘째, 하나님 나라의 아름다움은 겉으로 보이지 않는다는 것이다.

이점은 모든 사람에게 매력적이진 않을 것이다. 광야 가운데 하나님의 임재를 모셨던 장막처럼 하나님 나라의 외형은 매력을 발산하지 않는다. 하지만 어떤 사람들은 하나님 나라의 아름다움과 가치를 발견하고 어떤 대가를 치르더라도 그곳에 속하려는 사람들이 있다. 밭에 감춘 보화를 발견하여 자기의 소유를 다 팔아 그 밭을 사려는 사람과 값진 진주를 발견한 상인이 자기의 소유를 다 팔아 그 진주를 산 것처럼 하나님 나라를 위해서 모든 것을 포기한 사람들이 있다(마 13:44-46).

그들의 이웃에게는 비록 먼지밖에 안 보일지언정, 모든 것을 포기한 남자는 그 밭에 보화가 있다는 것을 알고 있다. 다른 사람들이 상인의 거래에 대해 놀랄지언정, 진주의 가치를 아는 유일한 사람은 그 상인이다. 하나님 나라는 신비롭다.

하나님 나라에 보화는 무엇일까?

값진 진주는 무엇일까?

최종 분석 결과, 보화는 예수로 밝혀졌다. 그분은 값진 보화다. 예수를 발견한 사람은 인생에서 현세와 내세에서 모든 것을 발견한 것과 진배없다. 이점이 매우 신비롭다.

그렇다면 하나님 나라 생활 방식은 어떠한가?

그것은 다른 시간 개념에서 사는 것을 의미한다. 물론 여러분은 달력 시간(헬라어: 크로노스)에 따른 매일의 시간을 산다. 하지만 그런 시간을 살면서도 하나님의 충만한 시간(카이로스)에도 적절히 대응하며 살아야 한다. 여러분이 '지금-여기'(here and now)에서 살아가지만, 여러분의 준거틀(frame of reference)은 '지금-여기' 너머에 존재한다. 여러분은 예수 그리스도를 단지 구세주와 치유자로 받아들이지 않고, 주님과 주인으로 받아들인다.

여러분은 예수를 위해 모든 것을 포기하듯이 살아간다. 그것은 영적으로 여러분이 학위, 집, 자동차, 배우자, 자녀, 돈, 친구, 모든 것을 예수를 위해서 포기했다는 것을 의미한다. 여러분은 여전히 공식적으로 이 모든 것을 소유하고 있지만, 그것들은 여러분의 영 안에 또는 여러분 삶의 가치관에서 더 이상 여러분의 소유가 아니다. 그것들은 예수 그리스도께 속해 있다.

이런 생활 방식에서 요구되는 것은 하나님 나라 가치를 채택하는 것이다. 여러분은 실제로 받는 것처럼 나누는 것을 시작했다. 디트리히 본회퍼(Dietrich Bonhoeffer)[5]가 말했듯이, 이리 와서 예수와 함께 죽으라는 부르심을 받았기 때문에 여러분은 매일 죽는다. 여러분은 섬기는 지도력의 생활 방식을 채택하면서 마치 여러분의 삶이 이웃의 도움에 의존하는 것처럼 이웃을 섬긴다.

여러분의 우선 순위 또한 변화된다. 여러분에게 필요한 모든 것이 주어질 것이라는 사실을 미리 알고 먼저 하나님 나라를 구한다(마 6:33). 여러분은 회개의 삶을 살고, 이웃을 사랑하고, 하나님을 예배하며, 영광의 왕을 증언하며 산다.

주어진 시간과 장소에서 여러분은 하나님 나라의 신비를 살아 내기 위해 하나님을 의지한다. 여러분은 이제 주님이 기회를 주심에 따라 전파하고, 가르치고, 고치는 사역을 할 것이다. 여러분은 손에 쟁기를 잡고 예수께서 말씀하셨듯이 뒤를 돌아보지 말아야 할 것이다(눅 9:62). 여러분의 입술은 옛 찬송가를 읊조릴 것이다.

주님 뜻대로 살기로 했네, 뒤돌아서지 않겠네.[6]

---

[5] Dietrich Bonhoeffer, *The Cost of Discipleship*, repr.(n.p.:'Touchstone,1995), 89.
[6] "I Have Decided to Follow Jesus," attr.to S. Sundar Singh, public domain. Lyrics available at http://library.timelesstruths.org/music/I_Have_Dicided_to_Follow_Jesus/,accessed March 6, 2017.

이 장을 마무리하기 전에 하나님 나라의 생활 방식을 살면서 어떤 보상을 받는지 언급을 안 할 수가 없다. 포도원 품꾼의 비유가 이것을 한눈에 알아볼 수 있게 해 준다(마 20:1-15). 어떤 사람들이 아침 일찍 일하러 왔다. 다른 사람들은 제삼 시에, 제육 시에 그리고 제십일 시에도 왔다. 주인은 그들에게 주인이 삯을 지불할 때에 어떤 삯을 주던 그 삯은 옳다고 말했다. 저녁이 다가오고 각 품꾼은 일한 시간에 상관없이 동일한 삯을 받았다. 다른 사람보다 일찍 일을 시작한 품꾼들이 불만을 제기하기 시작했다. 주인은 대답했다.

> 친구여 내가 네게 잘못한 것이 없노라 네가 나와 한 데나리온의 약속을 하지 아니했느냐 네 것이나 가지고 가라 나중 온 이 사람에게 너와 같이 주는 것이 내 뜻이니라 내 것을 가지고 내 뜻대로 할 것이 아니냐 내가 선하므로 네가 악하게 보느냐(마 20:13-15).

현대적 관점에서 봤을 때 학자들은 급여 체계가 공정해 보이지 않았기 때문에 이 구절을 이해하는 데 어려움을 겪어 왔다. 하지만 예수께서 '급여'라는 생각을 했던 학자는 없었던가. 만약 예수께서 궁극적 재화라면 하나님 나라에 어떤 품꾼도 이보다 더 큰 보상을 받진 못했을 것이다. 다시 말해, 예수를 소유한 사람이라면 지금 삶에서 그리고 앞으로 다가올 삶에서 필요한 모든 것을 소유한 자다.

> 자기 아들을 아끼지 아니하시고 우리 모든 사람을 위하여 내주신 이가 어찌 그 아들과 함께 모든 것을 우리에게 주시지 아니하겠느냐(롬 8:32).

여러분은 하나님 나라의 시민이다. 하나님 나라의 생활 방식을 살아 내기 위해 인내하길 바란다. 이런 정체성을 내면화하고 여러분의 세상이 극적으로 변화되는 것을 목도하길 바란다.

토의를 위한 질문

1. 하나님 나라를 어떻게 정의할 수 있나요?

2. 하나님 나라와 관련된 시간의 개념을 서술해 봅시다.

3. 하나님 나라의 가치에 대한 몇 가지 사례들을 기술해 봅시다.

4. 하나님 나라의 우선 순위에 대한 몇 가지 사례들을 기술해 봅시다.

5. 하나님 나라의 비밀에 대한 자신의 견해를 말해 봅시다.

6. 오늘날 하나님 나라 시민들이 겪는 도전은 어떤 것들이 있나요?

7. 감추인 보화를 발견한 상인의 비유에 대한 자신의 견해를 말해 봅시다.

8. 값진 진주의 비유에 대한 자신의 견해를 말해 봅시다.

9. 여러분에게 하나님 나라의 어떤 측면이 가장 힘들게 느껴지나요?

10. 여러분의 하나님 나라 시민권에 대해 주님은 어떤 말씀을 하시는지 나눠 봅시다.

제5장

온전한 사람

> 평강의 하나님이 친히 너희를 온전히 거룩하게 하시고
> 또 너희의 온 영과 혼과 몸이 우리 주 예수 그리스도께서 강림하실 때에
> 흠 없게 보전되기를 원하노라(살전 5:23).

내가 오랄로버츠대학교 교수로 근무하던 초기에 오랄 로버츠 총장에 관해 많은 이야기를 들었는데, 그 가운데 특별한 이야기가 하나 기억난다. 그 내용은 대학의 명예 규범을 위반한 어떤 학생에 대한 이야기였다. 이 학생은 징계 절차의 마지막 단계로 총장이 위원장인 최고 징계 위원회에 회부되었다. 이 위원회는 발생한 사건에 대한 최종 결정을 내리는 기관이었다. 징계 위원회에 회부된 그 학생은 이미 대학에서 정학 처분을 받았고, 퇴학의 가능성이 있었기 때문에 소환되어 불안에 떨며 위원회 앞에 앉아 있었다.

그런데 징계 위원회는 그 학생에게 퇴학 처분을 하는 대신에 다음 학기의 등록금을 현금으로 납부하는 처벌을 내리고 그를 재입학시키기로 했다. 막대한 금액의 등록금을 현금으로 납부할 방법이 없는 이 학생은 낙심한 가운데 징계 위원회 회의실을 나와 계단을 내려가 고개를 떨군 채 조용히 쭈그리고 앉아 있었다. 그는 잠시 후, 누군가가 자신의 어깨를 만지는 손에 깜짝 놀랐고, 그 사람이 자신의 주머니에 뭔가를 쑥 집어넣으려는 것을 느꼈다.

그분은 바로 오랄 로버츠 총장이었다. 오랄 로버츠 총장께서 아무 말 없이 걸어가는 것을 보고 그는 엄청나게 놀라고 말았다. 오랄 로버츠 총장이 그의 주머니에 넣어 준 것은 현금이었고, 그 금액은 등록금을 납부하고 수업에 복귀할 수 있는 금액이라는 사실을 알고 그는 더욱 놀라지 않을 수 없었다. 그 일로 깊은 감동을 받은 이 학생은 다시는 예전과 같지 않았고 모범생이 되었다. 은혜와 자비로운 사람과의 만남은 우리에게 커다란 영향을 줄 수 있다. 우리가 살아 계신 하나님을 만난다고 상상해보자!

살아 계신 하나님과 만남은 우리의 삶을 변화시키는 경험이 될 것이다. 아브라함, 모세, 여호수아는 하나님과의 개별적인 만남을 통해 불안에 떨었던 자신을 변화시켰다고 간증했다. 선지자 사무엘, 엘리야, 이사야, 에스겔도 이런 간증을 했다. 어린 사무엘은 하나님의 음성을 듣고 그분을 만난 후에 결국 엘리를 대신하여 사역하게 되었다(삼상 3:4-11).

엘리야는 여호와의 말씀이 그에게 임한 후 목숨을 걸고 달려 나가 도피했다(왕상 17:2-3). 이사야는 성전에서 높이 들리신 여호와를 본 후에 하나님의 영광에 대한 두려운 환상을 보았다(사 6:1-9). 에스겔은 하나님의 음성을 듣고 죽은 뼈들이 살아나 군대가 되는 것을 보았다(겔 37:1-14). 이 모든 사람은 만남의 결과로 크게 변한 것이다.

나사렛 예수와의 만남은 삶이 변화되는 경험이 될 것이다. 사람들이 예수 그리스도를 만나고 나면 항상 눈에 띄는 분명한 증거가 나타났다. 예수를 만난 사마리아 여인은 자신이 만났던 메시아를 모든 사람에게 알리기 위해 그녀가 가지고 있던 모든 것을 제쳐 두고 달려갔다(요 4:28-29).

공동 묘지에서 예수를 만난 거라사 광인은 곧 정신을 차리고 나서 옷을 갈아입고 예수의 발치에 앉았다. 놀랍게도 그는 나중에 전도자가 되었다(눅 8:35, 38-39). 예수를 만난 후, 예수를 자신의 집으로 영접한 세리 삭개오는 자신이 착취한 돈을 돌려 주고 선한 일을 하기 시작했다(눅 19:8). 걷지 못하는 상태로 성전 앞에서 구걸하던 걸인은 사도 베드로와 그 동료들의 사역을 통해 예수를 만난 후 걷기도 하고, 뛰기도 하며, 하나님을 찬양하는 것을 성경에서 볼 수 있다(행 3:8). 빌립의 사역으로 예수를 만난 에디오피아 내시는 자원하여 광야에서 세례를 받고 기뻐하며 길을 떠났다(행 8:38).

자살을 시도하려다가 갑자기 예수를 알게 된 빌립보 간수는 곧 제자들의 상처를 씻어 주고, 한밤중에 그들에게 먹을 것을 제공해 주었다(행 16:33-34). 크리스천을 핍박하던 다소 사람 사울은 예수를 만난 후, 믿음을 지키며, 자진해서 순교하게 되었다(행 9장; 딤후 4:6).

거듭난 생명에는 증거가 나타나는데, 그것은 바로 성령 충만한 삶이 그 증거다. 성령 충만을 받은 사람이나 그 사람의 환경에는 성령 충만의 결과로서 실제적인 영적 변화의 증거가 나타나게 된다. 성령의 은사와 성령의 열매는 성령이 역사하신 결과로 나타나는 것이다. 진정한 변화는 진정한 회심과 성령 세례를 동반한다.

경건한 크리스천의 삶은 그가 내리는 선택과 결정에서 가장 분명하게 나타난다. 우리의 선택은 우리가 하나님과 동행한다는 증거가 되는 것이다. 사실, 성경은 사람들이 옳은 선택과 옳지 않은 선택을 한 것에 대한 많은 예를 제시하고 있다. 지금부터 건강하고 옳은 선택과 건강하지 못하고 옳지 않은 선택을 비교하고 대조하는 몇 가지 예를 제시해 보고자 한다.

구약성경에서 가인이 잘못된 동기로 잘못된 예배를 한 것은 잘못된 선택이었고, 나쁜 결과를 낳게 되었다(창 4:2-8). 장자의 명분을 팔기로 한 에서의 결정도 마찬가지였다(창 25:29-34). 삼손이 데릴라에게 자신의 비밀을 고백한 것은 좋은 선택이 아니었다(삿 16:15-19). 선지자의 지시를 따르지 않고 원수를 살려 두기로 한 사울 왕의 결정은 잘못된 선택이었다(삼상 15:17-23).

우리는 신약성경에서 하나님 나라에서 떠나기로 결정한 부자 청년 관리를 보게 된다(마 19:16). 다행히도, 그는 나중에 다시 돌아왔지만 어떻게 된 일인지를 정확히 알 수는 없다. 바울은 데마와 함께 사역하기를 포기했는데, 그 이유는 데마가 세상을 더 사랑하는 잘못된 선택을 했기 때문이었다

(딤후 4:10). 자신이 해야 할 일만 볼 줄 알지 앞을 내다보지 못한 총독 벨릭스는 그리스도를 믿기로 한 결정을 연기하는 매우 잘못된 선택을 했다(행 24:24-26). 그는 "지금은 가라 내가 틈[여유]이 있으면 너를 부르리라"(행 24:25)고 말함으로써 구원의 기회를 잃어버린 사람이 되었다. 우리가 알고 있듯, 그는 그 후 신앙을 갖기 위한 여유를 결코 갖지 못했다.

건전한 삶을 살게 하고 그것을 나타내 보여 줄 수 있게 하는 더 나은 선택이 있다. 하나님의 도우심으로 여러분의 건강과 안녕을 보장하고 향상할 수 있는 몇 가지 결정과 선택을 여기에 소개해 보고자 한다. 이것은 크리스천이라면 큰 노력 없이도 할 수 있는 선택이다.

여러분에게 이러한 선택을 제시하기 전에 '온전'이라는 용어에 대해서 생각해 보고자 한다. '온전'이란 이 땅에서 완전, 완벽함이 아니라는 것을 기억해야 한다. 그것은 믿음에 의한 전인적 존재의 역동적 상태를 뜻한다. 온전한 사람은 삶의 어떤 영역에서 고난을 겪을 수 있지만, 여전히 믿음으로 살고 온전함의 은사를 누리게 된다. 온전함은 구원, 평화, 조화와 관련이 있다.

구약의 샬롬(히브리어: *shalom*)의 개념과 신약의 구원 개념(그리스어: *soteria*)은 참된 온전함을 표현하는 용어다. 오랄 로버츠 목사님은 온전함을 일컬어 '거룩'이라고 표현했다. 나는 이 단어가 '치유', '온전함', '거룩함'과도 연관성이 있는 단어라고 믿는다.

1. 분열보다 더 나은 선택, 연합

그것이 가족이든, 교회이든, 연합은 더 건강한 선택이다. 분열과 다툼이 있는 곳에는 고통과 슬픔만 있을 뿐이다.

> 보라 형제가 연합하여 동거함이 어찌 그리 선하고 아름다운고(시 133:1).

창세기에 묘사된 지상 최초의 가정에서부터 현재의 포스트모던 가정에 이르기까지 불화는 역기능을 낳는다. 그 결과는 항상 상호 비난, 수치심 증가, 구성원 간 신뢰 부족을 낳게 한다.

여러분은 아담이 하와를 비난하고, 하와는 뱀을 비난한 사실을 기억하는가?

나는 목회 상담자로서 다양한 경험을 통해 비난, 수치심, 불신이 여전히 역기능 가정의 특징임을 간증할 수 있다.

2. 괴로움보다 더 나은 선택, 용서

다양한 유형의 내담자를 상담하는 목회자로서 나는 용서하지 않는 것이 사람들을 병들게 하고 용서가 치유를 가져온다는 것을 목격한 일이 있다. 나는 아직도 피를 토하는 증상으로 믿음의 도시 병원에 입원한 한 여성을 기억하고 있다. 그녀는 궤양, 암, 폐 질환 등의 증상이 있었으며, 신체 전반적인 모든 종류의 검사를 수행한 후에도 그녀가 겪는 증상들이 어떤 병인지 설명할 수 없는 상태였다. 결국, 의사들은 기독교 심리학자 한 명과 나를 원목으로 위촉하여 이 여성과 상담하고 치료를 위해 함께 사역하도록 했다.

우리는 상당한 시간을 함께 보냈다. 나는 그 환자가 의사, 간호사 그리고 다른 의료진들 앞에서 여러 해 동안 자신에게 많은 고통을 준 주변 사람들을 용서하게 되었다고 선언한 날을 분명히 기억하고 있다. 그러한 용서의 선언이 있은 지 몇 시간 만에 그녀의 주요 증상이었던 피를 토하는 것이 멈추었다. 아무도 그 현상을 의학적으로는 설명할 수 없었다.

나는 의료진들이 훌륭한 일을 했다고 확신하지만, 그녀의 주치의였던 크리스천 의사들은 그녀가 진정으로 용서한 것이 이처럼 좋은 결과를 가져온 것과 밀접한 관련이 있다고 나에게 말해 주었다. 나는 이와 비슷한 사례로 원인 모를 가슴 통증 때문에 고생하던 사람이 그의 친구를 진정으로 용서한 후, 그 증상이 사라진 한 목사의 간증을 읽은 적이 있었다.

용서는 실제적 선택이다. 그것은 용서하기로 마음먹고 그것을 시작하려는 의지에 기반을 둔 행위며, 믿음으로 행하는 영적 행위다. 주님이 우리에게 기도하라고 가르치신 이유가 바로 이것 때문이다. 용서는 영적 문제이고, 기억하는 것은 두뇌의 기능이기 때문에 용서는 상처 뒤에 있는 사건을 잊어야 한다고 믿지 않는다.

결국, 잊어버릴 수도 있지만 가장 중요한 것은 실제로 용서할 것을 결정하는 것이다. 용서하는 사람은 자신이 받은 상처 뒤에 숨은 사건들이 기억나더라도 고통이 줄어들거나 고통 없이도 그 사건을 기억할 수 있게 될 것을 기대할 수 있다.

쓴 뿌리를 붙잡고 있는 것은 자신의 아픈 상처만 붙잡고 있는 것이다. 그것은 마치 도랑에서 누군가를 지키는 것과 같다. 여러분이 도랑 끝에서 누군가를 지킨다면 그와 함께 도랑에 빠질 위험에 노출된 것과 같다. 우리는 가만히 있지 말고 앞으로 나가야 할 필요가 있다.

언젠가 나는 이름이 생각나지 않는 어떤 사람이 보낸 봉투를 하나 받은 적이 있었다. 그 사람이 내게 보낸 봉투 속에 담긴 편지의 내용을 읽자마자 나는 그녀가 누군지를 알게 되었다. 그 내용은 이런 것이었다.

> 나는 목사님이 젊은 시절 몇 개월 동안 목사님에게 고통을 드린 것에 대해 미안하고 죄송한 마음을 표현하기 위해서 이 편지를 씁니다. 저를 용서해 주시기를 바랍니다(히 13:17).

내가 24세에 신학대학원을 갓 졸업하고 뉴잉글랜드교회 목사로 사역할 때 나에게 설명할 수 없는 슬픔을 안겨 준 교인이 한 사람 있었다. 당시에는 그녀가 정당한 이유 없이 나를 힘들게 한다고 생각했지만 나는 그녀와의 다툼을 선택하지 않았다. 그녀도 자신이 왜 그런 행동을 했는지 몰랐던 모양이다.

나는 그 교회를 떠난 지 30년 후에 이 편지를 받은 것이었다. 사람들은 종종 바람직한 방향으로 변화되기도 한다. 하지만 상대방의 변화 여부와 관계없이 용서하는 것이 좋다. 나는 상처받은 마음을 간직하지 않고 오래전에 그녀와 헤어져서 다행이었다. 그 교회에서 사역하는 동안 그녀는 주님과 나를 위해 일을 해 주었던 것이 고맙기는 했지만, 내가 그때 상처받은 감정을 붙잡고 있었다면 나는 많은 시간과 에너지를 낭비했을 것이다. 나는 그녀의 편지에 위로의 답장을 보냈다.

> 물론, 용서할 수 있습니다. 정말 시간이 상당히 많이 지났는데 이런 놀라운 일이 생겨서 다행입니다.

한번은 신학대학원에 다니는 어떤 학생이 자신의 아버지를 살해한 범인에게 용서했다는 사실을 알려 주기 위해서 그가 수감된 교도소에 간 적이 있었다.

3. 세상적인 것보다 더 나은 선택, 성결

나는 우리의 영적 삶에서 우리를 끌어내리려는 마귀와 육신 그리고 세상의 무게를 합한 '영적 중력'(spiritual gravity)이라는 것이 있다고 믿는다. 동시에 우리 안에 계신 이가 세상에 있는 이보다 크시기 때문에 우리 믿는 자들은 이 땅의 중력과 달리 영적 중력으로 이런 문제를 선택해야 한다(요일 4:4).

우리는 하나님의 은혜를 의지하여 성결을 강조하면서 영적 중력을 거스릴 수 있다. 여기서 나는 성결의 어떤 피상적 모습을 말하는 것이 아니다. 나는 실제로 크리스천의 내부에서 시작해 결국 외부로 작용하여 나타나는 진정한 하나님 중심의 성결을 의미하는 것이다. 이런 형태의 성결은 우리를 멸망으로 이끄는 세속적인 것보다 훨씬 더 나은 선택이다.

4. 미움보다 더 나은 선택, 사랑

우리는 원수까지도 사랑하고 박해자들을 위해 기도하라는 가르침을 받았다. 예수의 말씀에 귀를 기울여 보자.

> 또 네 이웃을 사랑하고 네 원수를 미워하라 했다는 것을 너희가 들었으나 나는 너희에게 이르노니 너희 원수를 사랑하며 너희를 박해하는 자를 위하여 기도하라 이같이 한즉 하늘에 계신 너희 아버지의 아들이 되리니 이는 하나님이 그 해를 악인과 선인에게 비추시며 비를 의로운 자와 불의한 자에게 내려주심이라 너희가 너희를 사랑하는 자를 사랑하면 무슨 상이 있으리요 세리도 이같이 아니하느냐(마 5:43-46).

복음의 능력은 실재한다. "원수를 사랑하라"는 말씀은 사도 요한의 마지막 유언과 같은 것으로서 우리에게 "서로 사랑하라"고 권면하신다(요일 4:7-8). 우리는 원수까지도 사랑할 수 있고, 사랑할 수 있는 선택을 할 수 있다. 나는 몇 년 전, 오클라호마 시티(Oklahoma City)의 한 집회에서 들은 피지(Fiji) 섬에서 사역하는 어떤 목사님의 간증을 결코 잊을 수가 없다. 그의 조상들은 복음을 받기 전까지는 주술사였다. 그는 예수 그리스도의 복음이 사람들을 죽이지 않고 사랑하도록 가르쳤기 때문에 오늘날 이 섬이 두 팔을 벌려 외부인을 환영하고 있다고 말했다.

우리는 다른 사람들을 사랑할 수 있는 능력을 갖추고 있다. 우리는 사랑받았기 때문에 사랑할 수 있다. 하나님이 먼저 우리를 사랑하셨기 때문에 우리는 하나님을 사랑한다. 예수께서는 우리가 아직 죄인이었을 때 우리를 위해 자신을 내어 주심으로 우리에 대한 사랑을 표현하셨다. 바울은 다음과 같이 말했다.

> 우리에게 주신 성령으로 말미암아 하나님의 사랑이 우리 마음에 부은 바 됨이니(롬 5:5).

사도 요한도 부연하여 다음과 같이 설명했다.

> 사랑 안에 두려움이 없고 온전한 사랑이 두려움을 내쫓나니 두려움에는 형벌이 있음이라 두려워하는 자는 사랑 안에서 온전히 이루지 못했느니라(요일 4:18).

5. 불행보다 더 나은 선택, 행복

사람들은 종종 자신이 행복을 선택할 수 있다는 사실에 놀라곤 한다. 행복은 우리에게 발생한 어떤 일이 아니고, 그것은 선택할 수 있는 일이다. 사도 바울이 빌립보 교회 신자들에게 편지를 썼을 때, "주 안에서 항상 기뻐하라 내가 다시 말하노니 기뻐하라"(빌 4:4)고 권면했지만 사실 그 자신은 심각한 상황에 부닥쳐 있으면서 이 편지를 썼다.

나는 경제적으로 매우 가난한 환경에 처해 사는 인도의 크리스천에게서 바울이 말한 것과 같은 기쁨을 누리며 사는 그들의 삶의 모습을 본 적이 있다. 그들의 재산은 기쁨의 근원이 아니었다. 그들은 주님을 소유한 것을 기쁨으로 여겼으며, 그것이 그 가난한 사람들에게 힘이라는 것을 여러분에게 확신 있게 말할 수 있다(느 8:10).

풍요로운 사회에 사는 우리는 이 형제자매들에게서 행복을 선택하고 기뻐하기로 한 것에 관해 교훈을 얻을 수 있다. 나는 이런 크리스천과 함께 있으면, 내 자신의 과장된 불행에 대해 유죄 판결을 내리고 싶은 심정이다. 모든 상황에서 행복을 선택할 수 있는 능력을 행사해야 한다.

6. 군림하는 자보다 더 나은 선택, 섬기는 자

나는 기독교 공동체에서 건전하지 못한 지도자들의 모습을 보아 왔다. 나는 하나님의 백성을 섬기는 대신 그들 위에 군림하기를 좋아하는 일부 지도자들을 목격해 왔다. 섬김은 선택이다. 참된 지도자는 그리스도의 이름으로 대야와 수건을 준비하여 기꺼이 섬길 것을 선택한 겸손한 지도자다. 서로를 섬겨 주고, 주님을 섬기는 것은 선택이다. 그러므로 여호수아는 이스라엘 백성에게 이렇게 말했다.

> 만일 여호와를 섬기는 것이 너희에게 좋지 않게 보이거든 너희 조상들이 강 저쪽에서 섬기던 신들이든지 또는 너희가 거주하는 땅에 있는 아모리 족속의 신들이든지 너희가 섬길 자를 오늘 택하라 오직 나와 내 집은 여호와를 섬기겠노라 하니(수 24:15).

온전한 사람으로서 우리는 하나님을 섬기고 그분의 이름으로 다른 사람들을 섬기기로 선택할 수 있다. 우리가 '가장 작은 자'를 섬길 때 우리는 주인이신 주님을 섬기는 것이다.

> 내가 진실로 너희에게 이르노니 여기 내 형제 중에 지극히 작은 자 하나에게 한 것이 곧 내게 한 것이니라(마 25:40).

7. 상처보다 더 나은 선택, 치유

성경에 따르면, 우리는 자신의 건강과 안녕을 위해 많은 것을 하고 있다. 크리스천의 치유는 마법이 아니다. 그것은 자연적인 것이며 동시에 초자연적인 것이다. 오랄 로버츠 목사님은 "우리가 자연계와 초 자연계의 연속적 상황에서 살고 있다"고 말했다. 우리는 이 연속 상태에서 움직일 수 있는 능력을 갖추고 있다. 하나님은 우리의 자연적 육체에 많은 치유 능력을 주셨다. 육체를 초월한 영적 차원이 그런 것이다. 물론 우리가 통제할 수 없는 것들이 있지만 우리가 전혀 통제할 수 없는 것은 아니다. 예를 들면, 식이 요법과 운동 같은 것이나, 구약성경에 규정된 격리는 여전히 우리의 삶에서 중요한 자리를 차지하고 있다. 우리가 실행할 수 있는 영적 식이 요법과 운동도 있다.

간혹 우리가 내리는 결정은 우리의 치유와 온전함에 더 직접적인 관련이 있다. 요한복음 5장에 보면 38년 된 병자의 내용이 기록되어 있다. 그 병자는 거의 40년 동안 베데스다 연못에 있었는데, 이곳은 천사가 연못의 물을 솟아오르게 할 때 뛰어들어가 목욕을 하면 치유되는 곳이었다. 누구든지 그 연못에서 물이 솟아오를 때 제시간에 뛰어들어가는 사람은 병이 나을 수 있었다.

이 절름발이 남자는 지난 몇 년 동안 기회가 없었던 것 같다. 그가 예수 그리스도와 나눈 대화를 들어 보면, 우리는 그가 실제로 혼란스러운 치유의 신학을 가지고 있었음을 알게 된다. 치유는 자신에게 익숙한 방법으로만 온다는 것을 믿었던 것 같다. 그는 또한 자신의 치유를 위해 다른 사람들과 경쟁하고 있다고 믿었다. 베데스다 연못에서 거의 40년의 경험을 고려해 본다면 이해가 되기도 한다. 그는 천사나 사람들이 자신을 도와주기를 바랐지만, 바로 이 순간 천사나 사람들 대신에 그 천사와 사람을 지으신 예수 그리스도께서 자신을 찾아오신 것이었다.

예수 그리스도는 그 연못에 오셔서 "네가 낫고자 하느냐"(요 5:6)라는 이상한 질문을 하시면서 그 사람과 대화를 나누셨다.

놀라운 일이 아닌가?

세상에 38년 된 이 병자에게 병이 낫고 싶으냐고 묻는 것이었다. 그런데 그 병자는 놀랍게도 화를 내지 않았다. 치유의 문제에 있어서 선택권이 그에게 있었다.

그 병자는 예수께 자신의 사정을 이야기했고, 그때 예수께서 그에게 "네 자리를 들고 걸어가라"(요 5:8)고 말씀하셨다. 우리는 병자들이 예수 그리스도의 말씀대로 그렇게 했다고 들었다. 그는 자신의 침상을 들고 걸어나갔다. 이 남자의 39년이 이전의 38년과 똑같을 것으로 생각했지만, 그렇지 않았다. 그에게 선택권이 주어졌고 그는 그것을 받아들였다.

이제 믿음이 부족하다거나 치유가 없다고 환자를 비난하는 것은 결코 현명한 일이 아니지만 우리는 모두 진정으로 치유와 온전함을 선택해야 한다. 치유를 선택하는 것은 때때로 매우 위험한 일이다. 왜냐하면, 치유를 체험한다는 것은 우리가 공동체의 동감을 상실하는 것을 의미하기 때문이다. 그것은 또한 우리가 병상을 잃게 될 것을 의미할 수도 있다.

우리는 더 이상 침상에 누워 있지 않게 될 것이다. 대신에 우리는 간증으로 침상을 나르는 데 많은 시간을 할애하게 될 것이다.

끔찍한 생각이기는 하지만 어쨌든 우리는 치유를 선택해야 한다!

우리는 모두 우리를 운반하는 것을 잃는 것을 두려워한다. 예수 그리스도를 믿는다는 것은 우리가 치유와 온전함을 위해 위험을 무릅쓰는 것을 의미한다.

구약성경에 기록된 두 가지 사례를 소개함으로써 이 장을 마치고자 한다. 여기에는 중요한 선택을 했던 두 가지 성격 특성이 나타나고 있다. 한 명은 현명하지 못한 선택을 했고, 또 다른 한 명은 건강한 선택을 한 경우다.

롯은 세 가지 잘못된 선택을 했다.

① 그는 사람보다 사물을 선택했다.
② 그는 약속된 가나안 대신 소돔 변두리에서 살기를 선택했다.
③ 그는 자신에게 유산으로 주어진 우물을 다시 깊게 파기보다는 눈에 보이는 물을 추구했다.

반대로, 이삭은 그의 아버지 아브라함처럼 다음과 같은 현명한 선택을 했다.

① 영원한 거처에서 살기보다 임시 장막에 살면서 하나님의 도시를 찾았고 그것을 선택했다(히 11:10).
② 그는 언제 내릴지도 모르는 비를 의지하거나 마른 우물에 의존하는 대신 집안의 원수들이 메꿔 버렸던 오래된 우물을 팠다(창 26:18).
③ 그의 아버지처럼 그 지방의 우상들을 섬기지 않고 여호와를 숭배하기 위해 제단을 쌓았다(창 26:25).

롯의 삶은 끝이 좋지 않았지만, 이삭은 족장으로 기억된다. 하나님은 아브라함의 하나님, 이삭의 하나님으로 알려져 있다(예: 출 3:6, 15-16; 4:5). 하지만, 롯은 좋은 선택을 할 연속된 기회를 잡지 못했다. 여기서 우리는 교훈을 얻을 수 있는데, 그것은 선택이 중요하다는 사실이다. 우리는 성령의 인도를 받고 경건한 선택을 해야 한다. 경건한 선택을 함으로 우리는 성령을 통해 우리 안에 있는 하나님의 역사를 확증하고, 온전함으로 인도받을 것이다. 하나님은 우리의 상처를 온전함으로 바꾸실 수 있는 분이시다. 믿음으로 우리는 자신을 '온전한 사람'이라고 주장할 수 있다.

친애하는 독자 여러분, 믿음으로 여러분은 온전한 사람이 되었다. 그러므로 성령의 능력을 의지하고 온전한 믿음으로 행하기를 바란다.

토의를 위한 질문

1. 하나님을 만난 결과로 삶이 변화된 구약성경 인물들의 이름을 열거해 봅시다.

2. 신약성경에서 그와 비슷하게 삶이 변한 사람들의 이름을 열거해 봅시다.

3. 삶이 변화된 표시로 성경에 나온 인물들이 한 건강한 선택은 무엇이 있는지 기록해 봅시다.

4. '전인', '온전'이라는 것을 어떻게 정의할 수 있을지 자신의 정의를 기록해 봅시다.

5. 이 장에서 권면하는 7가지 건강한 선택은 무엇이었나요?

6. 이 7가지 건강한 선택 가운데 독자 여러분은 자신의 인생에서 어떤 것이 가장 도전적인 것이었나요?

7. 롯이 한 선택에서 무엇을 배웠는지 기록해 봅시다.

8. 이삭의 선택에서 어떤 교훈을 얻을 수 있는지 기록해 봅시다.

9. 지금 자신이 직면한 중요한 결정과 선택은 무엇인지 기록해 봅시다.

10. 주님은 그런 결정과 선택에 대해 무엇이라고 말씀하실지를 생각해 봅시다.

제2부

하나님의 부르심에 합당한 삶의 목적

제6장 예수 그리스도를 섬기는 치유자

제7장 신자, 예배자, 소망을 낳는 사람

제8장 지도자

제9장 선교사

제10장 선지자

하나님께 받은 소명에 대한 단상

많은 크리스천은 하나님께 받은 소명이 단지 안수받은 목회자나 교회 또는 선교 단체에서 사역자로 섬기는 사람들에게만 적용된다고 믿고 있다. 이것은 고착된 오해이며, 목적 의식을 갖고 섬기는 수많은 하나님의 사람을 배제함으로써 세계적인 하나님의 일을 하는 데 있어 엄청난 대가를 지불하게 만든다.

하나님께 받은 소명은 다양한 임지에서 섬기는 직분, 이를테면 사도, 선지자, 복음 전하는 자, 목사, 교사와 같은 교회 사역자가 되기 전에 확실하게 요구되는 선제 조건이다. 하지만, 하나님께 받은 소명은 자신의 경력이나 직업으로서 사역을 고려하는 크리스천에게만 제한되는 것은 아니다. 모든 크리스천은 하나님의 목적을 위해서 그분으로부터 소명을 받았다.

공인된 사역의 자리로 부르심을 받은 사람들은 소명을 발견하고 확인하는 과정을 거치게 된다. 적절한 예로 리차드 니버(Richard Niebuhr)는 안수받기 전까지 다음의 4단계를 거친다고 가르쳤다.

① 크리스천으로 부르심
② 비밀스런 부르심(개인은 부르심을 감지하나 아무도 그것에 대해 알지 못하는 단계)
③ 섭리적 부르심(마침내 개인의 은사와 자질이 자연스럽게 나타나는 단계)
④ 교회적 부르심(그리스도의 몸된 교회 안수를 통해 하나님의 부르심을 인식하는 단계).[1]

---

1 H. Richard Niebuhr, *The Purpose of the Church and Its Ministry* (New York: Harper and Brothers, 1956), 64.

이것은 사역자로서 하나님께 받은 소명에 관한 매우 전통적 견해다. 나는 이 견해에 대해 인정은 하지만, 목사와 원목과 교목, 신학대학원 원장으로 섬겨 오면서 지금 시대에는 단지 전임사역자가 아닌 모든 크리스천에게 소명의 과정으로서 적용할 수 있는 하나님의 소명 과정이 있다는 것을 믿게 되었다. 사실 니버의 네 단계 모델이 아니더라도, 이런 소명의 과정은 모든 크리스천에게 동일하게 받아들여질 수 있다. 안수를 받은 목회자가 아니더라도, 부르심의 4단계에 대해서 비공식적으로 또는 교회 밖의 사람들로부터 인식받을 수도 있다.

나는 하나님이 우리가 하나님과의 관계, 즉 예수 그리스도의 제자와 하나님 나라의 시민으로서 위치를 표현하는 삶을 살아 내도록 우리를 부르셨다고 믿는다. 바울도 이런 견해를 가지고 있다고 본다. 골로새 교회 신자들과 데살로니가 교회 신자들을 향한 그의 경고가 내 주장을 뒷받침한다.

> 또 무엇을 하든지 말에나 일에나 다 주 예수의 이름으로 하고 그를 힘입어 하나님 아버지께 감사하라(골 3:17).

> 형제들아 우리 주 예수 그리스도의 이름으로 너희를 명하노니 게으르게 행하고 우리에게서 받은 전통대로 행하지 아니하는 모든 형제에게서 떠나라(살후 3:6).

바울은 크리스천의 삶이 자신의 예배이자 사역이라 보았다. 우리의 삶에서 자신을 향한 하나님의 부르심을 분별하여 삶의 목적을 발견하는 것이 중요하다. 우리는 개인의 삶과 일을 통해 하나님께 영광을 돌리도록 부르심을 받았다. 설교자이든, 배관공이든 그것은 중요하지 않다. 우리를 향한 하나님의 목적을 발견하고 실현하는 것이 삶의 목적을 성취하는 것이다. 이 장에서는 삶의 목적과 관련된 우리의 정체성에 대해서 살펴볼 것이다. 삶의 목적을 발견하고 확증하는 소망을 두고 읽어 가길 바란다.

제6장

예수 그리스도를 섬기는 치유자

> 병든 자를 고치며 죽은 자를 살리며 나병 환자를 깨끗하게 하며 귀신을 쫓아내되 너희가 거저 받았으니 거저 주라 (마 10:8).

예수 그리스도의 제자로서 여러분은 자연스러운 치료와 초자연적 치유를 믿으며, 또 그것을 제공하는 치유자로 부름을 받았다. 여러분은 이 놀라운 도전과 특권에 대해서 생각해 본 적이 있는가?

이 세상에는 두 종류의 크리스천이 존재한다.

첫째, 은사중지론자(cessationist)이다.

이들은 오늘날은 기적이 중지되었다고 믿는 크리스천이다. 이들에 따르면, 마지막 사도가 죽었던 대략 주후 150년부터 신약성경 정경이 완성되었던 350년경 사이에 기적이 멈추었다고 믿는다. 그들은 이제 하나님의 말씀이 우리에게 성경의 형태로 주어졌기 때문에 더 이상 기사와 이적 및 치유와 기적이 일어나지 않는다고 주장한다. 은사중지론자들은 이런 초자연적 기적의 발생은 초대 교회 당시 시대 정황상 교회를 설립해야 할 필요가 있었기 때문에 신적 개입이 있었다고 여긴다. 이제 현대 교회는 설립이 된 후에 성숙해졌기 때문에 더 이상 기사와 이적 및 치유와 기적의 필요성이 없어지게 되었다는 것이다.

은사중지론자들의 이러한 견해에 많은 오해가 있어 다음 몇 가지를 소개하고자 한다.

① 죄는 질병의 원인이다.
② 우리는 질병으로부터 성화된다.
③ 의학의 발전과 공급으로 오늘날 기사와 이적은 필요하지 않다.
④ 기사와 이적은 원시적이고 비과학적 세계관이다.
⑤ 귀신은 없고, 악만 존재한다.
⑥ 소수의 은사를 받은 사역자만 치유 사역을 할 수 있다.
⑦ 대체로 치유 사역자들은 정직하지 못하고, 자신의 유익을 위해서만 일하는 사람들이다.
⑧ 질병은 항상 인내해야 할 십자가다.
⑨ 오직 거룩한 사람들만 기적을 행할 수 있다.

누구나 알다시피, 이런 견해들은 건강한 입장이 아니다.
불행하게도 오늘날 주요 교단에서 가르치는 내용이기도 하다.

둘째, 은사지속론자(continualist)이다.
이들은 성경적 가르침과 교회의 역사를 검토하여 기사와 이적 및 치유와 기적을 모든 세대의 교회가 행해야 할 규범적인 것으로 결론지었다. 애즈버리(Asbury)신학대학원 크레이그 키너(Craig Keener) 교수 같은 아주 저명한 학자들이 이 무리에 속해 있다. 은사지속론자에게 기적은 하나님의 권능이 나타난 것으로, 치유는 상한 사람들을 완전하게 만드는 것으로 정의되고 있다.

은사지속론자들이 치유와 기적을 믿는 이유는 다음과 같다.

① 병든 자를 고치는 것은 성경적 견해다.
② 예수께서 병든 자를 고치셨다.
③ 제자들도 병든 자를 고쳤다.
④ 예수께서 파송했던 70명도 사람들을 고쳤다.
⑤ 예수께서 제자들이 병든 자를 고치게 될 것이라고 약속하셨다.
⑥ 열두 제자를 따르던 제자들도 병든 자를 고쳤다.
⑦ 초대 교회는 치유를 행했다(약 5:14-16).
⑧ 교회 역사가 교회의 치유 사역을 증언한다.

나는 여러 해 동안 치유 사역에 몸담아 왔다. 오랄 로버츠 목사님과 관련된 사역 이외에도, 목사, 원목, 교목, 순회 사역자로 미국과 해외에서 치유 사역을 행했다. 예수 그리스도의 치유 사역에 대해 내가 이해하고 있는 바를 나누는 시간을 가져 보고자 한다.

예수께서는 제자들에게 치유 사역을 명령하셨다.

> 예수께서 그의 열두 제자를 부르사 더러운 귀신을 쫓아내며 모든 병과 모든 약한 것을 고치는 권능을 주시니라(마 10:1).

> 가면서 전파하여 말하되 천국이 가까이 왔다 하고 병든 자를 고치며 죽은 자를 살리며 나병환자를 깨끗하게 하며 귀신을 쫓아내되 너희가 거저 받았으니 거저 주라(마 10:7-8).

제자들에게 치유는 하나님 나라가 임했다는 표적이었다. 예수께서 다음과 같이 선포하셨다.

내가 하나님의 성령을 힘입어 귀신을 쫓아내는 것이면 하나님의 나라가 이미 너희에게 임했느니라(마 12:28).

세례 요한의 제자들이 물었다.

오실 그이가 당신이오니이까 우리가 다른 이를 기다리오리이까(마 11:3).

예수께서 대답하셨다.

너희가 가서 듣고 보는 것을 요한에게 알리되 맹인이 보며 못 걷는 사람이 걸으며 나병환자가 깨끗함을 받으며 못 듣는 자가 들으며 죽은 자가 살아나며 가난한 자에게 복음이 전파된다 하라 누구든지 나로 말미암아 실족하지 아니하는 자는 복이 있도다(마 11:4-6).

치유는 예수께서 주장하신 대로 그가 메시아임을 의미하는 것이다.
복음서에는 적어도 22번의 확실한 육체적 치유의 사례가 기록되어 있다. 예수께서 고치셨던 질병의 목록은 긴 편이다.

① 나병(마 8:2)
② 중풍병(마 8:6)
③ 벙어리(마 9:32)
④ 맹인과 다리 저는 사람(마 15:30)
⑤ 열병(막 1:30-31)
⑥ 혈루증(막 5:25)
⑦ 귀먹은 자(막 7:32)
⑧ 꼬부라진 기형(눅 13:11)
⑨ 수종병(눅 14:2) 또는 부종

다른 구절들에서는 '모든 병'(마 10:1), '각종 병'(막 1:34) 그리고 '온갖 병자들'(눅 4:40)을 치유하셨다는 것을 기록하고 있다.

예수께서 병자들을 고칠 때 다양한 방법을 사용하셨다. 말씀으로 병든 자를 고치셨다.

> 보시고 이르시되 가서 제사장들에게 너희 몸을 보이라 하셨더니 그들이 가다가 깨끗함을 받은지라(눅 17:14).

예수께서는 만지심으로 병든 자를 고치셨다.

> 예수께서 … 그 귀를 만져 낫게 하시더라(눅 22:51).

마태는 예수께 소리 지르던 맹인 두 사람에 대한 일화를 기록한다. 예수께서 그들에게 "너희에게 무엇을 하여 주기를 원하느냐"(마 20:32)라고 물으셨다. 그들은 "주여, 우리의 눈 뜨기를 원하나이다"(33절)라고 말했다. 이에 대해 마태는 다음과 같이 기록했다.

> 예수께서 불쌍히 여기사 그들의 눈을 만지시니 곧 보게 되어 그들이 예수를 따르니라 (34절).

예수께서 만진 사람은 물론 예수를 만졌던 사람들도 고침을 받았다는 것을 알 수 있다(마 9:20; 14:34-36). 예수께서는 흔치 않은 방법인 병자에게 침을 뱉으며 고치기도 하셨다(막 8:22-25; 요 9:6). 초대 교회는 기름 붓는 치유의 방법을 행하기도 했다.

> 너희 중에 병든 자가 있느냐 그는 교회의 장로들을 청할 것이요 그들은 주의 이름으로 기름을 바르며 그를 위하여 기도할지니라 믿음의 기도는 병든 자를 구원하리니 주께서 그를 일으키시리라 혹시 죄를 범했을지라도 사하심을 받으리라(약 5:14-15).

종종 우리는 치유에 대해 언급할 때 육체적 치유로만 제한하는 때도 있는데, 이것은 잘못된 생각이다. 신유는 육체의 물리적 치유로만 제한되지 않는다. 하나님은 우리 삶의 모든 영역인 육체, 정신, 영을 치유하기 원하신다. 하나님의 치유는 관계와 경제적 문제 같은 우리 삶의 다른 영역까지도 해당이 된다. 치유는 우리의 상함에도 관련이 있다. 하나님은 우리의 정서적 상함과 슬픔까지 치유하기 원하신다. 전반적 사회 문화에서, 특별히 교계의 현실을 봤을 때 정서 장애와 정신 질환의 낙인찍기를 멈출 적절한 시간이 도래했다.

정서적 상함은 장소를 불문하고 치유가 필요하다. 우리는 심히 기묘하게 창조되었기 때문에 한 영역의 상함은 삶의 다른 영역에까지 영향을 미치게 되어 있다. 의학계에서는 정신의 문제가 신체에 영향을 주고, 그 반대의 경우도 같은 결과를 나타낸다는 것을 증명했다. 우리는 정신이나 영의 상함을 치유하는 기도를 망설여서는 안 된다. 예수께서는 이 점을 인식하고 다음과 같이 말씀하셨다.

> 중풍 병자에게 네 죄 사함을 받았느니라 하는 말과 일어나 네 상을 가지고 걸어가라 하는 말 중에서 어느 것이 쉽겠느냐 그러나 인자가 땅에서 죄를 사하는 권세가 있는 줄을 너희로 알게 하려하노라(막 2:9-10).

단지 한 부분의 질병이 우리 삶의 다른 영역에까지 영향을 주기 때문에 한 부분의 치유도 다른 영역에까지 영향을 미치게 된다. 진정한 치유는 전인적이다.

교계에서 많은 사람이 범하는 또 다른 실수는 모든 질병을 개인의 죄와 직접적 연관이 있다고 간주하는 것이다. 이런 접근 때문에 많은 사람이 병자에게 정죄의 시선을 보내기도 한다. 죄와 질병은 항상 인과관계일 수 없다. 우리 질병의 기초는 종종 개인의 죄가 아니라 이 죄악으로 가득 찬 타락된 세상이다.

우리는 병든 사람에게 죄인이라는 꼬리표를 붙이는 정죄를 조심해야 한다. 예수께서는 병자들을 대할 때 험담하지 않으셨고, 정죄하지 않으셨으며, 긍휼을 베푸셨다. 우리는 예수의 이런 점을 배우며 닮아야 한다. 이웃의 슬픔과 고통을 마주할 때 우리 안에 긍휼이 넘쳐나길 바란다.

4장에서 언급했듯이 우리는 '사이'에서 살아간다. 이미 임한 하나님 나라와 장차 임할 하나님 나라 사이에서 살아간다. 우리는 일상의 시간(크로노스)과 하나님의 충만한 시간(카이로스) 사이에서 살아가고, 자연과 초자연의 연속선상 어느 지점에서 살아간다. 우리는 의사, 간호사, 의료계 전문 인력에 당연히 그들의 헌신과 치료 활동에 감사를 표한다. 우리는 인류에게 혜택을 주는 연구 기반의 제약 회사에 고마움을 느낀다. 하지만 이런 축복들이 신유의 특권에 대한 신빙성을 떨어뜨려선 안 된다.

우리는 기사와 이적 및 치유와 기적이 일어날 때 하나님께 감사해야 하고, 그것들을 기대해야 한다. 오랄 로버츠 목사님은 종종 하나님의 초자연적(supernatural) 치유는 당연하게(naturally) 일어난다고 말했다. 하나님은 사람들을 치유하기 위해 의사인 누가와 선교사인 바울을 동시에 사용하셨다. 오랄 로버츠 목사님은 또한 하나님은 세 가지 방법으로 치유하신다고 말했다. 즉각적 치유, 점진적 치유 그리고 부활 때 일어날 궁극적 치유가 그 방법들이다.

우리는 치유를 하나님 나라의 표적과 성령의 은사로 받아들일 수 있다. 덕망 있는 동료인 하워드 어빈(Howard Ervin) 교수는 치유가 하나님 나라의 표적이자 하나님이 그분의 자녀들에게 주시는 사랑의 선물로 믿었다. 표적은 하나님 나라의 선포를 더욱 분명히 해 준다. 치유는 아직 완전하게 성취되지 않은 하나님 나라를 미리 경험하게 해 준다.

우리는 현재 하나님 나라의 사람들이며, 하나님 나라의 시민으로서 이런 혜택을 누릴 수 있다. 동시에 성령은 우리 안에서 운행하시고, 일하시고, 우리를 통하여 역사하시고, 우리 자신의 치유를 받아들이며, 이웃에게 치유 사역을 할 수 있도록 만드신다. 우리는 우리 자신과 이웃을 위해 성령의 은사로서 치유가 나타나길 기대할 수 있다.

바울은 우리가 성령으로 인치심을 받았다고 말했다(엡 1:13). 성령은 처음 익은 열매로 불렸는데, 이것은 앞으로 더 많은 열매가 있을 것이라는 의미다(롬 8:23). 성령은 우리가 빚진 부채의 완전한 상환을 위해 계약금을 내놓으셨다. 곧 완전한 대가 지불이 있을 것이다. 성령은 우리를 거룩하게 하려고 우리의 내면에서 역사하시고(롬 15:16), 우리가 특별한 임무를 수행할 수 있도록 외부적으로도 권능을 주신다(행 4:8, 31). 치유의 은사는 우리 삶에서 내부와 외부에서 역사하시는 성령과 연관이 깊다.

신유는 믿음이 요구되지만, 많은 크리스천은 그렇게 생각하지 않는다. 이것에 대해 주의 깊게 검토해 보자. 예수께서 믿음을 찾으셨다. 그러므로 맹인들에게 질문하셨다.

> 내가 능히 이 일 할 줄을 믿느냐(마 9:28).

맹인들이 대답했다.

> 그러하오이다(마 9:28).

예수께서 말씀하셨다.

> 너희 믿음대로 되라(마 9:29).

예수께서 사람들의 믿음을 공개적으로 칭찬하시며, 가나안 여인에게 말씀하셨다.

> 여자여 네 믿음이 크도다 네 소원대로 되리라(마 15:28).

예수께서는 제자들의 믿음 없음을 꾸짖으셨다. 한 남자가 자기 아들을 예수의 제자들에게 데려갔을 때 제자들이 고치지 못한 것을 보신 예수의 어조는 강했다.

> 믿음이 없고 패역한 세대여(눅 9:41).

예수께서 꾸짖으셨다.

> 내가 얼마나 너희와 함께 있으며 너희에게 참으리요 네 아들을 이리로 데리고 오라(눅 9:41).

제자들은 예수께 자신들의 믿음을 더해 달라는 부탁을 했다(눅 17:5). 마태는 예수께서 자기 고향에서는 사람들이 믿지 않으므로 많은 기적을 행할 수 없었다고 기록했다(마 13:57-58).

하지만 이 문제에 다른 측면이 있다. 예를 들면, 38년 동안 베데스다 연못에 있었던 다리 저는 남자의 사례에서 보듯이, 당사자의 믿음에 관한 언급이 없다(요 5:1-8).

마가복음 2장에 지붕으로부터 내려왔던 남자도 본인의 믿음이 있었다는 기록은 없다. 하지만 그 남자를 내렸던 사람들은 엄청난 믿음을 소유했기 때문에 그런 일을 시도했을 거라는 짐작은 간다(1-12절). 우리는 죽었던 나사로가 살아났던 날에 그가 믿음으로 충만했었다고 주장할 순 없을 것이다.

핵심은 무엇일까?

핵심은 믿음의 부담은 환자에게 있는 것이 아니고 믿음의 공동체에 부여된다는 것이다. 환자는 믿음이 필요하다. 하지만 환자에게 치유에 대하여 부족한 믿음을 비난하는 것은 잘못된 일이다. 환자를 둘러싼 공동체가 환자와 하나님 사이에 벌어진 틈을 메꾸고, 치유하실 하나님을 믿는 시간이 필요하다. 무엇보다도 우리는 엄청난 양의 믿음을 가질 것을 요구받지는 않는다. 약간의 믿음이 필요할 뿐이다.

> 진실로 너희에게 이르노니 만일 너희에게 믿음이 겨자씨 한 알 만큼만 있어도 이 산을 명하여 여기서 저기로 옮겨지라 하면 옮겨질 것이요 또 너희가 못할 것이 없으리라(마 17:20).

우리는 예수 그리스도 안에서 믿음으로 말미암아 죄로부터 구원을 받는다. 우리는 또한 예수 그리스도 안에서 믿음으로 말미암아 치유를 받는다. 치유는 수 세기 전에 이사야에 의해 예언되었다.

> 그는 실로 우리의 질고를 지고 우리의 슬픔을 당했거늘 우리는 생각하기를 그는 징벌을 받아 하나님께 맞으며 고난을 당한다 했노라(사 53:4).

마태복음에 이 언약이 성취된 증거가 기록되었다.

> 저물매 사람들이 귀신 들린 자를 많이 데리고 예수께 오거늘 예수께서 말씀으로 귀신들을 쫓아내시고 병든 자들을 다 고치시니 이는 선지자 이사야를 통하여 하신 말씀에 우리의 연약한 것을 친히 담당하시고 병을 짊어지셨도라 함을 이루려 하심이더라(마 8:16-17).

예수의 이름에 구원과 치유가 있다. 하워드 어빈은 종종 '구원하는 믿음은 고치는 믿음이고, 고치는 믿음은 구원하는 믿음'이라고 말했다. 우리는 베드로가 다음과 같이 말할 때 믿음으로 화답할 수 있다.

> 그가 채찍에 맞음으로 우리는 나음을 얻었나니(벧전 2:24).

이 장에서는 여러분이 치유자라는 사실을 상기시켜 주기 위해 치유에 대한 성경적 가르침에 대해 살펴봤다. 여러분은 자신의 삶 속에서 치유를 받는 특권을 가질 뿐만 아니라 예수의 이름으로 이웃을 치유하는 사역도 할 수 있다. 이웃의 치유를 위해 믿음으로 벌어진 틈을 메꿀 수도 있다. 여러분은 상한 삶을 어루만지어 그들의 변화를 끌어낼 수 있다. 이것은 마술을 부리는 어떤 것이 아니고, 하나님 나라의 시민으로서 성령 충만한 사람으로서 가질 수 있는 권리이자 특권이다.

하나님 나라의 증인으로서 여러분은 하나님의 말씀과 함께 기사와 이적 및 치유와 기적을 행하시는 하나님을 기대할 수 있다. 여러분은 또한 성령의 은사로서 하나님의 치유를 기대할 수도 있다. 이런 신유 사역을 하면서 자연적 수단의 어떤 병 고침도 거부할 필요는 없다. 사실 이 사역을 하면서 여러분은 의사, 간호사, 의학에 관련된 어떤 사람과 동역을 할 수 있게 된다. 사실 이 사역은 여러분과 아무런 관련이 없다. 하나님의 사랑과 그분의 권능과 모든 관련이 있기 때문이다. 이것이 예수께서 하늘로부터 이 땅으로 내려오신 진정한 이유다.

> 도둑이 오는 것은 도둑질하고 죽이고 멸망시키려는 것뿐이요 내가 온 것은 양으로 생명을 얻게 하고 더 풍성히 얻게 하려는 것이라(요 10:10).

치유는 풍성한 삶의 일부분이다. 여러분은 구원받았고, 이런 삶을 이웃에게 전해 주기 위해 자유롭게 되었다. 이런 일을 하기 위해 공인된 사역자일 필요는 없다. 여러분의 일이나 직업에서 치유 사역을 할 수 있는 길을 찾길 바란다. 이 사역을 함에 있어 종교적으로 보이거나 그런 행위를 할 필요는 없다.

여러분의 공동체와 상황 가운데 적절한 치유 사역을 할 수 있는 길을 모색하길 바란다. 여러분은 이런 사역을 함에 있어 완벽한 사람이 될 필요는 없다. 완벽한 건강 상태이어야 할 필요도 없다. 단지 예수 그리스도 안에서 믿음을 행하기만 하면 된다. 상처 입은 치유자인 예수를 대변하길 바란다. 그분은 여러분을 구원했고, 여러분이 이웃에게 치유 사역을 행할 수 있도록 자유롭게 하셨다. 단지 여러분 자신을 알고, 그 지식과 권세 아래서 행하기만 하면 된다. 여러분은 치유자이고, 여러분은 주님처럼 상처 입은 치유자임을 기억하길 바란다. 여러분은 이런 자신의 정체성을 주장하고, 예수 그리스도 이름의 권세 안에서 행하길 바란다.

토의를 위한 질문

1. 은사중지론자들의 기본적 가르침은 어떤 내용인가요?

2. 은사지속론자들의 가르침은 어떤 내용인가요?

3. 여러분은 두 가지 가르침 중 어느 입장을 지지하나요?
   지지하는 이유는 무엇인가요?

4. 3번 질문의 답변에 대한 여러분의 입장에서 풀리지 않는 질문이 있나요?

5. 예수께서 사용하신 치유의 방법들은 어떤 것이 있나요?

6. 믿음과 치유에 대해 이 장에서 무엇을 말하나요?

7. 기사와 이적 및 치유와 기적을 기대하는 이유는 무엇인가요?
   두 가지 중요한 이유를 답해 봅시다.

8. 하나님 나라와 성령의 은사를 어떻게 연결할 수 있나요?
   개인적 치유와 이웃을 위한 치유 사역을 포함하여 기술해 봅시다.

9. 여러분의 삶에서 치유가 필요한 영역이 있는지 나눠 봅시다.

10. 잠깐 여러분 자신의 치유를 위해서 또는 누군가의 치유를 위해서 기도하는 시간을 가져 봅시다.

제7장

신자, 예배자, 소망을 낳는 사람

> 그러나 이것을 당신께 고백하리이다 나는 그들이 이단이라 하는 도를 따라 조상의 하나님을 섬기고 율법과 선지자들의 글에 기록된 것을 믿으며 그들이 기다리는바 하나님께 향한 소망을 나도 가졌으니 곧 의인과 악인의 부활이 있으리라 함이니이다(행 24:14-15).

바울은 복음을 전파했다는 혐의로 체포되었다. 산헤드린으로 불리는 유대인 공의회로 불려간 바울은 바리새인과 사두개인 사이의 다툼 때문에 영내로 돌아가게 되었고, 후에 가이사랴로 이동해 벨릭스 총독 앞에 서게 되었다. 바울을 고소한 유대인들이 자신들에게 유리하게 작용할 평결문을 조급하게 기다릴 때 바울에게 기소된 다음의 주요 죄명이 읽혔다.

① 피고인은 전염병(troublemaker) 같은 자다.
② 피고인은 선동(rioter)하는 자다.
③ 피고인은 불과 며칠 전에도 성전을 더럽히려 했다.

이 사건이 공식적으로 기소가 되면, 총독은 로마법에 따라 피고인에게 변론하도록 허락해야 했다. 총독이 겸손한 몸짓으로 바울에게 발언권을 주자, 사도 바울은 짧지만, 포괄적 진술과 함께 변론했다. 다음은 진술의 한 부분이다.

당신이 아실 수 있는 바와 같이 내가 예루살렘에 예배하러 올라간 지 열이틀밖에 안 되었고 그들은 내가 성전에서 누구와 변론하는 것이나 회당 또는 시중에서 무리를 소동하게 하는 것을 보지 못했으니 이제 나를 고발하는 모든 일에 대하여 그들이 능히 당신 앞에 내세울 것이 없나이다 그러나 이것을 당신께 고백하리이다 나는 그들이 이단이라 하는 도를 따라 조상의 하나님을 섬기고 율법과 선지자들의 글에 기록된 것을 다 믿으며 그들이 기다리는 바 하나님께 향한 소망을 나도 가졌으니 곧 의인과 악인의 부활이 있으리라 함이니이다 이것으로 말미암아 나도 하나님과 사람에 대하여 항상 양심에 거리낌이 없기를 힘쓰나이다(행 24:11-16).

총독이 비호감으로 여겨지는 설교자의 말을 심사숙고할 때, 유대인 무리는 총독의 반응을 지켜보며 기다렸다.

바울은 기소된 모든 죄명을 부인하고 무리의 주장을 근거 없다고 말하는 듯했다. 하지만, 그는 스스로 몇 가지 죄를 자백하는 듯 보였다. 그는 자신을 전염병 같은 자, 선동하는 자, 성전을 더럽히는 자가 아니라고 반론했다. 하지만, 바울은 율법과 선지자들의 글을 모두 믿고, 죽음으로부터 부활하는 소망을 전하고, 항상 양심에 거리낌이 없기를 힘썼으며, 예수의 도를 따르는 자로서 하나님을 예배한다고 말했다.

다시 말하면, 바울은 다음과 같은 자백을 했다.

① 나는 믿는 죄를 지었다.
② 나는 예배하는 죄를 지었다.
③ 나는 소망을 품은 죄를 지었다.

위기의 순간에 바울은 담대하게 자신의 정체성을 드러낸 것을 알 수 있다.

① 나는 신자다.
② 나는 예배자다.
③ 나는 소망을 낳는 자다.

1. 믿는 죄

바울은 세상 법정에서 하나님의 말씀을 믿는 유죄를 인정했다. 그는 우리를 향한 하나님의 사랑에 대한 그분의 말씀을 믿었다. 바울은 그리스도가 우리의 구원자, 치유자, 구세주가 되신다는 하나님의 말씀을 믿었다. 그는 크리스천의 삶은 믿음으로 시작해 믿음으로 끝나는 것을 믿었다. 우리는 믿음으로 말미암아 구원을 받고(엡 2:8), 믿음으로 말미암아 살며(롬 1:17), 믿음을 따라 죽는다(히 11:13). 바울은 또한 그리스도가 재림하실 것을 믿었다(살전 4:13-15).

바울은 말씀을 알고 있었다. 그는 아벨이 예배하는 믿음을 소유했다는 것을 알았다(히 11:4). 그는 에녹이 하나님과 동행했고, 노아가 하나님의 명령을 준행했다는 것을 알았다(창 5:24, 6:22). 바울은 자신의 생명을 포기하는 믿음으로 표현할 수밖에 없는 믿음의 여정 중에 있었다. 그는 말했다.

> 내가 믿는 자를 내가 알고 또한 내가 의탁한 것을 그 날까지 그가 능히 지키실 줄을 확신함이라(딤후 1:12).

바울은 세상 법정에서 실제로 믿음을 가졌다는 자백을 함으로써 유죄를 인정한 셈이다. 그는 믿음의 사람이다.

2. 예배하는 죄

사람은 하나님을 예배하도록 창조되었다. 예배는 인간의 설계도에 포함되어 있다. 우리는 어떤 대상 또는 어떤 존재에 대해 예배한다. 하지만 예배하는 대상은 각자의 선택 사항이다. 시편 기자인 다윗은 하나님께 예배드리며, 감사하라고 여러 사람에게 권면했다(시 103:1; 107:1).

사도 바울은 예배자였다. 로마 교회에 보낸 서신에서 그는 예배드려야 할 많은 이유를 열거했다. 우리가 예배드리는 이유는 무조건적 사랑으로 영원토록 사랑을 받기 때문이다. 바울의 말을 들어 보자.

> 누가 우리를 그리스도의 사랑에서 끊으리요 환난이나 곤고나 박해나 기근이나 적신이나 위험이나 칼이랴 … 그러나 이 모든 일에 우리를 사랑하시는 이로 말미암아 우리가 넉넉히 이기느니라 내가 확신하노니 사망이나 생명이나 천사들이나 권세자들이나 현재 일이나 장래 일이나 능력이나 높음이나 깊음이나 다른 어떤 피조물이라도 우리를 우리 주 그리스도 예수 안에 있는 하나님의 사랑에서 끊을 수 없으리라(롬 8:35-39).

우리에게 더 이상의 정죄함이 없으므로 우리는 예배한다(롬 8:1). 더 이상의 실패가 없으므로 우리는 예배한다.

> 우리가 알거니와 하나님을 사랑하는 자 곧 그의 뜻대로 부르심을 입은 자들에게는 모든 것이 합력하여 선을 이루느니라(롬 8:28).

사망이 패배했기 때문에 우리는 예배한다.

> 사망아 너의 승리가 어디 있느냐 사망아 네가 쏘는 것이 어디 있느냐(고전 15:55).

마음에서 우러나오는 노래를 조용히 부르거나, 시와 찬송과 신령한 노래(골 3:16)를 소리 내어 부르는 것과 상관없이 우리는 하나님을 예배하고 찬양해야 한다. 예배는 회중 찬양으로 제한되지 않는다. 따라서, 주일 아침에만 크리스천이 예배할 수 있는 시간은 아니다. 예배는 회중 예배와 개인 예배 모두 필요하다.

예수 그리스도는 예배자였다. 예수께서는 자신의 일생 중 가장 중요한 순간이었던 겟세마네로 가기 직전에 감사의 찬미(신학자들은 시편 107편으로 추측한다)를 제자들과 함께 불렀다(마 26:30).

바울은 예배의 사람이었다(엡 5:19). 예배에 대한 주님의 당부를 기억하는가?

> 아버지께 참되게 예배하는 자들은 영과 진리로 예배할 때가 오나니 아버지께서는 자기에게 이렇게 예배하는 자들을 찾으시느니라(요 4:23).

요한에 따르면, 예배할 때 장소는 문제가 되지 않으며, 예배의 방법도 중요하지 않다. 하지만 영과 진리로 예배하는 것은 매우 중요하다.

우리는 예배자들이다. 우리는 영혼과 육체를 다 바쳐서 하나님께 예배해야만 한다(신 6:5). 교회 음악의 전문화가 확산되면서 저지르는 중대한 실수는 오직 단상 위에 찬양팀만 예배자라는 생각을 하는 것이다. 여러 교회에서 회중들은 마치 관객처럼 행동한다. 하나님의 사람들로 구성된 회중은 관객이 아니다. 교회는 예배에 실제로 참여하는 성도들의 모임이다. 우리가 잘 모르는 진실은 단상 위와 단상 아래 있는 모든 사람이 단상 위에 있는 것이나 마찬가지라는 사실이다. 관객은 오직 한 분이시다. 그분의 이름은 예수이며 두세 사람이 그분의 이름으로 모인 곳 어디든지 함께 계신 분이시다(마 18:20).

3. 소망을 품은 죄

바울은 한정된 소망, 무한한 소망 모두를 꿈꾸며 살았던 소망의 사람이다. 그는 비참한 상황 가운데서 편지를 쓸 때도 각 서신을 소망으로 가득 채웠다. 바울은 하나님의 목적을 실현하도록 자신이 세워져 가길 소망했다. 그는 어떤 것도 하나님으로부터 자신의 계획을 훔쳐가는 일이 없을 것이라고 믿었기 때문에 누군가 하나님의 계획에 포함되어 있으면 그 계획이 실현될 것이라는 소망을 두고 그 과정을 따라가면 된다고 믿었다.

옛 동역자들과 다시 만나 사역을 하거나 새로운 지역에 복음을 전파하는 일에 상관없이 바울은 소망을 두고 살았다. 바울은 영원에 관한 기대로 가득 찼다. 육신에 갇혀 하나님의 목적을 성취하기 위해 전념했지만, 그리스도와 함께 있기를 소망했다. 그는 몸을 떠나는 것이 그리스도와 함께 있는 것이라고 말했다(고후 5:8). 그는 소망의 사람으로 이 땅의 몸을 입고, 영원한 삶을 학수고대하며 살았다.

바울은 죽은 자들이 부활하는 순간을 알리는 나팔 소리를 기대했지만, 이 땅에서 섬겨야 할 시간이 더 남은 것처럼 살았다. 그의 소망은 미래에 있을 특정한 사건이나 날짜에 있지 않았다. 그의 소망은 항상 한 사람에게 있었다. 그분은 바로 예수 그리스도이며, 그리스도가 그의 소망이었다.

> 그리스도가 지금 우리 안에 계시니 우리의 소망이라(골 1:27).

바울에 의하면, 미래에 함께 있을 그리스도는 역시 소망의 한 부분이다. 바울은 이미 이뤄진 소망과 아직 이루어지지 않은 소망 사이에서 살았던 소망의 사람이었다.

바울은 소망을 낳는 사람이었다. 내가 '소망을 낳는 견해'에 대해 고심할 때, 어린 시절 한집에서 같이 사셨던 할머니가 떠올랐다. 인도 마을에서는 상인들이 과일이나 채소를 머리에 지고 집집이 방문하며 판매하는 것을 볼 수 있는데, 할머니께서는 종종 상인들이 우리 집을 지나고 난 다음에 뒤늦게 부르는 경우가 있었다. "바나나", "코코넛." 상인들은 자신의 이름을 부르지 않았는데도 자신들이 가지고 있는 과일 때문에 할머니께 반응했다.

우리는 휴대하고 있는 어떤 것이든 그것에 따라서 불릴 수 있다는 사실을 기억해야 한다. 그리스도를 모시고 있는 사람은 크리스천으로 불릴 것이다. 우리 안에 있는 그리스도가 소망이기 때문에 우리는 소망을 가진 자 또는 소망을 낳는 자로도 불릴 것이다.

나는 원목으로 섬기면서 참 소망(real hope)이 사람들에게 치유를 가져오는 것을 보아 왔다. 죽음을 준비하는 사람들에게도 소망은 매우 건강한 방식으로 죽음을 맞이하게 했다. 나는 과거 털사시에 위치한 믿음의 도시 병원에서 만난 한 선교사를 잊을 수 없다. 일평생을 중국과 인도에서 선교사로 헌신한 90세 가까이 된 하나님의 여종에 관한 이야기다. 믿음의 도시 병원에서 환자인 그녀를 처음 만나기 전까지 개인적으로 그녀를 알지 못했다. 나의 인도계 혈통으로 인해 우리는 짧은 시간 만에 특별한 사이로 발전할 수 있었다.

어느 날 그녀의 입원실에 들어갔을 때 그녀는 얼굴에 환한 미소를 띠고 눈을 감은 채 침대에 누워 있었다. 그것은 마치 오랫동안 보지 못한 누군가를 바라보는 표정이었다. 그녀의 담당 간호사와 지인들은 침대 옆에 조용히 서 있었다. 갑자기 그 선교사가 말했다.

"모두 좋은 밤 보내세요."

이른 오후 시간밖에 안 되었기 때문에 우리는 모두 놀란 채 서로를 바라보았다. 태양은 털사시의 고층 병원 창문을 아름답게 비추고 있었다. 그녀가 "이제 안녕"이라고 말하지 않은 것에 주목하게 되었다. 그리고 나서 그녀가 여전히 눈을 감고, 미소를 띤 채로 다시 말했다.

"모두 좋은 밤 보내세요."

"이곳은 아침이에요!"

나는 그 순간이 성스러운 순간임을 체감하고, 그녀의 말을 차분히 생각하고 있었다. 얼마 지나지 않아 그녀는 주님 곁으로 가게 되었다. 이 상황에 대해 그녀가 이 땅에서 삶을 떠나기 전에 예수의 얼굴을 바라보고, 그녀를 기다리고 있는 영광의 순간에 대한 비전을 보았다는 결론을 내릴 수밖에 없었다. 이 선교사는 소망의 여인이었다. 그녀는 중국과 인도에서 많은 사람이 소망을 가질 수 있도록 힘썼던 여인이었다. 그리고 이 땅에서 마지막 날에 그녀 자신의 소망이 실현되는 것을 보았던 여인이었다. 나는 그녀의 마지막 인사에 깊은 감명을 받게 되었다. 그리고 그녀 때문에 나 역시도 소망을 갖게 되었다.

참 소망은 우리 삶의 어떤 순간에라도 하나님이 그다음 일어날 순간에 이미 가 계신다는 것을 인정하는 것이다. 알파와 오메가되시는 하나님은 과거와 미래 모두를 주관하는 분이시다. 그분은 우리 삶의 다음 순간에 미리 가셔서 함께 하자고 손짓하며 우리를 부르신다. 하나님의 부르심을 따라가는 것이 소망의 삶이라 할 수 있다. 크리스천은 하나님이 이미 가 계시지 않은 곳에는 절대로 들어갈 수가 없다.

우리는 하나님을 떠날 수 없고, 하나님도 우리를 떠나지 않으신다. 우리는 두려움과 절망 가운데 살 필요가 없다. 우리는 소망의 사람들이고, 소망을 품은 사람들이다. 그리스도는 우리의 소망이다. 나는 딸들이 학업을 위해 다른 도시로 떠날 때 이 생각을 나눴다. 고향과 부모를 멀리 떠나 책임과 도전의 세계로 나갈 때, 그들이 두려워하지 않고, 오직 소망으로 가득 차길 바라는 마음이었다. 동일한 마음으로 오늘 이것을 여러분과 나누기 원한다.

바울은 이것을 알고 있었다. 그는 소망을 품은 죄를 지었다. 그는 소망을 낳는 사람이었다.

성경은 '소망의 책'이라 할 수 있다. 성경을 통한 주요 주제는 소망이다. 요한계시록의 마지막 장은 소망으로 결론을 맺는다. 구약성경과 신약성경 모두 하나님 안에서 소망을 증언한다. 우리는 인류 역사상 가장 위대한 이 책을 통해 우리가 누구이며, 어떻게 소망 가운데 살아갈 수 있을지 배운다. 지면 관계로 여기서는 구약성경만 살펴보도록 하겠다. 하박국서는 테러가 만연한 이 시대에 어떻게 우리가 소망 가운데 살아갈 수 있을지 말해 준다. 하박국서는 아주 쉬우므로 현란한 내용을 담고 있지 않다. 하지만 우리가 사는 이 시대를 향한 아주 중요한 소망의 내용을 담고 있는 성경이다.

1) 테러가 만연한 시대에 하박국처럼 살아가기

우리가 사는 이 시대를 한마디로 정의한다면 어떻게 부를 수 있을까?
세계화의 시대?
번영의 시대?
과학기술의 시대?

하나같이 다 그럴싸한 이름들이다. 하지만, 가장 어울리는 이름은 테러의 시대일 것이다.

나는 이전에 미국에서 테러에 대한 두려움을 안고 살아가게 될 줄은 상상조차 못 했다. 항상 테러로 고통받는 다른 나라 사람들이 안전을 위해 미국으로 도망쳐 왔기 때문이다. 아직 미국은 자유의 땅이자 자유를 위해 용감히 싸운 사람들의 고향이다. 하지만, 2001년 9월 11일 발생한 사건으로 인해 우리의 근간은 흔들리게 되었고, 그로부터 전 세계적 혼란이 시작됐다. 뉴델리부터 뉴욕까지 지구촌 사람들은 테러리즘과 그 때문에 자유 사회에 미치는 충격에 관한 심각한 우려를 나타내었다.

테러리즘을 촉발한 동기의 기저(underlying motivator)에 대해 중동 사회와 같은 폐쇄 사회에서 나타나는 절망감으로 보는 사람들이 있다. 이런 거대한 암적 요인이 어떤 형태로든 참 소망 안에서 변화되지 않는다면 테러리

즘은 문명 사회를 위협하는 골칫덩어리로 남을 것이다.

어느 누가 뉴욕의 쌍둥이 빌딩을 공격한 제트 여객기와 뭄바이, 런던, 마드리드의 출퇴근 기차를 터트렸던 폭탄테러를 잊을 수 있겠는가!

고등학교 교정(campuses)에서부터 고위 정부 기관에 이르기까지 두려움은 우리 삶 깊숙이 관여하는 중요한 요소가 돼 버렸다.

우리는 평소보다 더 많은 두려움을 가지며 살도록 학습된 것 같다. 불행하게도 두려움은 사람을 소외시킨다. 두려움은 정신 건강과 영성 관리에 악영향을 미친다. 장기적 두려움은 우리에게 손해를 끼친다.

어떻게 두려움을 피할 수 있을까?
두려움이 가득한 이 시대 가운데 어떻게 하면 두려움 없이 살 수 있을까?
그런 삶의 적절한 예가 있을까?

여기 하박국서가 도움이 될 것이다. 하박국은 그리스도가 오시기 600년 전에 예루살렘에 살았던 믿음의 사람이다. 우리 시대 이전에도 테러리즘이 존재했다는 사실을 믿기 어려울 수도 있다. 하지만 우리가 사는 이 지구의 테러범들은 어제오늘의 이야기가 아니다. 다만 그들의 수법이 진화될 뿐이다. 하박국은 그 시대 끔찍한 테러 현장의 증인이었다.

하박국이 살던 시대에 천하를 호령하던 제국은 앗수르였다. 앗수르는 이른 시간 만에 초강대국의 지위를 차지하게 되었다. 이집트와 바벨론이 제국의 자리를 놓고 다투는 사이에 앗수르가 그 틈새를 비집고 들어간 셈이다. 이집트와 바벨론은 차기 제국이 되고 싶어 했다. 두 나라는 당시에 막강한 서로 다른 문명도 이루고 있었다.

B.C. 605년에 바벨론이 승리를 거두게 되었고, 느부갓네살왕이 전체 문명 국가를 통치하게 되었다. 느부갓네살왕은 당시 세상에서 가장 강력한

권력을 갖게 되었다. 불과 칠 년 전인 B.C. 612년에 니느웨는 멸망하게 되었다. 하박국은 이 혼란의 시기에 살면서 하박국서를 기록하게 되었다. 그는 역사의 소용돌이 속에서 위기의 시기를 묘사하고 있다.

익숙한 이야기로 들리지 않는가?
제국의 멸망 말이다!
초강대국의 지위를 놓고 다투는 나라들!

구소련과 동시대에 일어난 철의 장막과 베를린 장벽의 붕괴를 기억하는 독자들이 있을 것이다. 중국이 차기 초강대국을 자처하고 있다. 러시아도 마찬가지로 같은 지위를 원하고 있다.
문명끼리의 충돌이 보이지 않는가!
우리는 현재 하박국 시대와 비슷한 상황을 경험하고 있다. 하박국의 대언을 들어 보자. 그의 대언은 마치 현대 국지전에 파견된 종군 기자처럼 들릴 수 있다.

> 여호와여 내가 부르짖어도 주께서 듣지 아니하시니 어느 때까지리이까 내가 강포로 말미암아 외쳐도 주께서 구원하지 아니하시나이다 어찌하여 내게 죄악을 보게 하시며 패역을 눈으로 보게 하시나이까 겁탈과 강포가 내 앞에 있고 변론과 분쟁이 일어났나이다(합 1:2-3).

하박국은 셀 수 없는 부당함과 갈등을 목격하면서 매우 신물이 나서 하나님께 질문하기 시작했다.
"하나님 어떻게 이것들을 참으실 수 있습니까?"
그는 도무지 이해가 되지 않았다.
"어떻게 이 상황을 허락하실 수 있습니까?"

> 주께서는 눈이 정결하시므로 악을 차마 보지 못하시며 패역을 차마 보지 못하시거늘 어찌하여 거짓된 자들을 방관하시며 악인이 자기보다 의로운 사람을 삼키는데도 잠잠하시나이까(합 1:13).

하박국은 그 시대 무정부 상태를 다음과 같이 묘사했다.

> 율법이 해이하고 정의가 전혀 시행되지 못하오니 이는 악인이 의인을 에워쌌으므로 정의가 굽게 행하여짐이니이다(합 1:4).

하박국은 그가 속한 정치적, 사회적, 영적 상황에 대해 심각한 우려를 나타냈다. 그의 시대적 상황은 그가 겁을 먹게 했다. 우상 숭배가 사회 전반에 스며들어 가는 것처럼 보였다. 그는 한가로운 상황이 아니었다.

> 새긴 우상은 그 새겨 만든 자에게 무엇이 유익하겠느냐 부어 만든 우상은 거짓 스승이라 만든 자가 이 말 하지 못하는 우상을 의지하니 무엇이 유익하겠느냐 나무에게 깨라 하며 말하지 못하는 돌에게 일어나라 하는 자에게 화 있을진저 그것이 교훈을 베풀겠느냐 보라 이는 금과 은으로 입힌 것인즉 그 속에는 생기가 도무지 없느니라(합 2:18-19).

그는 대단히 심각한 상황을 맞았지만, 완전히 절망한 채 상황이 더 나빠지게 되기를 바랐다. 그는 최악의 상황이 오기만을 기대했다. 그는 말했다.

> 내가 들었으므로 내 창자가 흔들렸고 그 목소리로 말미암아 내 입술이 떨렸도다 무리가 우리를 치러 올라오는 환난 날을 내가 기다리므로 썩이는 것이 내 뼈에 들어왔으며 내 몸은 내 처소에서 떨리는도다(합 3:16).

하박국은 견고한 신앙의 소유자였지만, 상황에 압도되었음이 분명하다. 그는 하나님께 진지한 질문을 했다. 하박국의 질문과 그에 대한 하나님의 대답은 비슷한 상황을 맞닥뜨린 우리가 살아가야 할 방향과 길을 모색하는 데 도움을 줄 것이다.

질문하는 것이 믿음 없음을 보여 주는 표적은 아니다. 하나님은 자녀들의 질문에 기분이 언짢아하는 분은 아니시다. 하박국의 질문은 크게 두 개의 범주로 나눌 수 있다.

첫째, '왜'로 시작하는 질문이다.
둘째, '얼마 동안'의 기간을 묻는 질문이다.

흥미롭게도 하나님은 하박국의 질문에 명쾌한 대답을 하진 않으셨다. 하지만 하나님은 이와 같은 때 어떻게 살아가는지 대답해 주셨다.

폭력이 난무하는 이 시대에 어떻게 크리스천이 소망을 품고 살아가야 할까?

하박국서에는 이 같은 질문에 대한 하나님의 명쾌한 대답이 기록되어 있다.

(1) 책임지시는 하나님

하박국에 대한 하나님의 첫 번째 반응은 하나님이 세상을 책임지신다는 것이었다. 우리는 종종 하나님 외에 다른 존재가 세상과 역사를 주관하는 것처럼 오해하며 산다. 하나님은 하박국이 다음의 진리를 깨닫길 바라셨다.

> 땅과 거기에 충만한 것과 세계와 그 가운데에 사는 자들은 다 여호와의 것이로다(시 24:1).

하나님은 하박국이 다음의 결론을 내리길 바라셨다.

오직 여호와는 그 성전에 계시니 온 땅은 그 앞에서 잠잠할지니라(합 2:20).

이것은 하박국이 심사숙고할 만한 중요한 가르침이다.

창세기부터 요한계시록까지 기록된 진리는 하나님이 그의 창조물에 관여한다는 것이다. 하나님은 심지어 좋지 않은 일과 불쾌한 일이 걷잡을 수 없이 발생할 것으로 보여도 책임지는 분이시다. 이 사실은 항상 진리다. 하나님이 책임지지 않는 경우는 없다.

우리를 압도하는 세상의 사건을 겪을 때 세상 가운데 일하시는 하나님의 역할에 대한 의문을 품는 것은 자연스러운 일이다. 우리는 주변에 발생한 혼란들을 이해하고 싶어 한다. 그것들이 납득이 되지 않을 때, 우리는 세상에서 하나님 주권에 대한 의문을 품는 경향이 있다. 이것은 특별히 무고한 자의 고통을 바라볼 때 나타나는 현상이다.

왜 좋으신 하나님이 그렇게 나쁜 일들이 일어나도록 허락하셔야만 했는가?

분명한 것은 우리는 아직 이 질문에 대한 답을 확실히 알 수 없지만, 우리가 하나님을 대적하게 만드는 대부분은 우리 자신이 만들거나 실행한 것이다. 하나님의 창조물은 자유 의지를 가지고 하나님을 신뢰한다.

하나님은 삶과 그와 관련된 모든 것을 책임지신다. 우리는 세상에서 하나님의 목적이 성취되고 있다는 것을 확신할 수 있다. 우리는 하박국과 함께 이 폭력의 시대에서 이것을 기억해야 한다. 두려움이 우리의 영혼을 움켜쥘 때 우리는 이것을 기억해야 한다. 우리는 세상을 책임지는 하나님이 좋으신 하나님이라는 것을 기억해야 한다. 그의 선하심은 끝이 없다. 그는 사랑이시다. 그의 사랑은 영원하다. 우리가 보일 수 있는 하나님을 향한 좋은 반응은 시편 기자로부터 찾을 수 있다.

여호와께 감사하라 그는 선하시며 그 인자하심이 영원함이로다(시 107:1).

우상은 세상을 주관하지 못한다.

> 새긴 우상은 그 새겨 만든 자에게 무엇이 유익하겠느냐 말하지 못하는 나무와 돌에게 … 교훈을 베풀겠느냐 그 속에는 생기가 도무지 없느니라(합 2:18-19).

하나님은 살아 계신다. 하나님은 말씀하신다. 그분의 사람들을 인도하신다. 하나님이 책임지신다. 이것은 탈레반이 책임진다는 의미가 아니다. 알카에다가 책임지지 못한다. 지하드 전사가 책임지지 못한다. 하마스가 책임지지 못한다. 헤즈볼라도 책임지지 못한다. 사실, 국제 연합조차도 세상 모든 일을 책임지지 못한다. 하나님이 책임지신다.

그렇다면 왜 우리는 두려움과 절망 속에서 살아가야만 할까?

(2) 믿음으로 살아가기

이 폭력의 시대에 우리가 어떻게 살아가야 할지 하박국이 알려 주는 두 번째 해답은 이것이다.

> 의인은 그의 믿음으로 말미암아 살리라(합 2:4).

우리는 끊임없이 보이는 것에 따라 살도록 유혹받는다. 하지만 눈으로 볼 수 있는 것을 근거로 사는 것은 두려운 일이다. 믿음은 보이지 않는 것을 볼 수 있게 하며, 믿을 수 없는 것을 믿게 하고, 불가능한 것을 가능하게 한다. 두려움 없이 살기 위해서 우리는 평화로운 시기든지 갈등의 시기든지 상관없이 믿음으로 사는 것을 배워야만 한다. 믿음으로 사는 것은 우리에게 하나님을 신뢰하고 그분을 의존하는 것을 요구한다. 이것은 현대인에게 쉬운 일은 아니다. 우리는 우리 자신에게 의존하기 원한다. 우리는 안정되고 자급자족하길 원한다. 하지만 하박국은 보이는 것에 따라 살면서 두려움 없이 사는 삶은 존재하지 않는다고 말한다.

성경은 믿음에 따라 살았던 사람들의 이야기와 어떻게 그들처럼 살 수 있을지에 대한 설명을 포함하고 있다. 히브리서 11장은 좋은 예다. 에녹, 아브라함, 이삭, 야곱, 요셉, 모세는 그들의 믿음 때문에 칭찬을 받았던 사람들이다. 그밖에 믿음으로 삶을 살았던 구체적 묘사는 기록되어 있으나 이름은 언급되지 않은 수많은 사람이 있다.

> 그들은 믿음으로 나라들을 이기기도 하며 의를 행하기도 하며 약속을 받기도 하며 사자들의 입을 막기도 하며 불의 세력을 멸하기도 하며 칼날을 피하기도 하며 연약한 가운데서 강하게 되기도 하며 전쟁에 용감하게 되어 이방 사람들의 진을 물리치기도 하며 여자들은 자기의 죽은 자들을 부활로 받아들이기도 하며 또 어떤 사람들은 더 좋은 부활을 얻고자 하여 심한 고문을 받되 구차히 풀려나기를 원하지 아니했으며 또 어떤 이들은 조롱과 채찍질뿐 아니라 결박과 옥에 갇히는 시련도 받았으며 돌로 치는 것과 톱으로 켜는 것과 시험과 칼로 죽임을 당하고 양과 염소의 가죽을 입고 유리하여 궁핍과 환난과 학대를 받았으니 이런 사람은 세상이 감당하지 못하느니라 그들이 광야의 산과 동굴과 토굴에 유리했느니라(히 11:33-38).

믿음의 삶은 승리와 시련이 교차하는 삶이다. 승리의 삶을 통해 의인은 나라를 이기기도 하고 죽었던 자가 부활하기도 한다. 반면에 시련의 삶을 통해 의인은 광야의 산과 동굴과 토굴에 유리하기도 하며, 톱으로 켜고 돌로 맞아 죽음을 당하기도 한다. 분명한 것은 겁쟁이에게 믿음은 어울리지 않는다. 믿음은 힘과 용기가 필요하다. 두려움 없는 삶은 믿음대로 사는 삶의 의지가 필요하다. 오늘날 이 시대를 살아가는 데 그런 삶의 자세가 필요하다.

(3) 소망으로 살아가기

하박국은 소망 때문에 살아가는 법을 배웠다. 총체적 혼돈 속에서도 다음과 같은 선포를 통해 소망을 실천하기 시작했다.

물이 바다를 덮음같이 여호와의 영광을 인정하는 것이 세상에 가득함이니라(합 2:14).

당시 시대 상황을 상상해 보면, 선지자 주변에는 폭력과 불의가 가득했다. 악인은 번창하고 의인은 고통을 받았지만, 하박국은 여호와의 영광을 인정하는 것이 세상에 가득할 미래의 시간을 믿음으로 바라보던 소망의 선지자였다. 그 미래에는 바다처럼 깊고 넓고 방대한 소망으로 가득할 것이다.

우리는 절망적인 사람들의 세상을 살고 있다. 절망은 오늘날 세상의 많은 부분에서 폭력의 뿌리가 되고 있다. 특별히 중동의 위기 상황들은 이 점에서 논의가 필요하다. 절망은 자살 폭탄 테러를 양산한다. 무력으로 그들을 영구히 막을 순 없다. 소망은 그렇게 할 수가 있다.

위기의 시대에 사는 우리는 소망을 낳는 자들로 부르심을 받았다. 우리 안에 그리스도를 모시기 때문에 크리스천들은 소망을 낳는 자들로 부르심을 받은 것이다. 우리는 다음의 구절을 떠올린다.

하나님이 그들이 이 비밀의 영광이 이방인 가운데 얼마나 풍성한지를 알게 하려 하심이라 이 비밀은 너희 안에 계신 그리스도시니 곧 영광의 소망이라(골 1:27).

바울과 하박국을 통해 소망을 낳는 자의 정체성을 발견하고, 소망으로 살아가는 법을 배웠다. 여러분의 삶 속에서 처한 상황 가운데 소망을 낳는 자가 되기 위해 하나님의 음성에 민감하길 바란다. 절망으로 가득한 이 세상 속에서 소망을 전달하는 것이 삶의 목적으로 발견되길 바란다. 개인의 삶 가운데 소망을 낳는 자로서 정체성을 꾸준히 실천하길 바란다.

너는 밤에 찾아오는 공포[terror]와 낮에 날아드는 화살을 두려워하지 아니하리로다 (시 91:5).

토의를 위한 질문

1. 사도 바울에게 기소되었던 주요 죄목은 무엇인가요?

2. 바울의 항변에서 그가 자백한 죄목은 어떤 것들이 있나요?

3. 바울이 벨릭스 총독에게 자신의 정체성에 대해 대답할 때 어떤 것들을 언급했나요?

4. 믿음을 어떻게 정의할지 답해 봅시다.

5. 왜 하나님을 예배해야만 하나요?

6. 크리스천의 소망에 대해 어떻게 이해했는지 답해 봅시다.

7. 하박국으로부터 배웠던 세 가지 교훈은 어떤 것들이 있나요?

8. 이 장에서 여러분의 삶 가운데 구체적으로 해당하는 영역이 있는지 답해 봅시다.

9. 성령께서 그 영역에 대해 어떤 말씀으로 조명해 주시는지 답해 봅시다.

10. 여러분이 고려하는 해결책은 어떤 것들이 있는지 답해 봅시다.

제8장

지도자

> 예수께서 앉으사 열두 제자를 불러서 이르시되 누구든지 첫째가 되고자 하면 뭇 사람의 끝이 되며 뭇 사람을 섬기는 자가 되어야 하리라 하시고(막 9:35).

나는 과거에 꽤 유명한 사람으로부터 다음과 같은 말을 들은 적이 있다. "톰슨, 나는 골치 아플 일이 없어요. 아랫사람들에게 떠넘기기 때문이지요!"

믿기지 않지만 한 기독교 단체의 대표를 맡은 사람의 입에서 나온 말이다. 하나님은 다른 사람에게 상처를 주는 자가 아닌 치유하는 지도자로 우리를 부르셨다. 리더십을 맡은 사람을 포함하여 많은 사람은 치유와 완전함의 전달자로서 다른 사람을 인도하기보다는 다른 사람에게 상처를 주는 일에 더 익숙하다.

오늘날 참된 리더십에 대한 많은 혼란이 있으며, 능력과 도덕성을 갖춘 지도자의 부재 위기에 봉착해 있다. 이런 악재는 정치, 경제, 산업에도 마찬가지다. 본의 아니게 고백할 것은 종교계 상황도 낫지 않다는 것이다.

오늘날 리더십에 대한 많은 논의가 있다. 나는 최근에 리더십에 관한 책들이 넘쳐나는 현상에 대해 동료와 대화하면서 이제는 팔로십에 관한 책이 필요한 시기라고 문제를 제기한 적이 있었다. 사실 세상의 많은 것이 리더십에 달렸지만, 실력 있는 지도자의 부재로 인해 많은 일이 현재 끝나지 않거나 답보 상태로 남아 있다. 나라의 운명과 인류 역사의 한 획을 그은 각 분야 가운데 거장의 이름을 쉽게 댈 수 있는 시절이 있었다.

우리의 운명이 그들의 어깨 위에 달려 있다고 여기곤 했다. 오늘날 상황과는 다른 시절이었다. 링컨(Lincoln), 처칠(Churchill), 간디(Gandhi), 마틴 루터 킹(Martin Luther King Jr.) 같은 지도자는 더 이상 찾아볼 수 없다. 세계는 새로운 지도자를 간절히 원하고 있다. 마찬가지로 교회도 유능하고 경건한 지도자가 필요하다.

소셜 미디어와 선정적인 언론의 시대에 아주 손쉽게 공격하는 중상과 비방을 막아낼 능력을 갖춘 유능하고 경건한 지도자를 어떻게 발굴할 수 있을까?

일반 리더십과 기독교 리더십 사이에는 아주 분명한 차이점이 있다. 기독교적 관점에서 참된 리더십은 섬기는 리더십이다. 참된 크리스천 지도자는 성령의 권능을 가지고, 성령으로부터 인도함을 받으며, 영적으로 성숙한 사람을 말한다. 성경에는 리더십에 대한 많은 교훈이 있다. 그것을 간략하게 살펴보고자 한다.

삼위일체에 리더십이 발견된다. 성부 하나님은 리더로서 그분의 백성을 인도하신다. 성자 하나님도 역시 리더로서 그분을 따르도록 인류를 초청하신다. 성령 하나님도 리더로서 우리는 성령으로부터 인도함을 받도록 부르심을 받았다(롬 8:14).

구약성경에 기록된 수많은 사람의 리더십을 살펴보자.

① 아브라함은 우상의 땅으로부터 그의 가족을 인도해 낸 지도자였다(창 15:7).
② 요셉은 기근의 시기에 애굽 정부를 이끌었다(창 42:6).
③ 모세는 노예였던 자기 민족을 해방으로 이끌었다(출 15:22).
④ 미리암은 하나님의 백성을 예배의 자리로 인도했다(출 15:21).
⑤ 여호수아는 모세에게 훈련받은 지도자였다(수 1:5).
⑥ 드보라는 사사와 여 선지자로 섬겼던 예언적 지도자였다(삿 4:4).

⑦ 다윗은 하나님 마음에 합한 인물로 백성을 이끌었다(삼상 13:14).
⑧ 엘리야와 엘리사는 두 세대를 대표하는 지도자들이었다(왕상 19:19).
⑨ 다니엘은 바벨론에서 탁월한 지도자였다(단 2:49).

신약성경에도 지도자의 부재란 찾아볼 수 없다. 사도들은 지도자의 역할을 했다.

① 스데반을 포함한 여러 집사는 지도자들이었다(행 6:3).
② 베드로는 제자 중에서 다른 사람을 이끄는 기질이 있었다(막 10:28).
③ 바울은 자신이 그리스도를 본받는 것처럼 다른 사람도 자신을 본받는 자가 되라고 가르쳤던 지도자였다(고전 4:16; 11:1).
④ 브리스길라는 초대 교회에서 리더십을 맡았던 여성이었다(롬 16:3).
⑤ 디모데는 바울을 스승으로 모신 다문화 지도자였다(딤후 1:5).

교회사를 통해서도 훌륭한 지도자를 발견할 수 있다. 여러분은 다음 이름들을 기억할 것이다. 아우렐리우스 어거스틴(Aurelius Augustine), 토마스 아퀴나스(Thomas Aquinas), 마틴 루터(Martin Luther), 존 칼빈(John Calvin), 존 웨슬리(John Wesley), 조나단 에드워즈(Jonathan Edwards), 찰스 피니(Charles Finney), 찰스 파함(Charles Parham), 윌리엄 시무어(William Seymour), 마틴 루터 킹(Martin Luther King Jr.), 캐더린 쿨만(Kathryn Kuhlman).

대체로 모든 훌륭한 지도자는 분명하고 뚜렷한 자질을 나타내 보인다. 그들은 효율적 소통을 하는 사람들로서 비전을 가지고 있고, 열려 있고, 정직하며, 공정함을 추구한다. 또한, 훌륭한 지도자는 다른 사람의 의견을 취합한 후에 의사 결정을 하고, 일관성을 유지하고, 목표 지향적이고, 집중력을 유지하며, 피드백에 반응할 뿐만 아니라 그들을 따르는 사람들과도 소통한다. 훌륭한 지도자는 사람들을 진실하게 대하며, 칭찬과 인정을 아끼지 않는다. 훌륭한 지도자는 공익을 위해서라면 변화도 주저하지 않는다. 이런 자질들은 기독교 지도자에게만 국한되는 자질은 아닐 것이다.

훌륭한 기독교 지도자에게는 몇 가지 특별한 자질이 발견된다. 이웃을 사랑하고, 섬기는 자세를 갖추고 있으며, 정직할 뿐만 아니라 크게 생각하며, 큰 그림을 볼 줄 안다. 동시에 그들은 어려움에 처한 개인을 위해 희생할 의지도 있고, 사람을 세우며, 자신이 가진 최고의 것을 이웃에게 제공한다.

목사, 교수, 신학대학원 원장으로 섬긴 나의 경력을 돌이켜보면 나는 뛰어난 지도자와 실망을 안겨 준 지도자를 두루 만나 왔다. 내 생각에 최악의 지도자는 목적을 이루기 위해 단순히 사람을 이용하는 사람이다. 반면에 최고의 지도자는 사람을 세우기 위해 목적을 이용하는 사람이다. 지도자에 의해 세워진 사람들은 결국 엄청난 결과를 지도자에게 안겨 줄 것이다.

나는 자신의 거창한 목적을 위해 사람을 이용한 지도자는 결국에 목적과 사람 모두를 잃게 되는 것을 발견하게 되었다. 사람을 세우기 위해 목적을 이용한 지도자는 사람과 결과 모두를 얻게 되었다. 불행하게도 가짜 지도자가 쌓아 올린 거대한 결과는 하나님으로부터 받은 비전을 따른 것이라기보다는 자기 스스로의 야망과 다른 사람으로부터의 인정 욕구에 의한 것이라고 말할 수 있다. 이들은 많은 피해자를 양산해 왔다.

리더십 교체는 다루기 어려운 주제이지만, 종종 절실하게 필요할 때도 있다. 나는 성경을 통해 리더십 교체의 네 가지 종류를 발견했고, 교회 안에서도 네 가지 경우 모두를 관찰할 수 있었다.

① 비전의 상실과 부패로 인한 교체: 엘리로부터 사무엘에게로 리더십 이동의 결과를 낳았다(삼상 2:17-18; 3:10-19).

② 불순종과 교만으로 인한 교체: 사울로부터 다윗에게로 리더십 이동의 결과를 낳았다(삼상 15:11-19, 26).
③ 현재 지도자의 고령화로 인한 교체: 엘리야와 엘리사의 상황이 여기에 해당된다(왕상 19:19-21; 왕하 2:11-14).
④ 하나님이 부여하신 과업의 성취를 위한 교체: 구약의 모세와 여호수아의 사례(출 3:7-10; 수 1:1-2)와 신약에서 바울의 사례가 여기에 해당한다(행 9:15-16).

오랄로버츠대학교 신학대학원 졸업생이자 마이애미에서 대형 교회를 목회하는 길레르모 말도나도(Guillermo Maldonado)는 사역자에 대한 내가 선호하는 정의를 다음과 같이 내렸다.

> 사역자는 자신의 영향력을 행사하여 사람들의 은사와 재능을 발견하고 하나님이 각자에게 정한 목적지를 향해 나아갈 수 있도록 사람들을 인도하는 능력을 갖춘 사람이다.[1]

리더십은 지도자에 관한 것이 아니다. 말도나도는 지도자란 다음 행동을 하는 사람으로 묘사했다.

① 지지해 주는 말로 격려한다.
② 조종하는 대신에 영감을 준다.
③ 믿음의 언어를 통해 동기를 부여한다.
④ 모범을 보임으로 영향력을 발휘한다.
⑤ 비전과 목표를 가지고 인도한다.

---

1   Guillermo Maldonado, *Leaders that Conquer* (Miami, FL: GM International, 2004), 40.

⑥ 사람들과 함께 움직이고 참여한다.
⑦ 사람들에게 내재하여 있는 은사를 깨우고 활성화한다.
⑧ 열정과 추진력을 통해 설득한다.
⑨ 성숙하도록 교정하고, 훈육한다.[2]

말도나도는 지도자의 자질에 대해 다음과 같이 열거했다.

① 훈육-자기 통제를 하는 것
② 목적-운명적 부르심에 근거한 것
③ 온전함-신뢰감을 줄 수 있는 것
④ 비전-야망이 아닌 하나님으로부터 받는 것
⑤ 대인 관계 능력-관계적 기술을 갖는 것
⑥ 신앙심-하나님을 찾는 것
⑦ 담대함-용기를 갖는 것
⑧ 겸손함-하나님께 영광을 돌리는 것
⑨ 단호함-비전에 근거한 것
⑩ 충성심-헌신/일관성을 갖는 것[3]

말도나도는 지도자의 성공은 그의 가치에 달려 있다고 믿었다. 다음은 그가 발견한 지도자로서 중요한 가치들이다.

① 감사하는 마음
② 섬기는 마음

---

2 Guillermo Maldonado, *Leaders that Conquer*, 40-41.
3 Guillermo Maldonado, *Leaders that Conquer*, 77-104.

③ 권위에 대한 존경심
④ 사람들의 시간에 대한 존경심
⑤ 협업
⑥ 약속 지킴
⑦ 지지
⑧ 긍정적 자세
⑨ 중재
⑩ 겸손
⑪ 연합을 위한 헌신
⑫ 책임감
⑬ 투명성
⑭ 전인적 노력
⑮ 기도의 사람
⑯ 사전에 숙고함
⑰ 진실함
⑱ 언약을 위한 헌신[4]

나는 성령에 충만한 리더십은 몇 가지 특별한 요건이 있다고 믿는다. 성령에 충만한 리더십은 권능을 통해 섬기는 것을 말한다. 우리는 그리스도의 이름과 성령의 권능으로 이웃을 섬긴다. 그것은 진정한 섬기는 리더십이며, 다음과 같은 조건이 필요하다.

① 하나님과의 친밀한 만남
② 성령의 기름 부으심

---

[4] Guillermo Maldonado, *Leaders that Conquer*, 183-199.

③ 필요할 때 믿음을 따라 행동하려는 의지

성령에 충만한 리더십은 믿음을 따라 행동하는 것을 말한다. 진정한 리더십에 대한 나의 견해는 다음과 같다.[5]

1. 하나님과 만남

성경에 기록된 모든 경건한 지도자는 살아 계신 하나님과의 친밀한 만남을 경험했다. 하나님은 아브라함을 개인적으로 만나 주셨다(창 17:1-6). 모세는 산비탈 위에 불타는 떨기나무를 통해 하나님을 만났다(출 3:1-7). 여호수아는 모세가 죽은 이후에 하나님을 경험했다(수 1:1-5). 하나님은 엘리 제사장으로부터 훈육을 받던 어린 사무엘에게 자신을 나타내셨다(삼상 3:4-11). 엘리야는 그릿 시냇가로 이동해 몸을 숨기라는 하나님의 말씀과 명령을 통해 하나님을 만났다(왕상 17:2-3). 이사야는 웃시야왕이 죽던 해에 하나님을 만났다(사 6:1-9). 에스겔은 골짜기의 마른 뼈에 대해 자신에게 질문하는 하나님과 조우했다(겔 37:1-3).

하나님과 만남은 삶을 송두리째 변화시키는 경험이다. 우리는 이사야의 경험을 통해 하나님과 만남에 대한 구조를 살펴볼 수 있다.

첫째, 이사야는 높이 들린 보좌에 앉으시고 성전에 가득한 하나님의 영광을 마주했다. 그러고 나서 즉시 이사야는 뜻밖에 자신의 부정함을 마주하게 되었다. 이 유쾌하지 않은 직면으로 인해 그는 울부짖게 되었다.

---

5   Thompson Mathew, *Spirit-Empowered Ministry in the 21st Century: Spirit-Led Preaching, Teaching, Healing and Leading* (Fairfax, VA: Xulon Press, 2004).

> 화로다 … 나는 입술이 부정한 사람이요(사 6:5).

이사야는 선지자로서 자신의 역할은 종종 부정함이 발견되는 자신의 혀를 사용하는 것이 포함되어 있을지라도 하나님은 이런 절망의 상황에서 그를 내버려 두지 않으신다는 것을 인식하게 되었다. 하나님은 천사를 보내서 달구어진 숯불을 이사야의 입에 대게 하셨고, 그로써 이사야는 정결해졌다. 정결의 절차를 마친 후에 이사야는 하나님의 부르심과 마주하게 되었다. 하나님이 이사야에게 물으셨다.

> 내가 누구를 보내며 누가 우리를 위하여 갈꼬(8절).

이사야가 대답했다.

> 내가 여기 있나이다 나를 보내소서(8절).

둘째, 지도자들은 하나님과 만남에서 자신의 부족함을 인정하는 단계를 놓치는 경우가 종종 있다. 많은 사람이 하나님은 우리의 강점은 물론 약점도 사용하신다는 신비로움을 간과한다. 사실 하나님은 우리의 약점도 강점으로 바꿀 수 있는 분이시다.

성경에서 지도자들의 삶은 하나님과 만남을 통해 진정으로 삶이 변화되었다는 것을 보여 준다. 예를 들면, 아브라함의 삶은 모든 민족의 복이 되기 위해 변화되었고, 모세는 속박으로부터 하나님의 백성을 구원하기 위한 인물로 변화되었다. 여호수아는 하나님이 약속의 땅으로 백성을 인도하기 위해 그를 세우시면서 변화되었다. 사무엘, 이사야, 엘리야, 에스겔 그리고 많은 사람도 마찬가지로 하나님과 만남을 통해 변화되었다.

개인의 이름은 자신의 정체성에 있어 중요한 부분을 차지한다. 따라서 하나님과 만남을 통해 개인의 이름이 바뀔 때 자신의 정체성까지 변화된다. 이를테면, 야곱이 이스라엘로, 사울이 바울로, 시몬이 베드로로 변화된 것처럼 정체성의 변화가 발생한다는 의미다.

하나님과 만남은 삶의 노선을 변화시키기도 한다. 개인의 목표는 더 이상 중요하지 않게 되고, 하나님의 목표를 채택하게 된다. 불타는 떨기나무의 경험 이후 모세는 자신의 방법으로 백성을 구출하는 노력을 하지 않았고, 하나님의 방법을 따랐다. 섬기는 지도자는 '나의 뜻이 아닌 주님의 뜻대로'라고 외쳐야 한다.

2. 성령의 기름 부으심

성령에 충만한 리더십은 성령의 기름 부으심이 필요하다. 여기서 '기름 부으심'이란 지도자에게 부여된 하나님의 임재와 권능을 지칭한다. 개인적 자질과 능력은 섬기는 지도자의 사역의 측면에서 봤을 때 가장 중요한 요소는 아니다. 성령의 권능이 부여되었을 때 이웃을 섬기는 개인의 사역에 변화가 일어난다.

성경은 분명하게 이점을 보여 준다. 사울 왕이 하나님께 불순종했을 때 사무엘은 이스라엘의 차기 지도자가 될 다윗에게 기름을 붓기 위해 베들레헴으로 갔다. 사무엘은 제사가 이루어지는 장소에 이새와 그의 아들들을 초대했다(삼상 16:3). 이새의 맏아들인 엘리압이 유력한 후보자로 나타났으나 여호와께서 사무엘에게 다음과 같이 말씀하셨다.

> 그의 용모와 키를 보지 말라 … 내가 보는 것은 사람과 같지 아니하니 사람은 외모를 보거니와 나 여호와는 중심을 보느니라(7절).

하나님이 이새의 일곱 아들 모두를 거부하신 것을 본 사무엘은 놀라며 질문했다.

네 아들들이 다 여기 있느냐(11절).

이새가 그의 막내아들 다윗을 언급할 때 사무엘은 사람을 보내 다윗을 데려오라고 했다. 다윗이 사무엘에게 다가왔을 때 사무엘은 여호와의 음성을 듣는다.

이가 그니 일어나 기름을 부으라 사무엘이 기름 뿔병을 가져다가 그의 형제 중에서 그에게 부었더니 이날 이후로 다윗이 여호와의 영에게 크게 감동되니라(11-13절).

하나님은 다윗을 택하셨고, 사무엘을 통해 기름을 부으셨다. 기름 부으심은 다윗의 삶에 하나님의 권능을 가능하게 했다.

성령이 넘치는 사역은 권능이 넘치는 사역이다. 힘의 근원은 대중을 휘어잡는 개인의 능력이 아니라 성령의 권능으로부터 기인한다. 성령의 은사로 알려진 카리스마타(charismata)는 지도자의 성격 또는 개인의 능력보다 더 중요하다. 성령의 기름 부으심은 사역에 활력을 불어 넣어 주며, 성령은 섬기는 지도자에게 권능을 부여한다.

3. 믿음을 따라 행하기

성령의 기름 부으심을 받기 위해서 한 가지만 생각하면 되었지만, 그 이후에 행동하기 위해선 또 다른 중요한 사항이 요구된다. 기독교 리더십은 믿음을 따라 행하는 것이다. 이 믿음을 따라 행하는 것은 성령께서 하나님

종의 삶과 사역을 통해 하나님을 계시하는 것을 가능하게 하는 문과 같다. 그리고 성령의 기름 부으심은 사역자가 믿음을 따라 행하도록 인도한다. 엘리야와 엘리사의 관계를 통해 이 점을 발견할 수 있다.

엘리야는 엘리사가 선지자가 될 수 있도록 훈련을 시킨 후에 곧 자신이 엘리사로부터 떠날 시간이 임박했음을 느꼈다. 나이 든 엘리야 선지자는 엘리사에게 자신이 무엇을 해 주기를 원하는지 물었다. 솔로몬이 단지 지혜를 구한 것처럼, 엘리사는 엘리야에게 임한 성령의 역사가 갑절이나 자신에게 임하기를 구했다. 엘리사는 다른 것을 구할 수 있었음에도 엘리야에게 임한 성령의 역사를 갑절로 구한 것이다. 엘리야는 자신이 엘리사를 떠날 때 엘리사의 소원대로 받게 될 것이라고 대답했다.

엘리사는 엘리야를 쫓아 길갈에서 벧엘까지, 벧엘에서 여리고까지, 여리고에서 요단강까지 동행했다. 엘리사가 지켜보는 중에 엘리야는 겉옷을 가지고 요단강을 쳤으며, 이에 강물이 갈라져서 두 선지자는 반대 방향으로 건너갈 수 있었다. 곧이어 엘리야 선지자는 불수레를 타고 하늘로 올려졌고, 그의 겉옷은 바닥에 떨어졌다. 겉옷은 엘리야에게 임한 기름 부으심의 상징이었다. 엘리사는 겉옷을 집어 들고 그의 손에 쥔 채로 강가에 섰다. 그 겉옷으로 물을 치면서 외쳤다.

엘리야의 하나님 여호와는 어디 계시나이까(왕하 2:14).

엘리사는 엘리야가 걸었던 수없이 많은 믿음의 발자취를 지켜보았다. 그 엘리야에게 임했던 기름 부으심이 이제 엘리사에 임한 것이다. 당시 엘리사에 믿음을 따라 행동할 시간이 도래했다.

순수한 믿음을 행함에 있어서 엘리사는 엘리야가 했던 것처럼 겉옷으로 물을 쳤다. 그러자 물은 좌우로 갈라졌다.

성령 충만한 섬기는 리더십은 믿음을 따라 행하고 사역하는 것을 포함해야 한다. 만약 엘리사가 가만히 서서 기다리고 있었다면 강물은 갈라지지 않았을 것이다. 강물을 치는 행위는 매우 강력한 사역을 위한 첫 발걸음이었다.

열왕기하는 엘리사가 행한 기적을 반복적으로 진술하고 있다. 예를 들면, 엘리사는 토산을 파괴하는 독성이 있는 물에 소금을 타서 물을 청결하게 만들었다(2장). 이 기적은 요단강에서 그가 행한 첫 발걸음 뒤에 나타났다. 이와 비슷하게 엘리사는 불치병에 걸렸던 아람의 군대 장관 나아만에게 요단강에 일곱 번 몸을 잠그라고 지시했고, 순종한 나아만은 고침을 받았다(5장). 이 치유의 기적은 만약 엘리사가 겉옷을 손에 들고 강가에 가만히 서 있었더라면 일어나지 않았을 것이다.

마찬가지로, 아들들이 다른 사람의 노예가 될 뻔한 위험을 당한 과부가 엘리사로부터 사역과 도움을 받게 되었다. 그녀는 이웃으로부터 그릇을 빌려 오라는 선지자의 지시에 순종했고, 그녀의 순종은 그녀의 가족을 구할 수 있었다(4장). 엘리사의 사역에 있어서 그가 만약 믿음의 첫 발걸음을 띠지 않았더라면 절망에 빠진 많은 사람의 간구는 이뤄지지 않았을 것이다.

권능이 충만한 섬기는 리더십에서 성공의 열쇠는 살아 계신 하나님을 진정으로 만나고, 성령의 기름 부으심이 임하며, 믿음 안에서 전진하고자 하는 의지에 좌우된다.

지도자는 한순간에 형성되지 않는다. 성경에는 많은 일이 '즉시' 이루어진다고 기록하고 있지만 리더십의 발달은 그렇지 않다. 다음의 구절들을 살펴보자.

> 즉시 그의 나병이 깨끗하여진지라(마 8:3).

> 곧 보게 되어 그들이 예수를 따르니라(마 20:34).

> 여자가 예수의 뒤로 와서 그의 옷가에 손을 대니 혈루증이 즉시 그쳤더라(눅 8:44).

성경 어디에도 지도자가 '즉시' 형성된다고 말하지 않는다. 하나님은 지도자를 일련의 과정을 통해 빚으신다. 그 과정은 여러 방법으로 지도자를 정화하는 과정이기 때문에 때로 고통을 수반하기도 한다.

이스라엘은 노예 생활을 통해 자신들을 구원할 모세와 같은 지도자가 필요했지만, 하나님은 그보다 훨씬 전부터 일련의 과정을 시작하셨다.

> 레위 가족 중 한 사람이 가서 레위 여자에게 장가들어 그 여자가 임신하여 아들을 낳으니 그가 잘 생긴 것을 보고 석 달 동안 그를 숨겼으나 더 숨길 수 없게 되매 그를 위하여 갈대 상자를 가져다가 역청과 나무 진을 칠하고 아기를 거기 담아 나일강 가 갈대 사이에 두고 그의 누이가 어떻게 되는지를 알려고 멀리 섰더니(출 2:1-4).

우리는 이다음 이야기를 알고 있다. 지도자가 되기 위한 과정에서 지름길은 찾아볼 수 없다.

하나님이 엘리 가문의 타락에 진저리가 나서 새로운 리더십으로 교체하고자 원하셨을 때 지도자를 세우기 위한 과정을 '한나'라는 이름을 가진 불임 여성을 통해 시작하셨다. 한나는 후에 아이를 데리고 엘리의 집에 나타나서 다음과 같이 말했다.

> 내 주여 당신의 사심으로 맹세하나이다 나는 여기서 내 주 당신 곁에 서서 여호와께 기도하던 여자라 이 아이를 위하여 내가 기도했더니 내가 구하여 기도한 바를 여호와께서 내게 허락하신지라 그러므로 나도 그를 여호와께 드리되 그의 평생을 여호와께 드리나이다(삼상 1:26-28).

'사무엘'로 불리던 이 아이는 엘리의 리더십을 물려받았다.

세상이 죄로부터 그들을 구원할 예수를 필요로 했을 때 하나님은 비로소 마리아와 요셉을 통해서 대속 사역을 시작하신 것이 아니다. 하나님은 '룻'이라 불린 한 모압 여인으로부터 대속 사역을 시작하고 계셨다.

> 보아스가 룻을 맞이하여 아내로 삼고 그에게 들어갔더니 여호와께서 그에게 임신하게 하시므로 그가 아들을 낳은지라 (룻 4:13).

마태는 예수의 계보를 지속해서 기록한다.

> 살몬은 라합에게서 보아스를 낳고 보아스는 룻에게서 오벳을 낳고 오벳은 이새를 낳고 이새는 다윗 왕을 낳으니라 … 야곱은 마리아의 남편 요셉을 낳았으니 마리아에게서 그리스도라 칭하는 예수가 나시니라 (마 1:5-6, 16).

하나님은 전략적 계획을 세울 줄 아는 분이시다.

완벽하게 다듬어진 지도자는 존재하지 않는다. 지도자는 항상 만들어져 가는 존재다. 하나님은 종종 지도자를 문제 해결책으로 사용하신다. 리더십으로 부르신 초기에 지도자는 앞으로 어떤 문제가 발생할지 상상조차 할 수 없는 입장이다. 놀라운 사실은 하나님이 지도자가 될 인물을 창조하시고 그들을 문제 해결자로서 성장시키기 시작할 때에는 문제가 아예 존재하지 않을 수도 있다는 점이다.

하나님은 현재도 진행하고 있을 법한 암과 심장병, 테러, 영적 분열, 잃어버린 다음 세대, 죽은 종교, 여러 다른 문제들을 해결하기 위한 대책을 지금도 세우고 계신다. 여러분은 이미 존재하는 문제 또는 만들어지고 있는 큰 문제를 위한 해결책의 한 부분으로 준비되고 있는지 모른다.

여러분은 사회적으로 명망이 있든 없든 상관없이 지도자다. 여러분은 평신도이거나 안수받은 목사이거나 상관없이 지도자다. 여러분은 하나님이 맡겨준 자리, 가령 아버지, 어머니, 주부, 교사, 목사, 어떤 자리에서든지 여러분의 리더십을 받아들일 필요가 있다. 우리는 인내하며 준비해야 한다. 여러분은 자신을 향한 하나님의 부르심에 합당한 기름 부으심의 자리를 구해야 한다. 여러분의 때가 지금 임했거나 오는 중일 것이다. 그러는 동안에 여러분은 고개를 높이 들고 여러분의 영을 성령으로 채우면서 걸어가야 한다.

나는 리더십에 있어 대형 과업을 이루어야만 제 역할을 한다는 그릇된 신념으로 독자를 안내하고 싶지 않다. 과업의 크기나 속성은 리더십에 있어 중요한 주제는 아니다. 리더십은 작은 크기 안에서도 발휘될 수 있으며 사람들의 삶에 큰 변화를 이끌어 낼 수 있다. 우리가 실천을 통해서 또는 분명한 목소리를 내어 큰 변화를 만들어 내는 원인은 종종 큰 것만은 아니다. 작은 것들이 커다란 영향을 미치는 법이다.

다음의 이메일은 내가 30년 전에 뉴잉글랜드 지역에서 목회할 때 교회에 출석했던 당시 십 대였던 한 형제가 최근 추수감사절에 예기치 않게 보낸 것으로 이 점을 보여 주는 사례다. 소소한 간증이지만 함께 나누고자 한다. 나는 당시 신학대학원을 갓 졸업한 젊은 목사였다. 어찌 되었든 하나님은 교회를 축복하셨고, 새로운 예배당 건축이 필요할 정도로 교회는 성장했다. 나는 우리가 경험했던 교회 성장과 그에 따른 건축 계획, 토지 대출 상환을 위한 작정 헌금과 기도회, 그 밖에 많은 것이 내가 생각하는 리더십의 가장 좋은 부분이라고 평소 생각했다. 하지만 이런 사안에 대해서 교인 어느 사람도 이메일이나 편지를 보내 소통한 적은 없었다. 이 이메일은 당시 한 십 대 청년이 무엇을 가장 소중하게 여겼는지 알려 주는 단서가 될 것이다(사생활 보호를 위해 이름은 변경했다).

우리 주 예수 그리스도의 이름으로 문안드립니다.
이 편지가 추수감사절의 기쁨과 함께 기쁜 소식으로 목사님께 전해지길 소망합니다.
준비되셨나요. 제가 누구인지 말할 시간이 되었네요. 뉴 헤이븐(New Haven) 지역 ... 1970년대 중반...
저는 당시 소년이었죠, 저의 이름은 브라이언(Brian)입니다. 저는 수양가족들과 함께 교회에 출석하곤 했었죠. ... 제가 기억하는 목사님과의 최고의 추억은 일요일 저녁 예배시간이었어요. ... 어떤 이유인지 모르겠지만 모든 십 대들이 예배에 참석했었죠.
다들 기상!
저희는 한 명도 빠짐없이 주님께 감사한 이유를 말해야 했어요[간증 시간]. 물론 그래야 하지만요. 저와 친구 몇 명은 목사님이 설교단에서 내려다볼 때 보이지 않는 앞자리에 여전히 앉아 있었어요. 피아노를 기준으로 네 번째 줄에 앉아 있었죠. 그런데 목사님이 가장 오른쪽에 있는 친구부터 시작하게 하셨어요.
그래서 저는 몹시 괴로워하며 서 있어야만 했어요.
제가 마지막 발표자였으니까요!
저는 지금도 제가 말한 것을 기억하고 있어요.
제가 발언을 마치고 나서 목사님은 제게 다가와서 저를 안아 주셨어요. 그리고 오늘날까지 저는 제 발언을 기억할 뿐만 아니라 여전히 저의 간증으로 삼고 있어요.
"저는 먼저 주님이 나를 '구원'해 주셔서 감사드리고요. 그리고 '크리스천' '가정' 안에서 '자라게' 해 주셔서 감사드립니다."
추수감사절을 맞으니까 목사님 생각이 나네요.
그리고 이제는 제가 목사님을 안아드려야 할 때가 온 것 같아요.
자, 여기 갑니다.

두서 없이 길어져서 실례가 될 수도 있지만요.

목사님 성함은 제 마음속 깊이 남아 있습니다. 그래서 오랜만에 연락드리게 되었어요. ... 제가 만약 목사님을 이 땅에서 실제로 안아드릴(real hug) 수가 없게 되면요. 영광의 자리에서 뵙고 안아드리고 싶습니다.

복된 추수감사절 되세요!

브라이언 올림

내가 이 형제의 삶에 기여했던 의미심장한 리더십은 교회 성장이나 건축 계획 또는 대출 상환을 위한 작정 헌금과 기도회가 아니었다. 바로 안아주기였다!

30년 전에 북적대는 수양 가족과 함께 살던 이 십 대 청년이 기억하는 나의 리더십의 가장 중요한 측면은 단순한 안아주기였다. 리더십에 있어선 작은 행동이 큰 영향을 미칠 수 있다.

여러분, 스스로 많은 재능이나 장점이 없다고 생각할 수 있다. 어떤 사람은 스스로 약하고 상처 입었다고 자포자기할 수도 있다. 여러분은 헨리 나우웬(Henri Nouwen)이 말년에 그렇게 생각하고 삶을 사는 사람들을 향해 어떻게 말했는지 귀를 기울이고 싶어할 것이다. 나우웬이 예일(Yale)대학교 신학대학원 목회상담학 교수였을 때 나는 그 학교 신학생이었다. 그의 대표적 저서 중 하나는 『상처 입은 치유자』(The Wounded Healer)이다.[6] 이 책의 주제는 다음과 같다. 예수 그리스도는 상처 입은 참된 치유자다. 그가 채찍에 맞음으로 우리는 나음을 입었다. 따라서 하나님은 상처를 입었지만, 치유의 과정에 있는 크리스천을 또한 사용하셔서 주변에 상한 사람들을 치유하는 사역의 자리로 부르실 수 있다.

---

6 Henri J.M. Nouwen, *The Wounded Healer: Ministry in Contemporary Society* (New York: Doubleday Image, 1979).

나우웬의 가르침에서 유추할 수 있는 생각은 하나님은 그분의 영광을 위해서 우리의 강점과 약점 모두를 사용할 수 있다는 점이다. 하나님의 목적을 위해 우리 자신을 내어드릴 때 우리의 약점은 더 이상 우리를 제한할 수 없게 된다. 이것은 지도자를 위한 중요한 교훈이다. 특별히 교회 공동체에 더욱 알려져야 하는데, 하나님이 오직 우리의 강점만 사용하시는 것처럼 행동하는 현상이 일어나기 때문이다. 그렇다. 하나님은 우리의 강점을 사용하신다. 하지만 강점만 사용하도록 제한할 수 없는 분이기도 하다.

하나님은 강하고 재능 있는 사람들만 사용하셔서 그분의 목적을 이루신다는 오해 때문에 많은 크리스천 가운데는 하나님이 주신 리더십의 사명을 포기하고 하나님의 일에 소극적 자세를 취하게 된다. 이것은 막대한 손해가 분명하다.

사도 바울은 우리의 약점에도 불구하고 하나님이 우리를 통해 일하신다는 견해를 강하게 주장했던 증인이다. 그는 자신의 육체에 있던 가시에 대해 이야기한다(고후 12:7). 가시가 어떤 것이 되었든지 한 가지는 확실하다. 하나님은 바울에게 네 은혜가 족하다고 하신다. 바울이 배운 교훈은 하나님의 강함이 그의 약한 데서 온전하여졌다는 것이다. 다시 말해, 하나님은 우리의 약함을 통해 그분의 강함을 나타내시며 그분의 목적을 성취하신다.

이는 '약함'을 핑계로 반복되는 도덕적 해이를 저질러도 된다는 말이 아니다. 삶 가운데 우리가 모두 경험하는 무능함과 무자격을 말하는 것이다. 상황적인 어려움 또는 특정한 장애를 의미할 수도 있겠다.

하나님이 쓰신 사람들의 과거를 살펴보자.

여러분은 하나님이 쓰신 사람들이 얼마나 예상 밖의 사람들이었는지 생각해 본 적이 있는가?

아브라함은 나이가 너무 많았다. 모세는 말더듬증이었다. 디모데는 위장이 좋지 않았다. 호세아는 끔찍한 결혼을 했다. 아모스는 훈련받지 못했다. 도마는 의심이 많았다. 베드로는 충동적으로 행동했다. 나열하자면 끝이 없다. 하지만 하나님은 이런 사람의 약점에도 불구하고 이들 모두를 사용하셨다.

오래전, 예일(Yale)대학교 신학대학원 원장이었던 콜린 윌리엄즈(Colin Williams) 교수의 말이 생각난다. 그는 우리가 취득한 학위는 단지 한 아이의 손에 들린 보리떡 다섯 개와 별반 다르지 않다고 말했다.

보리 떡 다섯 개로는 굶주린 무리를 먹일 수가 없으나, 우리가 그것을 예수께 드린다면 수많은 무리를 먹이기 위해 예수께서 축사하시고, 떼어 주시며, 30배, 60배, 100배로 확장해 주신다!

여러분은 자신보다 다른 사람의 다재다능함으로 인해 의기소침하지 않길 바란다. 여러분의 강점은 물론 약점까지도 하나님께 내어드리고 하나님의 영광을 위해 그것을 사용해 달라고 간구해야 한다. 하나님이 그것들을 그분의 손으로 가져가 떼시고, 축사하셔서 그분의 목적을 위해 그것들을 사용하실 것이다. 하나님께 항복하는 것은 창피한 일이 아니다. 그분은 여러분의 강점을 사용하시고, 여러분의 상함을 통해 일하시며, 모든 것을 그분의 때에 맞춰 아름답게 만드실 것이다.

자신의 약함에 대한 인식을 확대 해석하고 나쁜 경험을 떠올리는 행위를 통해 여러분의 운명을 훼손하지 않도록 해야 한다. 자신의 강점과 약점을 분명히 인식하고 하나님께 드리게 되길 바란다. 여러분의 강점은 하나님이 사용하실 것이고, 여러분의 약점은 보혈로 덮으실 것이다. 하나님이 운명적으로 예비하신 자리에서 지도자가 되길 바란다. 성령의 권능을 받은 지도자로서 자신의 정체성을 실행하는 힘이 나타날 것이다. 이를 통해 자신을 향한 하나님의 부르심의 목적을 성취하길 바란다.

토의를 위한 질문

1. 신구약 성경을 통틀어 생각나는 지도자들을 나열해 봅시다. 이장에서 언급되지 않은 사람들을 자유롭게 추가해 봅시다.

2. 이장에서 언급된 교회 역사 가운데 활약했던 지도자들은 누가 있나요? 여러분이 꼽은 세계적 지도자와 지역에서 활동하는 지도자들을 추가해 봅시다.

3. 사역자에 대한 말도나도 목사의 정의는 무엇이었나요?

4. 말도나도 목사가 나열한 지도자로서 가져야 할 자질과 가치에 대해 여러분이 꼽은 지도자의 항목을 추가해 봅시다.

5. 성령의 권능을 받은 섬기는 리더십에 대한 개인적 정의를 내려 봅시다.

6. 이 장에서 묘사한 성령의 권능을 받은 리더십의 세 가지 특징은 무엇이었나요?

7. 리더십을 성장시키기 위해선 일련의 과정이 필요하다고 배웠습니다. 하나님이 준비시킨 세 명의 중요한 지도자들의 사례를 들어 그 과정에 관해 기술해 봅시다.

8. 하나님이 그분의 목적을 위해 우리의 강점과 약점을 어떻게 사용하실지 여러분의 견해를 나눠 봅시다.

9. 하나님이 여러분을 지도자로서 성장시키는 과정에서 어떤 일을 행하셨는지 나눠 봅시다.

10. 9번의 과정에서 하나님이 여러분에게 요구하는 것이 있었다면 어떤 것이었는지 나눠 봅시다.

제9장

선교사

> 하루는 제자들과 함께 배에 오르사 그들에게 이르시되
> 호수 저편으로 건너가자 하시매 이에 떠나(눅 8:22).

　예수의 제자들은 예수와 근접한 거리를 유지했음에도 불구하고, 예수의 의중을 파악하지 못해 중요한 사역에서 뒤죽박죽되는 일이 많았다. 가령, 예수의 병 고치는 사역에 동참해야 하는 이들은 맹인 바디매오의 치유를 가로막고자 애썼다(막 10:48). 어느 날 그들은 어린아이들이 예수께 축복을 받기 위해 다가오는 것을 가로막으려 했다(막 10:13). 다른 때는 예수의 이름을 선포하는 사람을 향하여 자신들과 함께하지 않는다는 이유로 못하게 막기도 했다(눅 9:49).

　베드로는 다른 제자들보다 더 자주 혼란을 겪었던 것 같다.

　예수께서 다가올 속죄의 죽음에 대해 말씀하셨던 때를 기억하는가?

　베드로는 그 계획에 대해 안 된다고 일축했다(마 16:23). 예수께서 제자들의 발을 씻겨 주실 때도 베드로는 또다시 안 된다고 말했다(요 13:8). 이방인 고넬료의 집에 방문할 것을 요청받았을 때도 베드로는 다시 안 된다고 말할 뻔했다. 베드로에게 보여 주신 놀라운 환상과 고넬료가 보낸 사람들이 하나님의 주선 아래 베드로와 극적으로 만나게 되면서 마침내 베드로는 고넬료와 그의 가족에 대한 하나님의 계획에 동참하게 된다(행 10:9).

우리도 마찬가지로 영적인 일에 간혹 혼란을 겪을 때가 있다. 예를 들면, 공적 예배를 드릴 때 착각하곤 한다. 예배에 참석하긴 하지만, 우리가 찬양과 경배를 드려야 할 당사자라는 사실을 잊어버린다. 대신 우리가 관중의 한 사람인 것처럼 행동하곤 한다. 오직 예수 그리스도 한 분만 예배를 받으실 대상이라는 사실을 망각해서는 안 된다. 그와 유사하게 우리는 선교와 선교사에 대해 착각하곤 한다. 우리는 '선교사'라 하면 매우 비범한 인물로서 해외에 나가 미전도 종족에게 복음을 전파하는 사람을 떠올린다.

그렇다. 타문화권 선교사는 이국만리에 떨어져 사역하는 사람들이다. 하지만 선교사는 해외에 나가게 된 단지 소수의 사람만을 지칭하지 않는다. 잘 알려지지 않은 사실은 모든 크리스천이 선교사라는 사실이다. 그렇다. 여러분은 바로 선교사다. 예수를 따르는 모든 사람은 자신의 고향을 떠난 사람이든 아니든 상관없이 선교사다.

다음 질문에 대해 생각해본 적이 있는가?
복음을 한 구절로 요약하면 무엇일까?
답은 요한복음 3장 16절이다.

> 하나님이 세상을 이처럼 사랑하사 독생자를 주셨으니 이는 그를 믿는 자마다 멸망하지 않고 영생을 얻게 하려 하심이라(요 3:16).

그럼 복음을 한 단어로 표현하면 무엇일까?
나는 '오라'라는 단어를 꼽는다.

> 와서 보라(요 1:39).

예수께서 우리를 초청하셨다. 복음을 요약한 다른 한 단어는 '가라'이다.

호수 저편으로 건너가자(눅 8:22).

예수께서 말씀하셨다.

사마리아를 거쳐서 가실 수밖에 없었다(요 4:4 새번역).

우리는 지금 성경을 읽지만, 당시에는 걸어서 각 지역을 다니셨다.

유대로 다시 가자(요 11:7).

예수께서 제자들에게 말씀하셨다.

그러므로 너희는 가서 모든 민족을 제자로 삼아 아버지와 아들과 성령의 이름으로 세례를 베풀고(마 29:19).

예수께서 위임하셨다. 복음은 예수께로 오는 것과 예수의 이름을 가지고 다시 이웃에게로 가는 두 가지와 관련이 깊다.

크리스천은 선교사 가정에 속해 있다. 성부 하나님, 성자 하나님, 성령 하나님은 삼위일체 하나님으로서 모두 선교사다. 하나님의 교회는 선교사이며, 모든 크리스천은 선교사다. 성령은 모든 장소에 가장 먼저 도착한 선교사다. 아무리 선교사라도 복음을 들고 최초로 어디든 갈 수 있는 존재는 사람이 아니다. 성령이 최초의 증인이시기 때문이다. 성령께서 우리가 도착하기도 전에 먼저 그곳에 가서 사람들을 접선하신다. 그러고 나서 우리가 선교사로서 준비가 되는 것이다.

교회는 헬라어로 '에클레시아'(ecclesia)라고 부른다. 이 단어는 '부르심을 받은 사람들의 모임'이란 의미다. 우리는 예수께 왔다가 다시 '가라'는 부르심을 받았다. 이것은 단지 전문적 사역자만 고려할 사안이 아니고, 모든 크리스천의 소명이다. 우리 모두는 지역 사회로 그리고 전 세계적으로 가도록 부르심을 받았다.

① 우리는 하나님의 임재를 가지고 가야 한다.
② 우리는 하나님의 말씀을 가지고 가야 한다.
③ 우리는 하나님의 권능을 가지고 가야 한다.

1. 하나님의 임재를 가지고 가는 선교사

하나님의 임재는 성령을 통해 우리와 함께하게 된다. 사도 바울은 우리에게 그리스도가 그의 영으로 우리 안에 계신다고 말한다(골 1:27). 우리는 우리 안에 계신 성령의 임재에 대한 인식을 하고 가야 한다.

2. 하나님의 말씀을 가지고 가는 선교사

하나님의 말씀은 구원의 말씀이다. 하나님의 말씀은 치유의 말씀이다. 하나님의 말씀은 생명의 말씀이다. 하나님의 말씀은 속박으로부터 해방하는 말씀이다. 그것은 자유의 말씀이다.
모세는 바로에게 맞서기 위해 하나님의 말씀을 가지고 가야만 했다. 그는 하나님의 말씀을 선포하며 말했다.

내 백성을 보내라(출 5:1).

엘리야는 하나님의 말씀을 가지고 아합 앞에 섰다. 그리고 다음과 같이 말했다.

> 내가 섬기는 이스라엘의 하나님 여호와께서 살아 계심을 두고 맹세하노니 내 말이 없으면 수년 동안 비도 이슬도 있지 아니하리라(왕상 17:1).

요나는 하나님의 말씀을 가지고 니느웨에 가서 그것을 선포해야만 했다. 그가 들은 회개의 촉구를 전해야만 했다(욘 1:1; 3:4). 베드로는 고넬료 집에 구원의 말씀을 전했다. 바울은 하나님의 말씀을 가지고 이방인에게로 가야만 했다. 우리도 마찬가지로 하나님의 말씀을 가지고 가야 한다.

3. 하나님의 권능을 가지고 가는 선교사

하나님의 말씀은 권능 안에서 전해져야 한다. 선교사는 기괴한 일을 통해 사람들을 흥분시키는 사람이 아니다. 선교사는 성령의 권능으로 하나님의 임재와 하나님의 말씀을 가지고 가서 성령의 권능 안에서 행동하는 사람이다. 바울과 실라가 하나님의 말씀과 성령의 권능을 가지고 선교 여행 할 때 벌어진 일들을 살펴보자.

그들은 부상을 입은 채 빌립보 감옥에 갇히게 되었다. 한밤중에 그들은 하나님을 찬양하기 시작했고, 다른 죄수들은 낯선 사람들의 새로운 도착 소리를 듣게 되었다. 옥터는 흔들리기 시작했고, 흔들리다 못한 옥문은 마침내 열리게 되었다. 죄수들은 사슬이 풀린 것을 보고 적잖은 충격을 받게 되었다. 책임을 맡았던 간수는 겁을 먹고 자살을 시도했으나 그의 가족과 함께 그 밤에 예수를 믿음으로 구원을 받게 되었다. 아직 밤이 지나기도 전에 그와 그의 가족들은 사도들에게 세례를 받게 되었다. 그들의 죄는 예수의 피로 깨끗하게 씻겨졌다. 중생한 간수는 그 밤에 선교사들의 상처를 씻어 주었다(행 16:33).

사도행전에 따르면,

① 우리는 반드시 예수 이름의 권세를 가지고 가야 한다(행 3:6).
② 우리는 성령의 권능으로 가야만 한다(행 1:8).
③ 우리는 살아서 역사하시는 거룩한 성령의 권능을 가지고 가서, 거룩한 성령의 권능을 나눠 줘야 한다(행 5:5).

많은 크리스천이 오직 설교자와 전문적 직업으로서 사역자들만 복음을 전하도록 소명을 받았다는 거짓을 믿고 있다. 더 안 좋은 상황은 '회중 설교만이 유일한 사역의 길'이라고 믿는 사람들이 많다는 것이다. 이런 현상은 그리스도의 몸이 활동하지 못하도록 꾸며 낸 원수의 거짓으로부터 기인한 것이다. 잘 알려지지 않은 진실은 내가 이 장에서 쭉 설파하고 있는 논지로서 우리가 모두 사역자고 선교사라는 사실이다. 그렇다. 여러분을 포함하여 모든 크리스천은 선교사다. 이런 나의 확신은 다음의 사실들로부터 기인한 것이다.

사실: 우리는 쾌락, 정반대 가치, 폭력, 물질만능주의가 지배하는 문화 속에서 살아간다.
사실: 사람들은 영, 혼, 육의 상함뿐만 아니라 관계와 재정에까지 어려움을 겪고 있다. 심지어 모든 피조물과 환경까지 탄식하고 있다(롬 8:22).
사실: 오늘날 제3세계에서부터 선진국에 이르기까지 전 세계는 간절하게 소망이 필요하다.
사실: 상호 연결되어 세계화를 추구하는 이 세상은 사실 이전과는 비교할 수 없을 정도의 고립을 겪고 있다. 우리는 가상과 연결되어 있지만 고

립된 실존을 살고 있다.

사실: 고립되고, 외롭고, 높은 기술력을 가진 이 세상은 깊은 영혼의 감동을 주는 사역에 목말라 있다. 사람들은 키오스크(무인 단말기)에 나오는 "다음 메뉴 중에서 선택하세요"라는 메시지에 싫증이 나 있다. 그들은 사람의 손길을 그리워한다.

사실: 물질만능주의와 소비지상주의는 인류의 깊은 요구를 만족하게 하지 못한다. 무분별한 빚과 무절제한 소비는 우리에게 채무 노예와 파산 상태라는 꼬리표만 남길 뿐이다.

사실: 최첨단 연구로 개발된 제약 회사의 특효약도 전인적 치유를 가져다 주진 못한다.

사실: 수십억 달러가 걸린 기업의 이사회에서부터 아픈 가족을 위한 병원 치료의 결정이 이루어지는 밥상머리에 이르기까지 사람들은 지혜롭고 윤리적인 상담을 찾고 있다. 누군가 이들을 도와줘야 한다.

사실: 기업의 비윤리적 행태와 탐욕을 향한 금융 거래는 금융 경제에서부터 실물 경제에 이르기까지 그 경계를 넘어 수백만 명의 사람들에게 상처를 입히고 공포와 절망을 남길 뿐이다. 지구촌 경제 망에 속한 사람들은 소망과 가능성의 말을 해 주는 누군가를 찾게 된다.

사실: 모든 사람이 죄를 범했으매 하나님의 영광에 이르지 못하더니 … 하나님의 은사는 그리스도 예수 우리 주 안에 있는 영생이니라(롬 3:23; 6:23).

사실: 21세기에는 모든 크리스천이 선교사가 되어 자신이 속한 세계로 가서 복음을 전하는 순종이 요구된다.

우리는 가서 모든 열방을 제자로 삼아야 한다. 우리는 전 세계는 물론이고 모든 사람의 세계로 가야만 한다.

우리는 세계 선교와 지역 사회 복음화를 위해 세계성과 지역성을 두루 갖춘 크리스천이 되어야 한다!

선교란 무엇인가?
성경적 관점에서 선교를 정의하여 혹시 모를 불안감을 완화해 보자.

첫째, 행위보다 마음이 우선인 선교
선교를 통해 우리는 하나님을 닮아야 한다. 선교는 우리의 속사람 안에서 시작된다. 우리의 '마음'으로부터 우리의 '행위'가 흘러나오기 때문이다.

둘째, 예수와 함께하는 선교
나는 학생들에게 다음과 같은 질문을 하곤 한다.
"왜 예수께서는 열두 제자를 세우셨을까?"
새내기 신학대학원 학생들은 종종 제자들이 설교하고 가르치고 고치는 사역을 위해서 임명되었다고 대답한다. 내가 마가복음 3:14-15을 인용하면 그들은 놀라움을 금치 못한다.

> 이에 열둘을 세우셨으니 이는 자기와 함께 있게 하시고 또 보내사 전도도 하며 귀신을 내쫓는 권능도 가지게 하려 하심이라(막 3:14-15).

선교는 예수와 함께 있는 것이 우선되어야 한다. 선교 사역에 필요한 모든 것은 예수와 함께 있는 것에서부터 시작되어야 한다.

셋째, 예수를 닮는 선교
바울은 다음과 같이 말했다.

> 내가 그리스도를 본받는 자가 된 것 같이 너희는 나를 본받는 자가 되라(고전 11:1).

다시 말하면, 바울은 내가 그리스도를 닮는 것처럼 너희는 나를 모방하고 나처럼 행동하라고 말했다.

어떻게 예수를 닮을 수 있을까?

우리가 이웃을 사랑할 때 예수처럼 보이게 된다. 예수처럼 되라는 의미는 예수께서 하신 것처럼 사랑하라는 말이다. 사랑하기 위해 고국을 떠날 필요는 없다. 다른 사람을 사랑하기 위해 여러분의 이웃사촌을 떠날 필요는 없다. 또한, 다른 사람을 사랑하기 위해 가족을 떠날 일은 더더욱 없다.

넷째, 그리스도의 '성육신적 임재'를 따르는 선교

선교는 예수 그리스도의 이름으로 이웃에게 마음과 관심을 온전히 쏟는 것을 말한다. 예수께서는 말씀이 육신이 되신 분이다. 우리 안에 계신 그리스도는 영광의 소망이시다(골 1:27). 우리 삶 가운데 예수의 임재를 나타내고 이웃을 섬긴다면 우리가 어디에 있든지 상관없이 선교의 삶을 사는 것이다. 하나님은 우리의 언어를 사용하실 수 있다. 또한, 그분은 우리가 말없이 행하는 섬김도 선교 사역으로 사용하실 수 있다.

1) 궁극적 소망을 낳는 선교

선교는 오늘날 절망에 빠진 이 세상을 소망으로 채우는 일이다. 우리는 주변의 사람들과 같이 지내며 예수의 이름으로 이 소망을 나눈다. 우리 안에 계신 그리스도는 소망이다(골 1:27).

2) 대화 안에서 이루어지는 선교

진정한 크리스천은 하나님과 사람들 사이에서 하나님은 물론 사람들과도 동시에 대화한다. 모든 진실한 대화에서 경청이 필요하듯이, 예수 안에서 우리가 발견한 소망을 주변 사람들에게 전하길 간절히 바라고 대화에 집중한다면 그것이 바로 선교다.

3) 베푸는 선교

진정한 환대는 마음속에 이웃에 대한 여유를 마련하는 일이 포함된다. 이것은 전문적 간병인이나 고도로 훈련받은 사역자만 해당하는 일이 아니다. 예수를 따르는 모든 사람에게 가능한 일이다. 우리는 마음을 열고 죽어가는 세상을 환대하도록 소명을 받았다. 이것이 우리 모두를 선교사로 부를 수 있는 이유다.

이것이 왜 중요할까?

세계 각지 아이들이 울고 있기 때문이다. 우리는 몇몇 제자가 했던 것처럼 아이들이 예수께 나아오는 것을 가로막을 수 없다. 바디매오처럼 굶주리고 아픈 사람들이 도와 달라고 외치기 때문이다. 우리는 그들을 꾸짖으며 조용히 하라고 말할 수 없다. 세계에 굶주린 사람들이 외치기 때문이다. 우리는 책상에 앉아 주판알을 튕기며 꿀 먹은 벙어리처럼 있을 수 없다. 에디오피아 내시처럼 열방에서 우리를 찾기 때문이다.

> 보라 물이 있으니 내가 세례를 받음에 무슨 거리낌이 있느냐(행 8:36).

우리는 불편함 때문에 그들을 외면해선 안 된다. 주님이 우리를 부르시기 때문이다. 그분은 우리가 나가서 그들을 어루만지길 원하신다. 그들을 치유하고 제자 삼길 원하신다. 그분은 우리가 그들을 먹이길 원하신다.

예수께서는 우리에게 물으신다.

"누가 우리를 위하여 갈까?"
"누구를 보내야 하나?"
이에 우리는 어떻게 화답해야 할까?
이렇게 답해야 할까?

"저는 시간이 없어서 못 가겠습니다."
"저는 재정이 없어서 못 가겠습니다."
"저는 다른 의무와 야망이 있어서 못 가겠습니다."
"저는 두려워서 못 가겠습니다."
아니면 이렇게 대답하겠는가?
"주님 내가 여기 있사오니 나를 보내소서!"

애비(Aby)는 몇 년 전에 오랄로버츠대학교에서 만난 학생이다. 그의 아버지는 북인도 지역에서 선교사로 사역했었다. 애비의 아버지는 어느 날 갠지스강 제방 위에서 힌두교인 무리들에게 전도지를 나눠 주고 있었다. 저녁 땅거미가 질 무렵, 저 멀리서 한 남성이 강에 무언가를 던지는 것이 보였다. 이 선교사는 그것이 아기처럼 보였다고 생각했다. 자신의 지각이 틀리기를 바라면서 애비의 아버지는 그 남성이 있는 쪽으로 달려갔다. 그리고 자신의 불길한 예감이 현실이었다는 것을 깨닫게 되었다.

이 남성은 전날 '자신의 아기를 강으로 던지라'는 동네 힌두교 사제의 지시에 순종하여 그런 일을 벌이게 되었다고 말했다. 이 남성은 마음의 평안을 찾기 위해 사제를 방문했었다. 사제는 지속적 평안을 얻기 위해선 가장 소중히 여기는 어떤 것이든지 희생을 시켜야 한다고 말했다. 이 남성에게 두 명의 자녀가 있었는데, 한 자녀는 건강하고 다른 자녀는 그렇지 않았다. 그는 건강한 자녀를 한 치의 망설임도 없이 강에 던졌다. 힌두교에서 성스럽게 여기는 강에 던져진 아기는 익사했고, 그 시체가 사라질 무렵 이 남성의 옆에 서 있던 아내는 울부짖으며 비명을 질렀다.

이 선교사는 잠깐 그들의 고통을 체휼한 후에 조심스럽게 예수에 대해 전했다. 평화의 왕으로 그들을 위해 갈보리 십자가에서 최고의 희생을 치르신 예수 그리스도를 전했다. 이 선교사는 참 평화와 구원을 위해서 어떤 추가적 희생도 필요하지 않다고 그들에게 말했다. 그의 강한 확신으로 인해 아기의 엄마는 고개를 들고 선교사에게 볼멘 목소리로 질문을 했다.

"30분 전에 어디에 계셨나요?"

우리에겐 낭비하거나 전문적 사역자가 복음을 들고 도착할 때까지 기다릴 만한 충분한 시간이 없다. 변명할 시간도 없다. 예수께서는 우리에게 깊은 곳으로 가서 즉시 그물을 내려 포획하라고 요청하신다.

여러분과 나는 어떻게 반응할 것인가?

이렇게 얘기할 것인가?

> 나는 밭을 샀으매 아무래도 나가 보아야 하겠으니 청컨대 나를 양해하도록 하라(눅 14:18).

아니면 이렇게 얘기할 것인가?

> 나는 소 다섯 겨리를 샀으매 시험하러 가니 청컨대 나를 양해하도록 하라(눅 14:19).

이렇게 말하겠는가?

> 나는 장가 들었으니 그러므로 가지 못하겠노라(눅 14:20).

아니면 이렇게 말할 것인가?

> 우리들이 밤이 새도록 수고했으되 잡은 것이 없지마는 말씀에 의지하여 내가 그물을 내리리이다(눅 5:5).

거리가 가깝고 멀고는 상관없다.

여러분은 가겠는가?

여러분이 선교사라는 사실이 인식되는가?

그렇다. 여러분은 선교사다. 여러분이 누구인지 의식하고 행하길 바란다. 성령의 권능으로 행하길 바란다. 여러분의 삶이 평범하더라도 상관없이 삶 가운데 성령이 이끄는 선교사가 되길 바란다.

토의를 위한 질문

1. 예수의 제자들이 잘못 처리한 문제들은 어떤 것들이 있나요?

2. 크리스천의 삶의 영역 가운데 현대 예수의 제자들이 갖는 오해는 어떤 것들이 있나요?

3. 선교와 선교사에 대해 현대 크리스천들이 갖는 오해는 어떤 것들이 있나요?

4. 이 장에서 가장 짧은 말로 복음을 표현한 것은 무엇인가요?

5. 복음에 대한 여러분의 정의는 무엇인가요?

6. 이 장에서 "가라"에 대해 어떻게 권면했는지 기술해 봅시다.

7. 선교에 대한 일곱 가지 정의를 기술해 봅시다.

8. 왜 크리스천은 날마다 자신을 선교사로 인식해야 하는지 이유를 들어 설명해 봅시다.

9. 오늘날 교회의 선교사역은 어떤 모습을 지향해야 하나요?

10. 여러분의 선교지는 어디인가요? 이 장에서 배운 선교사로서 여러분의 삶을 반영하여 기술해 봅시다.

제10장

선지자

> 그 후에 내가 내 영을 만민에게 부어 주리니 너희 자녀들이 장래 일을 말할 것이며 너희 늙은이는 꿈을 꾸며 너희 젊은이는 이상을 볼 것이며(욜 2:28).

예언 사역은 교회 공동체 안에서 가장 많은 오해를 받는 사역 중에 하나다. 전 세계적으로 널리 퍼진 손금 보기와 심령술로 인해 많은 사람이 선지자를 예측하는 사람이나 점쟁이쯤으로 생각하는 것 같다. 선지자는 단지 미래에 일어날 일을 예측하는 사람이 아니라 하나님을 대변하는 사람이다.

그들은 과거 일에 대해 재검토하는 말을 할 수 있고, 현재 일을 평가하는 말을 할 수도 있으며, 미래에 일어날 일을 앞서 드러내는 말을 할 수도 있다. 그리고 성경적 선지자는 말하는 것만 하도록 제한을 받지 않는다. 몇몇 선지자는 기이한 방법을 써서 사람들의 관심을 하나님께로 돌리기도 했다(호 1:2-3 참조).

선지자를 구약에서는 '예언자'라고도 불렀다. 고대 이스라엘에서는 선지자를 훈련시키는 선지자 학교가 있었다. 우리는 백성들에게 하나님의 말씀을 대언하는 참 선지자들 사이에서 다른 종교의 선지자가 아닌 거짓 선지자가 섞여 있다는 것을 성경을 통해 알 수 있다.

구약의 선지자는 세 집단으로 나눌 수 있다.

① 왕조 시대 이전 선지자
② 왕조 시대 선지자
③ 정경을 기록한 고전적 선지자

첫 번째 집단에는 아브라함, 아론, 미리암, 모세, 드보라가 속한다(출 7:1; 신 18:18, 34:10). 하나님은 아브라함을 선지자로 호칭하셨다(창 20:1-7). 미리암은 춤추는 선지자로 기록되어 있다(출 15:20). 드보라는 선지자를 포함하여 아내, 사사 등 동시에 여러 역할을 맡았다.

> 네가 쫓아낼 이 민족들은 길흉을 말하는 자나 점쟁이의 말을 듣거니와 네게는 네 하나님 여호와께서 이런 일을 용납하지 아니하시느니라 네 하나님 여호와께서 너희 가운데 네 형제 중에서 너를 위하여 나와 같은 선지자 하나를 일으키시리니 너희는 그의 말을 들을지니라 이것이 곧 네가 총회의 날에 호렙 산에서 네 하나님 여호와께 구한 것이라 곧 네가 말하기를 내가 다시는 내 하나님 여호와의 음성을 듣지 않게 하시고 다시는 이 큰 불을 보지 않게 하소서 두렵건대 내가 죽을까 하나이다 하매 여호와께서 내게 이르시되 그들의 말이 옳도다 내가 그들의 형제 중에서 너와 같은 선지자 하나를 그들을 위하여 일으키고 내 말을 그 입에 두리니 내가 그에게 명령하는 것을 그가 무리에게 다 말하리라(신 18:14-18).

성경에 기록된 선지자의 직무 범위는 간단하다. 하나님은 그분의 말씀을 선지자의 입에 두셨고, 선지자는 그 말씀을 하나도 빠짐없이 백성에게 말했다. 선지자는 하나님의 말씀을 받아서 그 말씀을 다시 백성에게 전해 주는 소명을 받았다. 하나님으로부터 받은 말씀을 더하거나 감해선 안 되며, 단지 하나님의 말씀을 주의 깊게 듣고, 그것을 충실하게 받은 그대로 백성들에게 전해 줘야 한다. 이처럼 선지자는 하나님의 종이다.

두 번째 집단의 선지자는 사울을 왕으로 임명했지만, 후에 종결시킨 사무엘, 다윗의 죄에 대해 그를 책망한 나단, 아합 통치 시기에 활약한 엘리야, 엘리사, 미가야, 그밖에 여러 선지자가 있다. 이 선지자들은 왕에게 기름을 붓고, 그들에게 조언하며, 또한 필요할 때는 담대하게 그들을 꾸짖기도 한다. 다윗에게 맞선 나단은 이런 점에서 강한 인상을 남긴 선지자다.

> 나단이 다윗에게 이르되 당신이 그 사람이라 이스라엘의 하나님 여호와께서 이와 같이 이르시기를 내가 너를 이스라엘 왕으로 기름 붓기 위하여 너를 사울의 손에서 구원하고 네 주인의 집을 네게 주고 네 주인의 아내들을 네 품에 두고 이스라엘과 유다 족속을 네게 맡겼느니라 만일 그것이 부족했을 것 같으면 내가 네게 이것저것을 더 주었으리라 그러한데 어찌하여 네가 여호와의 말씀을 업신여기고 나 보기에 악을 행했느냐 네가 칼로 헷 사람 우리아를 치되 암몬 자손의 칼로 죽이고 그의 아내를 빼앗아 네 아내로 삼았도다 이제 네가 나를 업신여기고 헷 사람 우리아의 아내를 빼앗아 네 아내로 삼았은즉 칼이 네 집에서 영원토록 떠나지 아니하리라 하셨고(삼하 12:7-10).

선지자는 하나님께 진실해야 한다. 그들은 자신의 두려움을 극복해서 악과 맞서야 한다. 그들은 권력에 진실을 말하는 선례를 보였다. 많은 거짓 선지자에게는 가혹한 처벌이 내려졌다.

> 만일 어떤 선지자가 내가 전하라고 명령하지 아니한 말을 제 마음대로 내 이름으로 전하든지 다른 신들의 이름으로 말하면 그 선지자는 죽임을 당하리라(신 18:20).

세 번째 집단인 고전적 선지자는 그들이 했던 말이 성경에 기록된 선지자들로서 아모스나 이사야 같은 선지자들이 해당된다. 그들은 상한 마음을 주체하지 못해 눈물을 흘렸고, 백성을 축복했으며, 때론 충격적 행동을 보임으로 내용을 전달하기도 했다. 호세아가 이런 경우에 해당된다.

여호와께서 처음 호세아에게 말씀하실 때 여호와께서 호세아에게 이르시되 너는 가서 음란한 여자를 맞이하여 음란한 자식들을 낳으라 이 나라가 여호와를 떠나 크게 음란함이니라 하시니 이에 그가 가서 디블라임의 딸 고멜을 맞이했더니 고멜이 임신하여 아들을 낳으매(호 1:2-3).

학자들에 따르면, 구약의 선지자들은 일곱 가지 종류의 메시지를 전달했다고 한다.

1) 선지자들은 "여호와께서 말씀하시매"의 메시지를 전달했다

이 메시지는 하나님으로부터 온 직접적 말씀을 전한 경우다.

2) 하나님과 백성과의 관계를 백성들에게 상기시켜 주는 메시다

하늘이여 들으라 땅이여 귀를 기울이라 여호와께서 말씀하시기를 내가 자식을 양육했거늘 그들이 나를 거역했도다(사 1:2).

그는 목자같이 양 떼를 먹이시며 어린 양을 그 팔로 모아 품에 안으시며 젖먹이는 암컷들을 온순히 인도하시리로다(사 40:11).

여호와의 말씀이 내게 임하니라 이르시되 가서 예루살렘의 귀에 외칠지니라 여호와께서 이와 같이 말씀하시기를 내가 너를 위하여 네 청년 때의 인애와 네 신혼 때의 사랑을 기억하노니 곧 씨 뿌리지 못하는 땅, 그 광야에서 나를 따랐음이니라(렘 2:1-2).

3) 하나님의 애통하는 마음을 담은 메시지다

내 백성이 두 가지 악을 행했나니 곧 그들이 생수의 근원되는 나를 버린 것과 스스로 웅덩이를 판 것인데 그것은 그 물을 가두지 못할 터진 웅덩이들이니라(렘 2:13).

선지자들이 그들을 부를수록 그들은 점점 멀리하고 바알들에게 제사하며 아로새긴 우상 앞에서 분향했느니라(호 11:2).

4) 하나님의 심판에 대한 메시지다

또 내가 그와 그의 자손과 신하들을 그들의 죄악으로 말미암아 벌할 것이라 내가 일찍이 그들과 예루살렘 주민과 유다 사람에게 그 모든 재난을 내리리라 선포했으나 그들이 듣지 아니했느니라(렘 36:31).

그들은 여호와의 땅에 거주하지 못하며 에브라임은 애굽으로 다시 가고 앗수르에서 더러운 것을 먹을 것이니라(호 9:3).

5) 하나님의 자비와 긍휼을 담은 메시지다

에브라임이여 내가 어찌 너를 놓겠느냐 이스라엘이여 내가 어찌 너를 버리겠느냐 내가 어찌 너를 아드마 같이 놓겠느냐 어찌 너를 스보임 같이 두겠느냐 내 마음이 내 속에서 돌이키어 나의 긍휼이 온전히 불붙듯 하도다(호 11:8).

너는 가서 북을 향하여 이 말을 선포하여 이르라 여호와께서 이르시되 배역한 이스라엘아 돌아오라 나의 노한 얼굴을 너희에게로 향하지 아니하리라 나는 긍휼이 있는 자라 노를 한없이 품지 아니하느니라 여호와의 말씀이니라(렘 3:12).

6) 하나님의 구원에 대한 메시지다

여호와께 구속받은 자들이 돌아와 노래하며 시온으로 돌아오니 영원한 기쁨이 그들의 머리 위에 있고 슬픔과 탄식이 달아나리이다(사 51:11).

7) 소망과 언약에 대한 메시지다

내가 또 너를 이방의 빛으로 삼아 나의 구원을 베풀어서 땅끝까지 이르게 하리라(사 49:6).

말일에 여호와의 전의 산이 모든 산꼭대기에 굳게 설 것이요 모든 작은 산 위에 뛰어나리니 만방이 그리로 모여들 것이라(사 2:2).

이는 한 아기가 우리에게 났고 한 아들을 우리에게 주신 바 되었는데 그의 어깨에는 정사를 메었고 그의 이름은 기묘자라, 모사라, 전능하신 하나님이라, 영존하시는 아버지라, 평강의 왕이라 할 것임이라(사 9:6).

선지자의 사역은 구약에서 마무리되지 않았다. 신약에서도 많은 사람이 선지자의 사역을 감당했다. 사가랴(눅 1:67), 세례 요한(마 14:5; 눅 1:76), 시므온(눅 2:25-26), 안나(눅 2:36)는 선지자로 여겨졌다. 예수도 선지자로 불렸다(마 16:13-14). 집사였던 빌립은 처녀로 예언하는 딸 넷이 있었다(행 21:9). 안디옥 교회와 에베소 교회에도 선지자들이 있었다(행 13:1; 19:6).

예언은 성령께서 임할 때 나타나는 현상이다. 그것은 성령의 은사 중 하나이기도 하다. 바울은 고린도 교회 신자들에게 다음과 같이 권면했다.

사랑을 추구하며 신령한 것들을 사모하되 특별히 예언을 하려고 하라(고전 14:1).

바울은 진정한 예언의 필요충분조건도 제시했다. 예언은 덕을 세우고, 권면하며, 위로하는 것이다(고전 14:3). 예언은 다른 사람을 겁먹게 할 목적으로 아무나 사용하는 수단이 아니다. 신약성경에 덕을 세우고, 권면하며 위로하는 예언이 기록되었기 때문에 그런 목적이 아닌 예언은 의심할 만하다.

오늘날 세상은 선지자를 필요로 한다. 우리 주변에는 선지자적 목소리를 간절히 원하는 영혼들이 있다. 오늘날 세상의 잡음으로부터 하나님의 음성을 구분하기란 여간 어려운 일이 아니다. 우리는 온갖 잡음으로 시끄러운 세상 속에서 하나님의 음성을 듣고, 그 음성을 명확하고 확신 있게 전할 수 있는 선지자가 필요하다. 현대 문화에서 모든 조직이나 단체에는 대변인이 있다. 하지만 하나님의 입장을 대변할 만한 선지자는 극심한 인력난을 겪고 있다.

뒤돌아보면 과거에 예언적 목소리를 내던 선지자를 쉽게 인식할 수 있었다. 하지만 오늘날 진정한 선지자의 이름을 대기란 여간 어려운 일이 아니다. 한때 선지자로 인식되었던 많은 사람이 개인적 문제로 신뢰성에 금이 갔다. 신뢰감을 주던 일단의 선지자들도 교회가 아닌 세계적 운동과 단체와 궤를 같이하다 보니 진지하게 하나님의 대언자라는 인식을 주지 못한다. 그들이 여호와로부터 말씀을 받았다고 해도, 사람들은 그들이 하나님을 대변해서 말한다고 여기지 않는다.

교회도 마찬가지로 선지자가 필요하다. 우리는 많은 장소에서 종교적인 외형을 볼 수 있지만, 권능의 역사는 찾아보기 힘들다. 교회 안에서 모임과 교제는 있지만, 뜨거운 기도 모임은 일어나지 않는다. 기도 가운데 세미나를 진행하지만, 여전히 기도는 부족하다. 여러 장소에서 많은 프로그램을 배우긴 하지만, 강의가 끝난 후 학생들의 가슴속에는 타오르는 역사가 일어나지 않는다.

오순절 날, 베드로는 기름 부음이 넘치는 설교를 통해 삼천 명이 회심하는 열매를 거뒀다. 하지만 오늘날 수천 편의 설교는 그다지 많은 열매를 거두지 못한다. 곳곳에서 치유를 말하지만, 아픈 자를 위해 손을 얹고 기도하진 않는다. 많은 대형 집회를 열지만, 대부분의 집회는 긴 영향력을 남기지 못한다. 십일조 헌금은 드리지만, 그밖에 헌금은 비교될 정도로 미미하다. 우리는 잠자고 있는 우리 영혼을 깨울 선지자가 필요하다.

우리의 우선 순위는 뒤죽박죽이다. 외형의 거룩함은 강조하지만, 마음의 중심은 소홀히 여긴다. 조직은 강조하지만, 각자가 살아 있는 유기체로서 부르심을 받았다는 사실은 망각한다. 거대한 예산과 지출 계획은 있지만, 우리의 믿음은 거대하지 않다. 다양한 격식은 갖췄지만, 우리의 사랑은 메말라 있다. 교회 안에서 간증을 나누지만, 교회 울타리를 넘어 그리스도의 증인으로 살아가기는 두려워한다.

말씀 연구를 강조하는 설교자나 성령의 기름 부음이 넘치는 설교자를 강조하지만, 두 가지 모두를 추구하는 설교자는 강조하지 않는다. 교회에서 여성도들은 주방 일이나 청소 같은 일들은 열심히 하도록 요구받지만, 사역의 자리에서는 소외되고 제한을 받는다. 이런 점에서 우리는 선지자가 필요하다.

성경적 선지자는 말만 하는 사람이 아니다. 그들은 백성이 살기 위해 몸부림칠 때 다가가 도와주는 사람이다. 엘리야는 사르밧 과부(왕상 17:10)를, 엘리사는 빚진 사람에게 두 아들을 종으로 넘겨야 하는 과부(왕하 4:1)를 각각 도와줬다.

선지자는 치유를 통해 행동을 보인다. 일단의 치유는 선지자적 치유로 불리기도 한다. 우리는 사람을 치유하는 방법이 다양하다는 사실을 알고 있다. 가령, 죄를 고백하는 것은 강력한 치유를 불러 온다(약 5:16). 사도들의 그림자는 치유하는 원인을 제공했다(행 5:15). 바울의 몸에 닿았던 손수건과 앞치마도 접촉점이 되어 치유를 가능하게 했다(행 19:12). 귀신을 쫓아내는 축사는 치유를 가져온다(마 8:28-34). 지식의 말씀은 치유가 일어나게 한다. 이와 관련된 사례들은 차고 넘친다.

① "네 믿음이 너를 구원했다"(마 9:22).
② "네 자리를 들고 걸어가라"(요 5:8).
③ "네 죄 사함을 받았느니라"(막 2:9).

> 은과 금은 내게 없거니와 내게 있는 이것을 네게 주노니 나사렛 예수 그리스도의 이름으로 일어나 걸으라(행 3:6).

> 그가 그의 말씀을 보내어 그들을 고치시고(시 107:20).

치유는 하나님의 말씀을 통해 이루어지는 사역이다. 선지자적 사역이다. 선지자는 개인과 지역 사회를 치유하는 사역을 한다. 대표적인 예는 엘리사로서 그는 나아만을 고치고(왕하 5:10), 지역 사회의 토산을 파괴했던 지하수를 정화했다(왕하 2:21). 우리는 오늘날 이 같은 선지자가 필요하다.

선지자는 위대하고 은사주의적 개성을 가져야 한다는 잘못된 인상을 남기고 싶은 의도는 없다. 성경에 선지자들은 위대한 선지자적 개성을 보였던 것이 사실이지만, 오순절 이후에는 이점에서 큰 변화가 있었다고 확신한다. 나는 선지자가 더 이상 위대하고 외향적 개성을 지닐 필요는 없다고 생각한다. 또한, 정경이나 책의 형태로 예언을 기록할 필요도 없다고 생각한다. 내가 생각하는 선지자의 사역에 대해 나누길 원한다.

이에 대한 대답은 요엘서에서 찾아볼 수 있다. 마지막 때에 관한 요엘의 예언은 한 가지 비밀을 포함하고 있다. 당대의 선지자로 활동하는 데 있어 선지자의 나이는 고려 대상이 될 수 없다는 것이다.

> 그 후에 내가 내 영을 만민에게 부어주리니 너희 자녀들이 장래 일을 말할 것이며 너희 늙은이는 꿈을 꾸며 너희 젊은이는 이상을 볼 것이며 그 때에 내가 또 내 영을 남종과 여종에게 부어 줄 것이며(욜 2:28-29).

나이, 성별, 사회적 지위, 직업은 선지자로 섬기는 데 전혀 무관한 요소들이다. 하나님은 매우 평범한 사람들을 택하셔서 그분의 원대한 목적을 이루기 위해 사용할 수 있다는 것을 보여 주셨다.

윌리엄 시무어(William Seymour)는 미국 남부 출신의 흑인으로 흑인 인권 운동이 일어나기도 전에 이미 활동했다. 그는 한쪽 눈만 볼 수 있었다. 하나님은 그를 사용하여 현대 성령 운동의 중심에 우뚝 섰던 위대한 아주사 부흥 운동을 이끌게 하셨다.

에이미 샘플 맥퍼슨(Aimee Semple McPherson)은 과부였지만, 하나님이 그녀를 통해 국제복음교회(International Church of the Foursquare Gospel) 교단을 세우셨다. 캐더린 쿨만(Kathryn Kuhlman)은 매우 평범한 여성으로, 하나님은 그녀를 수많은 사람을 고치는 치유 사역자로 사용하셨다. 오랄 로버츠는 인디안 원주민 혈통을 가진 목사이자, 고향인 오클라호마의 오순절 성결 교단의 설교자로 처음 사역을 시작했다.

요엘은 우리의 아들과 딸들이 예언할 수 있다고 말했다. 이 세대 가운데 하나님을 대변하는 우리 크리스천의 딸들을 어떻게 막을 수 있을지 상상이 가질 않는다.

어떤 종교나 민족보다 남성에 비해 열등한 대우를 받는 5억이 넘는 무슬림 여성에게 누가 나서서 하나님의 말씀을 전해 줄 것인가?

예수께서 부활하셨다는 메시지를 처음으로 전해 들은 인물이 여성이었다는 사실을 어찌 잊을 수 있겠는가?

마리아는 부활하신 예수를 처음으로 만나는 영광을 얻었다. 그 사실을 베드로에게 전할 요청도 받았다.

우리에게 이와 비슷한 상황이 일어나는가?

오순절 성령 강림 사건의 기록을 세심히 살펴보면 성별에 대한 언급이 없다는 것을 알 수 있다. 당일에 삼천 명이 회심하여 최초의 교회를 이루었다. 그들의 국적과 언어의 다양성은 기록이 되어 있지만, 성별에 대한 언급은 없다. 바울의 말을 들어 보자.

> 너희는 유대인이나 헬라인이나 종이나 자유인이나 남자나 여자나 다 그리스도 예수 안에서 하나이니라(갈 3:28).

우리는 바울보다 한발 앞서 선 안 된다. 교회에서 마르다와 마리아처럼 여성들의 활동 영역을 부엌으로 제한하는 일을 멈춰야 할 때라고 믿는다. 문제는 성별에 있지 않다. 성령으로 자신을 채우고 성령의 은사를 자신의 삶을 통해 이웃에게 흘려보내고자 하는 의지에 달려 있다. 예언은 성령이 임할 때 나타난다. 선지자는 자신의 모국어로 대언할 수 있다. 그 지역 사투리로 대언해도 문제는 없을 것이다. 21세기에는 흠정역 성경 번역(King James English Version)의 표현대로만 대언하는 선지자를 요구하지 않는다.

선지자는 어떤 모습일까?

① 성령을 받았다면 여러분이 선지자일 것이다.
② 예수를 사랑한다면 여러분이 선지자일 것이다.
③ 이웃에게 긍휼한 마음이 있다면 여러분이 선지자일 것이다.
④ 소음으로 가득 찬 이 시끄러운 세상 속에서 하나님의 음성을 듣는다면 여러분이 선지자일 것이다.
⑤ 하나님의 말씀을 겸손하면서 담대하게 전하기로 결단한다면 여러분이 선지자일 것이다.
⑥ 여러분의 영 가운데 이웃에게 덕을 세우고 권면하며 위로하는 소망이 생긴다면 여러분이 선지자일 것이다.
⑦ 이 타락한 세상에서 성령께 의지하여 성결한 삶을 살고자 결단한다면 여러분이 선지자일 것이다.

성령은 여러분에게 하나님의 말씀을 대언할 능력을 주셨다. 회중의 크기가 작을 수도 있고, 클 수도 있다. 하지만 그것은 중요하지 않다. 여러분은 이 세대를 향해 하나님의 메시지를 전달할 소명을 받았다. 그것은 설교, 가르침, 격려, 권면, 위로를 통해 나타날 것이다. 일단 순종하길 바란다.

여러분은 성령으로부터 권능을 받은 선지자다. 여러분의 공동체에 말하길 바란다. 여러분의 국가에 대해 말하고 나서 하나님께 보고하길 바란다. 열방에 하나님의 치유를 선포하고 선지자로 부르신 여러분의 소명을 성령의 권능으로 행하길 바란다.

토의를 위한 질문

1. 신구약성경에 떠오르는 선지자들을 나열해 봅시다.

2. 구약에 선지자들의 세 가지 집단을 기술해 봅시다.

3. 구약에 일곱 가지 유형의 선지자적 메시지를 나열해 봅시다.

4. 왜 오늘날 세상은 선지자를 필요로 하나요?

5. 왜 현대 교회는 선지자를 필요로 하나요?

6. 요엘서에 기록된 마지막 날에 일어날 예언과 관련된 현상은 무엇인가요?

7. 오순절 성령 강림 사건이 선지자적 사역에 미친 영향은 무엇인가요?

8. 고린도전서 14:3을 근거로 바울이 말한 예언의 목적은 무엇인가요?

9. 신약성경을 근거로 현대 선지자는 어떤 모습일지 여러분의 의견을 말해 봅시다.

10. 이 세대를 향한 하나님의 말씀을 받은 적이 있나요? 있다면 어떻게 그 말씀을 분별할 수 있나요?

제3부

삶 가운데 성령의 권능

제11장 무덤이 아닌 성전
제12장 성령의 선물을 받은 사람
제13장 축복받은 사람
제14장 오늘의 성자
제15장 소명을 위해 영적 권능과
       기름 부음을 받은 사람

제11장

무덤이 아닌 성전

> 너희 몸은 너희가 하나님께로부터 받은바 너희 가운데 계신 성령의 전인 줄을 알지 못하느냐 너희는 너희 자신의 것이 아니라(고전 6:19).

인도 아그라(Agra)에 위치한 타지마할(Taj Mahal)은 내가 봤던 건물 중에 가장 아름다운 건물이다. 나는 그것을 실제로 보기 전까지 줄곧 이야기로만 들어왔는데 그렇게 웅장하고 아름다울 줄 미처 기대하지 못했었다. 흰색의 순수한 대리석으로 만들어진 타지마할은 2만 명의 인부들이 동원되어 1632년부터 1653년까지 건설되었으며, 17세기 인도를 침략하고 다스렸던 무슬림 통치자의 유산이기도 하다.

좌우 대칭을 이루며 여러 개의 연못에 그 모습이 투영된 타지마할은 36미터 높이와 21미터 지름의 반구형 지붕(dome) 형태로 되어 있다. 미나렛(minarets)으로 불리는 네 개의 탑은 각 모서리를 지탱하며, 그 높이가 40미터에 이른다. 대리석 위에 장식된 보석들은 과거 도굴꾼들과 침략자들이 약탈해 가서 현재는 남아 있는 것이 하나도 없다. 하지만 도굴당한 귀중한 보석의 자리에 다른 재료들로 대체가 되어 있어 제법 조화를 이루는 백색 건물의 아름다움을 여전히 볼 수 있다. 햇빛이 비칠 때 타지마할을 감싸고 있는 연못에 투영된 아름다운 자태는 이 세상 어떤 것과도 비교할 수 없을 정도로 아름답다.

이슬람 경전인 코란의 구절들이 타지마할의 외관에 새겨져 있으며, 이 곳이 그들의 예배 장소라는 인상을 주고 있다. 전 세계에서 방문한 관광객들은 이 놀라운 구조물의 내부를 잠깐이라도 보기 위해 줄을 서서 기다린다. 이곳의 보안은 매우 철저하여, 사진 촬영도 허용되지 않는다. 건물 안으로 입장하기 위해선 신발을 바깥에 벗어놓고 들어가야 한다. 이곳은 거룩한 장소, 즉 성전처럼 보인다.

하지만 타지마할은 성전이 아니다.

무덤이다!

그것은 황제 샤자한(ShahJahan)이 그가 사랑하는 아내 뭄타즈(Mumtaz)가 아이를 낳다가 죽은 것을 기리기 위해 건축한 것이었다. 아내를 너무 사랑한 황제는 그의 슬픔을 주체할 수 없었고, 그녀를 기리기 위해 아름다운 구조물을 건축하여 사람들이 세상에서 비교할 수 없을 만큼의 예우를 해주길 바랐다. 그는 세상이 그의 사랑스런 뭄타즈와 그녀를 향한 자신의 변치 않는 사랑을 영원히 기억해 주길 바랐다.

그래서 오늘날 타지마할은 추모 무덤으로 남아 있다. 그것은 죽음의 장소, 즉 고통과 슬픔을 추모하는 장소이지 성전이 아니다.

사도 바울의 말이 떠오른다.

> 너희 몸은 너희가 하나님으로부터 받은바 너희 가운데 계신 성령의 전인 줄을 알지 못하느냐 너희는 너희 자신의 것이 아니라(고전 6:19).

바울은 로마 제국에서 네 번째로 큰 도시였던 고린도 교회의 신자들에게 편지를 썼다. 로마, 알렉산드리아, 에베소, 다음으로 고린도는 제국 내에서 권력과 명성의 중심지로 선두권을 다투던 도시였다. 고린도는 부유가 넘치는 문화적, 상업적 중요성이 있는 국제적 도시로 명성이 자자했다. 이집트, 시리아, 이탈리아, 이스라엘, 동양에서 온 사람들이 이 도시로 이민 올 정도였다. 이는 현대 고고학자들이 고린도의 유적지에서 이집트인, 시리아인, 에베소 인들의 우상을 발견했기 때문에 밝혀진 사실이다.

고린도는 고대로부터 확실한 명성을 가진 도시였다. 또한, 알코올 중독, 음란, 물질 만능주의, 이혼, 역기능 가정으로도 유명한 도시였다. 현대 도시로서 중요한 행사나 회의를 유치했다. 시민들은 자신의 도시를 자랑스러워했지만, 도시에서 발생하는 사회적, 문화적, 정치적 부패의 수렁에 깊이 빠져들었다.

고린도에는 생기 넘치는 교회가 있었다. 유대인과 이방인 그리고 자유인과 노예 모두를 아우르는 교회였다. 대부분 교인은 평범한 사람들이었는데, 회중의 일부는 고위층 사람도 몇 있었다. 그들은 부유하고 권력을 가졌으며 스스로 자신을 현명하다고 여겼다. 이 중에는 고위 행정관인 에라스도가 있었는데, 그는 시의 재무관이었다.

남자와 여자 모두 고린도 교회 생활에 적극적으로 참여했다. 이들은 가정에서 모이거나 공공장소를 빌려 모임을 한 것으로 보인다. 성서신학자들은 40명에서 150명 사이 사람들이 모여 회중을 이루었을 것으로 추정한다. 교회는 은사주의 성격을 띠었으나 내부적으로 실제적 문제들이 발생해 긴밀한 사도적 접촉이 필요했다.

고린도 교회 안에는 갈등과 분열이 있었다. 교인들은 서로를 고소, 고발하는 일이 있었다. 그들은 우상에 바쳐진 음식에 대해 논쟁했다. 무질서하게 성찬 예식을 행했으며, 교제를 위한 모임도 등한시했다. 일부 교인들은 과식했고, 다른 사람들은 지나치게 술을 마셨다. 문제를 나열하자면 길다.

그들은 이교도의 명절을 지키고, 난잡한 연회를 열고, 우상 숭배와 음란을 저질렀으며, 거짓 교리를 가르치는 일들이 자행됐다. 일단의 교인들은 죽은 자가 부활하는 것도 믿지 않았다. 다른 사람들은 인간의 지혜로 충분히 구원에 이룰 수 있다고 가르치기도 했다. 어떤 사람들은 교인들을 부추겨서 이웃들에게 먹고, 마시고, 즐기며, 살 것을 전하도록 했다.

사도 바울에 의해 설립된 교회가 어쩌다 이 지경이 됐는지 믿기 어려울 정도다. 바울은 A.D. 51년 또는 52년부터 18개월을 이 도시에서 보내며 교회를 개척했다. 하지만 상황이 예전 같지 않았다. 이런 문제들의 근원은 이 다문화 교회 내부에 침투한 세속적인 고린도 인의 문화와 영향력 때문인 것이 분명하다.

분명히 고린도 교회 교인들은 불신자들과 함께 식사했다. 이를 통해 우리는 외부인들이 교회를 방문했고, 교회의 관행을 주시했다는 것을 알 수 있다. 어떤 일이 발생했는지 확신할 수는 없지만, 그 지역에서 고린도 교회가 주류(mainstream)처럼 인식되기 시작했다는 것은 분명하다. 이교도의 기독교화 현상이 결국 교회를 이교도처럼 보이게 만들었다.

자신의 길을 잃어버리고 이교도의 문화를 따르던 이런 신자들에게 바울은 다음의 세 가지를 당부했다.

① 너희는 너희 소유가 아니다.
② 너희는 값을 지불하고 산 바 되었다.
③ 너희 몸은 성령의 성전이다.

바울은 참된 정체성을 제시하며 그들의 관심을 집중시켰다.
고린도가 여러분에게 익숙해 보이지 않는가?
사실 이상할 것도 없다. 바이블 벨트(Bible belt, 역자 주: 미국에서 기독교인의 분포가 밀집된 지역)의 심장이라 할 수 있는 오클라호마주 털사시(Tulsa, Oklahoma)에서조차도 고린도와 비슷한 일들이 벌어지고 있다. 티 엘 오스본(T. L. Osborn), 오랄 로버츠(Oral Roberts), 케네스 해긴(Kenneth Hagin)이 자랐고, 그들의 사역을 처음 시작한 바이블 벨트의 본거지라 할 수 있는 털사시는 내가 30년 넘게 사는 도시이기 때문에 누구보다 사정을 잘 알고 있다.

우리 주변을 살펴보자. 우리의 길을 점검해 보자.

이들과 유사한 점이 보이지 않는가?

우리 시대 문화와 교회에 미치는 영향력을 살펴보길 바란다.

우리는 오락의 문화 가운데 살고 있다. 감동과 오락의 차이를 구분하는 일이 어려워졌다. 과학 기술은 우리 자신을 즐겁게 하는 무궁무진한 방법을 소개해 왔다.

우리는 정반대의 가치 문화 속에 살아간다. 외설적인 것이 좋은 평가를 받는다. 겸손은 조롱을 당하고, 사도와 선지자는 소외당한다. 범법자와 부도덕한 유명인들이 문화의 주 무대를 차지하며 각광을 받고 있다.

우리는 불신과 폭력으로 얼룩진 문화 속에 살아간다. 우리는 목사와 언론인을 더 이상 신뢰하지 못한다. 배심원단은 압력을 당하고, 범죄자들은 풀려난다. 무신론이 유행한다. 폭력은 비디오 게임상에서 미화되지만, 우리의 현실을 위협할 수준이다. 낙태는 수술이 아니라 절차다. 살인은 소위 '자비로운 죽음'이라는 안락사(mercy killing)로 덮어진다. 이 세대의 문화는 단어만 약간 바꿈으로 우리에게 새로운 생각을 주입하려 한다.

우리가 가진 것은 인간 중심의 물질 만능주의 문화다. 이 문화에서는 사람보다 물질이 더 중요하고, 소유권이 관계보다 더 중요하다.

이런 사실들을 직면해 보자. 우리는 새로운 고린도에 사는 크리스천이다. 우리는 이 문화로부터 깊은 영향을 받고 속담에 나오는 서서히 데워져 뜨거운지도 모르고 죽어가는 개구리처럼 적응해 간다. 부정하며 살지만, 이 세상에 맞추어 간다.

결과는 경건의 모양은 있으나 경건의 능력을 잃어버린 삶이다(딤후 3:5). 바울의 말씀은 우리에게 적용할 수 있다. 우리는 그 말씀을 진심으로 받아들여야 한다. 우리는 세상을 좇는 우리의 속성을 대적해야 한다. 우리는 자신의 정체성을 깨달아야만 한다.

1. 우리의 소유자

우리는 예수의 보혈로 지불이 되었다. 헐리우드(Hollywood)가 지불하지 않았다. 월스트리트(Wall Street)가 지불하지 않았다. 워싱턴(Washington)이 지불하지 않았다. 하나님이 예수의 보혈로 대가를 지불하셨다. 역사상 유례없는 특별한 방식으로 한번에 영원한 지불을 하셨다. 하나님은 우리를 위해 사람이 되셨는데, 그것은 창조주가 우리를 위해 피조물이 되셨다는 사실이다. 높고 높은 보좌에 계신 하나님이 낮고 천한 인간의 몸으로 이 땅에 오셨다. 말씀이 육신이 되신 것이다.

바울은 나사렛 예수에 대해 '살아 있는 하나님의 아들'이라고 말했다. 예수께서는 임마누엘로 하나님이 우리와 함께 계심을 나타낸다. 그분은 우리를 위해 죽기까지 복종하셨다. 죄 없으신 그분은 우리를 위해 죄를 짊어지셨다. 그렇기 때문에 우리는 우리의 소유가 아니다. 우리는 우리 자신을 위해 걱정하고, 일하고, 소유하며 살 수 없다.

우리의 뇌는 우리의 소유가 아니다. 우리의 학위도 우리의 것이 아니다. 우리 몸의 모든 것과 우리가 소유한 모든 것은 하나님께 속해 있다. 급진적으로 들릴 수 있겠지만 이는 너무도 당연하다.

2. 영혼과 육체를 통해 하나님께 영광을 돌려야 할 인간

고린도전서는 그리스 철학 사상에 따라 영혼과 육체를 분리하여 인식했던 시기에 쓰였다는 사실을 여러분은 기억하길 바란다. 이 사상에 따르면, 오직 영혼만이 하나님과 관련이 있다. 육체는 개인의 쾌락을 위해서만 존재한다. 육체에 관한 조언으로는 "먹고, 마시고 즐거워하자"(눅 12:13-20)만 해당할 뿐이다. 바울은 이에 반대했다. 그는 우리의 영혼과 육체를 통해 하나님께 영광을 돌려야 한다고 말했다. 데살로니가 교회 신자들을 향한 그의 편지로부터 우리는 우리의 영과 혼과 몸을 하나님께 영광을 돌려야 하는 책임을 부여받았다고 말할 수 있다(살전 5:23).

우리는 하나님께 우리의 몸을 산 제물로 드려야 한다. 우리의 몸은 하나님께 드리는 헌물이다. 우리의 정신은 하나님의 영의 권능으로 새로워져서 하나님께 영광을 돌려야 한다. 이성적 사고가 필요한 과학 기술이라도 그것의 궁극적 목적은 하나님의 영광을 찾는 데 있어야 한다. 우리의 영은 하나님의 영과 교제해야 한다. 우리의 일, 예배, 쉼, 놀이는 하나님께 영광을 돌리기 위해 주어졌다.[1]

고린도 시민들이 만든 자신의 유익만 좇는 문화 속에서 사도 바울은 고린도 교회 신자들에게 하나님을 영화롭게 하라고 조언했다. 삶의 목적은 먹고, 마시고, 즐거워하는 데 있지 않고 하나님께 영광을 돌리는 것이라고 전했다.

3. 성령이 거하는 성전으로서 몸

우리 몸에 우리의 진정한 정체성이 있다. 이곳에 우리의 진정한 힘의 근원이 있다. 이곳에서 무기력이 권능을 얻을 수 있는 비밀이 숨겨져 있다.

구약성경에는 세 개의 성전, 즉 솔로몬이 최초로 건축한 성전, 스룹바벨의 재건축한 성전, 헤롯이 다시 복원한 성전이 기록되어 있다. 신약성경에는 두 개의 성전이 언급된다. 하나님의 성전으로서 예수 그리스도의 교회 그리고 성령의 성전으로서 크리스천의 육체적인 몸이 그것이다. 이것은

---

1 일, 예배, 쉼, 놀이에 대한 구체적 내용은 다음을 참조하라. Richard Exley, *The Rhythm of Life: Putting Life's Priorities in Perspective* (n.p.:Honor, 1987).

심오한 진리다. 우리의 몸은 성령이 거하는 성전이다.

타지마할은 성전이 아니다. 그것은 무덤이다. 겉은 아름답지만, 현재는 죽은 여왕의 유품만 남아 있다. 성전과 무덤의 차이점은 '생명'에 있다.

여러분은 성전 또는 타지마할 중에 어느 쪽인가?

1) 성전은 아름다운 곳

바울이 우리의 몸을 '성령이 거하는 장막'이라고 말하지 않은 것에 관심을 가져야 한다. 장막도 이스라엘 민족에게 하나님의 임재를 나타내는 장소였기 때문에 '장막'이라고 표현해도 문제가 될 것은 없을 것이다. 장막은 이스라엘 민족이 광야 생활을 하면서 잦은 이동을 할 때 그들이 가지고 다녔던 하나님의 처소였다. 장막의 내부는 진실로 아름다웠으나 외부는 다음과 같다.

> 붉은 물 들인 숫양의 가죽으로 막의 덮개를 만들고 해달의 가죽으로 그 윗덮개를 만들지니라(출 26:14).

이런 외부의 모습이 시각적으로 가장 아름다웠다고 상상하기는 어렵다. 반면에 솔로몬의 성전의 내부와 외부는 가장 웅장하고 아름다운 모습 그 자체였다. 내부의 벽은 백향목의 웨인스코팅(wainscoting) 벽면으로 시공을 했고, 바닥은 순금으로 마감을 입힌 상록수 마루판으로 시공을 했다. 솔로몬은 자신의 부와 지위를 활용해 성전을 꾸미고, 여호와께 영광을 돌렸다. 금장식과 동을 활용한 예술적 기교가 성전에 두드러졌다.

모든 마감에 금이 사용될 정도로 금은 성전의 장식을 위해서 아낌없이 사용되었다. 성전 앞쪽에 거대한 낭실(portico)의 묘사를 살펴보자.

> 그 성전 앞에 있는 낭실의 길이가 성전의 너비와 같이 이십 규빗이요 높이가 백이십 규빗이니 안에는 순금으로 입혔으며 그 대전 천장은 잣나무로 만들고 또 순금으로 입히고 그 위에 종려나무와 사슬 형상을 새겼고 또 보석으로 성전을 꾸며 화려하게 했으니 그 금은 바르와임 금이며 또 금으로 성전과 그 들보와 문지방과 벽과 문짝에 입히고 벽에 그룹들을 아로새겼더라(대하 3:4-7).

지성소 내부는 "순금 육백 달란트[23톤]로 입혔으니(대하 3:8)"라고 기록되었고, 성전의 내부와 외부는 그 자체로 너무 아름다웠다. 여기서 우리가 생각해야 할 중요한 교훈이 있다.

많은 크리스천은 낮은 자아 개념을 가지고 살아간다. 감각이 극도로 발달한 현대 문화에서 많은 여성, 특히 젊은 여성들은 자신을 추하다고 생각하거나 적어도 매력이 없다고 생각한다. 이런 현상은 의기소침하고 때로는 우울증까지도 걸리게 할 여지를 준다. 이것은 또한 많은 사람이 건강하지 않은 방식으로 그들의 낮은 자아 개념을 대처하게 하고, 때로는 해로운 방법으로 거짓된 미적 감각을 추구하며, 과잉 보상을 하게 만든다.

원수는 이런 전략을 사용해 이들의 삶에 더 많은 혼란을 가중하고자 한다. 여러분은 성령이 거하는 성전이다. 여러분은 아름답고 기묘하게 창조되었다. 하나님은 여러분의 창조주이자 설계자시다. 하나님은 그분의 형상을 따라 여러분을 창조하셨다. 그분은 여러분을 최대한 아름답게 보신다. 성령의 성전으로서 여러분은 내면과 외면 그 자체로 너무 아름답다. 하나님의 설계를 인정해야 한다. 여러분 안에서 그분이 보는 것을 여러분도 보기 바란다. 그분은 여러분을 아름답게 보시고 여러분을 부르신다.

2) 성전은 기도의 장소

성전은 구별된 장소라고 예수께서 말씀하셨다.

> 내 집은 만민이 기도하는 집이라(막 11:17).

이것에 대해 생각해본 적이 있는가?

사회 복지사와 크리스천 사회 복지사의 차이는 기도에 있다. 교사와 크리스천 교사의 차이는 기도에 달렸다. 크리스천 심리학자, 사업가 또는 간호사와 대등한 지위에 있지만, 세상에 속한 심리학자, 사업가, 간호사와의 차이도 역시 기도에 달렸다.

여러분의 몸은 성령이 거하는 성전이며, 성전은 기도의 장소이다. 여러분은 기도의 사람이다. 여기에서 '기도'라 함은 쉬지 않는 기도를 주목할 수 있다(살전 5:17). 그것은 공식적 기도나 시간을 정해 놓고 하는 기도만 말하는 게 아니다. 그것은 생활 방식으로서 기도를 말한다. 쉬지 않고 하나님과 변함없는 접촉을 하는 기도를 말한다. 우주선이 항해할 때 우주 비행 관제 센터와 지속적 접촉을 하듯이 크리스천은 주님과 일상적 연락을 한다.

크리스천은 지속해서 하나님과 대화를 한다. 그것은 종교적 행위처럼 보이지 않을 수 있다. 그것은 관계적인 일이다. 하나님의 음성을 듣기 위한 시도다. 중요한 시기에 하나님의 인도하심을 들으려는 방법이다. 그것은 생명의 대로이고, 온전함의 대로다. 그것은 개인의 정체성과 관련된 일이다.

이런 기도는 불안에서 비롯된 행동이 아니다. 들썩이는 종교 의식이 아니며, 하나님을 향한 신뢰에 대한 표현이다. 기도는 여러분 자신이 누구이며, 누구를 섬기는지 인정하는 것이다.

나는 문득 주기도문의 단어를 세어 봐야겠다는 이상한 생각을 가져 본 적이 있다. 킹 제임스 성경 번역(KJV)을 찾아보니 66단어, 새 국제 성경 번역(NIV)에는 65개 단어로 주기도문이 기록되었다. 그 순간 나는 주기도문에 개인의 요구에 관한 내용이 단지 7개 단어로만 기록되었다는 것을 알게 되었다.

   오늘 우리에게 일용할 양식을 주시옵고(마 6:11).

 그것은 주기도문 전체의 10퍼센트에 해당하는 단어 수였다. 나는 그날 한 가지 교훈을 배우게 됐다. 나의 요구는 전체 기도에 대부분을 차지할 수가 없다는 것이었다. 나는 그날 마음의 찔림을 받게 되었고, 그날 이후로 기도할 때 이점을 유념하고자 애써 왔다. 하지만 불행하게도 항상 성공적이지만은 않았다. 나의 기도는 하나님께 영광을 돌리고, 그의 나라를 구하고, 죄 사함을 요청하고, 나의 요구를 아뢰며, 구원을 간구해야 한다.
 나는 돌아온 탕자의 기도가 어떻게 변화되었는지에 대하여 생각해 봤다. 그가 집을 떠나기 전에 그의 모든 기도는 아버지로부터 받는 것만을 포함했다. 탕자는 아버지에게 다음과 같이 말했다.

   내게 주소서 … (눅 15:12).

 하지만, 그가 회개하고 돌아왔을 때 그의 기도는 달라졌다. 그것은 받는 것에 대한 기도가 아니었다. 그것은 그의 권리에 대한 기도도 아니었다. 그의 기도는 '삼아 달라'는 것이었다.

   삼아 주소서 … (19절, 새번역).

 탕자의 기도는 "내게 주소서" 기도(give me prayer)와 "삼아 주소서" 기도(make me prayer)로 구분할 수 있다. 우리의 좋으신 아버지께서 우리에게 필요한 것을 미리 아시기 때문에 우리는 "내게 주소서" 기도와 "삼아 주소서" 기도의 균형을 잘 맞춰야 한다. "삼아주소서" 기도는 변화와 변형과 관계가 깊다. 놀랍게도 탕자는 "내게 주소서" 기도를 통해 요청하거나 생각했던 모든 것보다 "삼아 주소서" 기도를 통해 더 많은 것을 아버지로부터 받을 수 있었다.

3) 성전은 권능의 장소

여러분의 몸은 성령이 거하는 성전이다. 성전은 하나님의 권능이 나타나도록 기대하는 장소다. 따라서 여러분은 영적 권능의 사람으로서 성령의 권능을 행하길 바란다. 나는 마귀를 두려워하는 크리스천의 특정한 숫자에 놀랐다. 우리는 예수께서 하신 것처럼 악한 마귀를 심각하게 생각하고 대적해야 한다. 두려워해선 안 된다. 사도 요한의 말을 기억해 보자.

> 너희 안에 계신 이가 세상에 있는 자보다 크심이라(요일 4:4).

마태는 예수께서 성전에 계실 때 맹인과 다리 저는 자들이 성전에 들어온 것을 기록했다. 그들 중 많은 사람이 성전을 떠날 때는 맹인과 다리 저는 모습이 아니었다. 하나님의 권능이 예수의 손을 통해 성전 안에 나타났고, 병자들이 고침을 받았다. 우리가 들은 바 예수께서는 성령으로 충만했고(눅 4:1), 병든 자를 고치는 권능을 가졌다. 예수께서 맹인의 눈을 뜨게 했고 귀머거리의 귀를 듣게 했다. 그분은 죽은 자를 살렸고, 억류된 자를 자유롭게 했다.

여러분의 몸이 성령이 거하는 성전이라는 사실은 동일한 영이 여러분 안에 운행하시며 예수께서 하신 일보다 큰일도 할 것(요 14:12)이라는 잠재력을 가지고 동일한 권능을 행할 수 있다는 것을 의미한다. 사도 바울은 이 진리에 대해 크게 '아멘'으로 화답했고 다음과 같이 기록했다.

> 예수를 죽은 자 가운데서 살리신 이의 영이 너희 안에 거하시면 그리스도 예수를 죽은 자 가운데서 살리신 이가 너희 안에 거하시는 그의 영으로 말미암아 너희 죽을 몸도 살리시리라(롬 8:11).

얼마나 경이로운 말씀인가!

이것은 우리를 오만하게 만들지 않지만, 그리스도를 통해 넉넉하게 이길 수 있다는 자신감을 심어 준다(롬 8:37). 믿는 자를 통해 모든 것이 가능해진다. 우리는 두려움과 근심 가운데 살아갈 필요가 없다. 우리는 삶이 주는 중압감과 공격자로부터 위협감을 느낄 필요가 없다. 우리의 몸은 성령이 거하는 성전이다. 이 진리를 호흡할 시간을 잠시 가져 보자. 이 진리가 여러분의 마음에 잠길 시간을 잠시 가져 보자.

이 진리가 여러분의 온전함의 깊은 단계에 이르도록 묵상해 보자. 여러분은 타지마할이 아닌 성전이다. 이 진리가 깊은 단계에 이르기까지 정체성의 한 부분이 되도록 노력해야 한다. 그리고 이 진리를 실천하면서 배우도록 해야 한다.

4) 성전은 예배의 장소

여러분의 몸은 성령이 거하는 성전이다. 성전은 찬양과 예배의 장소이다. 여러분은 모두 예배자다. 아벨은 예배자였다. 그는 죽음 이후에도 침묵할 수 없게 되었다(히 11:4). 아브라함, 이삭, 야곱은 예배자였다. 그들 각자는 하나님께 찬양을 드리기 위해 제단을 쌓았다. 모세, 사무엘, 다윗은 예배자였다. 여러분은 솔로몬의 성전 봉헌을 기술한 구절을 읽어 본 적이 있을 것이다. 감사와 찬양으로 하나님께 예배를 드릴 때 하나님의 영광인 '쉐키나' 영광이 그들 위에 내렸고, 제사장들은 집전할 수 없게 되었다 (대하 5:13-14). 하나님의 임재가 있는 곳에 예배가 있다. 하나님을 향한 찬양이 있는 곳에 '쉐키나' 영광이 있다.

어떤 이유에서건 이 글을 읽으면서도 여러분이 만약 타지마할처럼 느껴진다면, 기쁜 소식이 하나 더 있다. 하나님은 무덤을 성전으로 바꾸는 능력이 있는 분이시다. 그분은 타지마할을 성전으로 만들 수 있다.

여러분은 요한복음 11장에 나사로를 기억하는가?

그는 나흘 동안 무덤에 있었다. 상황은 전혀 좋아 보이지 않았다. 그의 여동생들은 비통에 잠겼다. 그들에게 마지막 날 죽은 자들이 부활하기 전까지 어떤 소망도 가질 이유가 없었다. 그러나 그때 예수께서 도착했다. 예수께서 베다니에 있는 그들의 집으로 오셔서 나사로가 묻혀 있는 무덤으로 향했다. 요한은 이에 대한 세부적 정보를 기록했다. "돌을 옮겨 놓으라"고 예수께서 명령했다. 그리고 예수께서는 나사로의 이름을 크게 불렀다. 나사로는 살아났고 자리에서 일어났다. 그는 풀려났다. 즉시 베다니의 무덤은 성전이 되었다. 무리는 놀란 채 이 모든 광경을 지켜봤다.

예수 그리스도는 어제나 오늘이나 영원토록 동일하시다(히 13:8). 그분은 생명을 주시며 여러분의 슬픔을 기쁨으로 바꾸실 수 있다. 그분은 오늘 여러분의 삶을 성전으로 만들 수 있다. 여러분은 지금 그분을 찾기 바란다. 그분께 여러분의 삶을 드리고, 삶의 새로운 출발선에서 나아가길 시작해보자.

여러분의 몸이 성령이 거하는 성전이라는 사실을 기억해야 한다. 여러분은 영원히 타지마할이 아닌 성전이다. 이것이 바로 여러분의 정체성이다. 우리는 권능 안에서 행하기 시작하고, 함께 예배드리며, 함께 그분을 찬양해야 한다.

토의를 위한 질문

1. 바울의 시대에 고린도의 문화적 상황은 어떠했는지 답해 봅시다.

2. 이 장에서 기술된 현대 문화에 대한 분석에 대해 동의하나요?

3. 현대 문화의 실정에 대해 추가로 떠오르는 생각이 있는지 답해 봅시다.

4. 여러분은 고린도 교회와 21세기 교회를 어떻게 비교할 수 있을지 답해 봅시다.

5. 오늘날 교회와 고린도 교회의 유사점과 차이점이 있다면 어떻게 다르고 유사한지 답해 봅시다.

6. 바울이 고린도전서 6:19-20에서 강조한 세 가지 중요한 점은 무엇인가요?

7. 이 장에서 강조된 성전의 네 가지 특징은 무엇인가요?

8. 7번의 특징 중에서 여러분에게 개인적으로 감동을 주는 것은 무엇인가요?

9. 8번의 답변에 대해 주님이 여러분에게 말씀하시는 내용은 무엇인가요?

10. 9번의 답변과 관련된 특정 사항 또는 이장의 전체 내용을 바탕으로 여러분이 내린 미래의 결단은 무엇인가요?

제12장

성령의 선물을 받은 사람

> 베드로가 이르되 너희가 회개하여 각각 예수 그리스도의 이름으로 세례를 받고 죄 사함을 받으라 그리하면 성령의 선물을 받으리니(행 2:38).

대부분 크리스천은 자신을 '성령의 선물을 받은 사람'이라고 생각하지 못한다. 사실 많은 크리스천이 자신을 그 반대의 경우라고 생각한다. 우리가 잘 모르는 진실은 성령이 선물이기 때문에 성령을 받은 모든 크리스천은 하나님께 선물을 받은 사람들이라는 사실이다. 사도 베드로가 오순절에 했던 설교를 들어 보자.

> 너희가 회개하여 각각 예수 그리스도의 이름으로 세례를 받고 죄 사함을 받으라 그리하면 성령의 선물을 받으리니(행 2:38).

베드로는 바울이 고린도전서 12장에 묘사한 것처럼 성령의 은사나 성령의 나타남을 말하고 있지 않다. 사도행전을 기술한 누가는 고넬료 가정에 대한 기록을 통해 이점을 명확히 하고 있다.

> 베드로가 이 말을 할 때에 성령이 말씀 듣는 모든 사람에게 내려오시니 베드로와 함께 온 할례 받은 신자들이 이방인들에게도 성령 부어 주심으로 말미암아 놀라니(행 10:44-45).

베드로에게 성령은 선물이었다. 이것은 성령 충만한 크리스천이 하나님께 선물을 받은 사람임을 알려 준다.

성령으로 선물을 받았다는 것은 어떤 의미가 있을까?

우리는 이 질문에 답하기 위해 성령을 받은 사람과 성령에 대한 역사를 살펴봐야 한다.

우리는 구약성경에서 '루아흐'(히브리어 '호흡')의 성령을 마주한다. 신약성경에서는 '프뉴마'(헬라어 '영')의 성령을 만난다. 사람들은 자주 성령을 물건 취급하듯 '그것'으로 지칭하기도 한다. 성령은 인격이기 때문에 이 말은 전적으로 부적절하다. 우리는 먼저 예수로부터 이 말이 왜 잘못되었는지 배울 수 있다.

> 그러나 진리의 성령이 오시면 그가 너희를 모든 진리 가운데로 인도하시리니 그가 스스로 말하지 않고 오직 들은 것을 말하며 장래 일을 너희에게 알리시리라(요 16:13).

바울에 따르면, 이 인격은 감정이 있다. 성령은 근심하신다(엡 4:30). 성령은 말씀도 하고 제자들을 가르치신다(행 2:4; 8:29). 성령에 대하여 예수께서 다음과 같이 말씀하셨다.

> 보혜사 곧 아버지께서 내 이름으로 보내실 성령 그가 너희에게 모든 것을 가르치고 내가 너희에게 말한 모든 것을 생각나게 하리라(요 14:26).

성령은 성경에서 다양한 방법으로 상징화되었다. 구체적인 예로는

① 물(사 44:3)
② 강(요 7:39)
③ 불(마 3:11; 행 2:3)

④ 바람(행 2:2)

⑤ 비둘기(마 3:16)

⑥ 기름(행 10:38; 요일 2:20-27)

⑦ 포도주(행 2:13-17; 엡 5:18) 등이다.

성령은 구약 시대와 신약 시대에 가시적으로 활동했다. 그분은 창조에 활동적이었다(창 1:2). 하나님의 사람들이 써 내려간 역사에 관여하셨다. 예를 들면, 애굽의 바로는 요셉을 통해 '하나님의 영'을 발견할 수 있었다(창 41:38). 더욱이 성령은 구약 시대에 여러 사람에게 임했다. 나열하면 다음과 같다. 발람(민 24:2), 기드온(삿 6:34), 삼손(삿 14:6), 입다(삿 11:29), 사울왕(삼상 11:6), 스가랴(대하 24:20)와 에스겔(겔 11:5) 등의 선지자(우리는 구약성경에서 성령이 사울에게서 떠나는 것도 읽을 수 있다[삼상 16:14]).

성령은 구약성경에서 개인에게 임해 그들의 자연적 능력 밖의 특정한 과업을 행할 수 있도록 준비시키고 그것을 가능하게 했다. 예를 들면, 장막의 건축에 참여한 브살렐은 우수한 지식과 장인 정신이 하나님의 영이 자신에게 임했기 때문에 가능했다고 공을 돌렸다. 브살렐에 대한 모세의 증언을 들어 보자.

> 볼지어다 여호와께서 유다 지파 훌의 손자요 우리의 아들인 브살렐을 지명하여 부르시고 하나님의 영을 그에게 충만하게 하여 지혜와 총명과 지식으로 여러 가지 일을 하게 하시되 금과 은과 놋으로 제작하는 기술을 고안하게 하시며 보석을 깎아 물리며 나무를 새기는 여러 가지 정교한 일을 하게 하셨고(출 35:10-33).

구약성경은 마지막 날에 모든 육체에 부어질 성령을 예견했다(욜 2:28). 우리가 신약을 검토할 때에 성령이 예수의 삶에 매우 활동적이었다는 것을 알 수 있다. 예수께서는 성령으로 잉태되었다(마 1:20). 예수께서 세례를 받을 때 비둘기 같은 성령이 내려왔다(마 3:16). 성령은 예수께서 광야에서 시험을 받을 때 그리고 그분의 사역 전반에 그분과 함께하셨다(눅 4:1, 14). 성령은 기사와 이적 및 치유와 기적으로 나타나는 예수의 권능과 함께했다(마 12:28). 베드로는 예수의 부활 때 함께했던 성령을 증언했다(벧전 3:18).

예수의 삶과 사역 외에도 신약 시대의 성령은 매우 가시적으로 활동했다. 복음서 기자들과 바울은 성령이 임한 사람들과 성령의 일하심을 증언했다. 요한은 우리가 성령으로 거듭났다고 말한다. 요한에 따르면, 하나님의 영은 생수이자 우리 안에서 솟아나는 샘물이다(요 4:14; 7:38-39). 성령은 또한 삶의 호흡이다. 예수께서는 제자들에게 숨을 내쉬며 다음과 같이 말했다.

> 성령을 받으라(요 20:22).

요한복음은 예수에 의해 부여된 성령에 대한 가장 포괄적 가르침을 제시한다. 요한은 성령이 행할 다음의 계획들을 기록했다.

① 성령이 우리에게 주어질 것(14:16)
② 성령이 우리를 가르치실 것(14:26)
③ 성령이 세상의 죄를 책망하실 것(16:8)
④ 성령이 아직 알려지지 않은 진리를 보여 주실 것(16:12-14)

누가는 성령이 그리스도를 증언할 것이라는 사실도 추가로 기술했다(눅 12:11-12).

누가복음과 사도행전을 기술한 누가는 성령에 대한 독특한 견해를 추가했다. 현대인의 관점에서 볼 때, 누가는 '오순절/은사주의 역사신학자'였다고 말할 수 있을 정도다. 그는 성령을 보는 독특한 안경(angle)을 우리에게 제공한다. 성령에 대한 바울의 제시와 비교해도 독특하다. 누가에 따르면, 예수께서는 우리에게 성령과 불로 세례를 베푸시는 분이다(눅 3:16). 누가의 글에는 성령이 권능으로 임하고, 성령이 보고 듣고, 감지할 수 있게 임한다.

그래서 누가는 '성령 충만한(being filled with the Spirit) 사람'과 '성령으로 충만함을 입은(being full of the Spirit) 사람'이라고 표현했다. 성령은 우리에게 임할 뿐만 아니라 미래에 있을 여러 세대와 사람들에게도 임한다. 성령은 우리에게 임하시고(행 11:15), 우리를 채우신다(눅 1:41, 67; 행 2:4; 4:8, 31; 9:17; 13:9, 52). 성령은 또한 우리에게 부어지기도 하신다(행 2:33; 10:45).

누가는 사도행전에서 성령 충만(being filled with the Spirit)한 사람들의 목록을 기술했다. 마가 다락방의 120문도가 해당한다(행 2:4). 바울도 역시 성령으로 충만했다(행 9:17; 13:9). 이방인 고넬료와 그 가족이 성령을 받았다. 누가가 기록한 장면을 살펴보자.

> 베드로가 이 말을 할 때 성령이 말씀 듣는 모든 사람에게 내려오시니 베드로와 함께 온 할례 받은 신자들이 이방인들에게 성령 부어 주심으로 말미암아 놀라니 이는 방언을 말하며 하나님 높임을 들음이러라 이에 베드로가 이르되 이 사람들이 우리와 같이 성령을 받았으니 누가 능히 물로 세례 베풂을 금하리요(행 10:44-47).

에베소 교회에서 예수를 따르던 제자들도 역시 성령으로 충만했는데, 그와 관련된 말씀은 다음과 같다.

> 바울이 그들에게 안수하매 성령이 그들에게 임하시므로 방언도 하고 예언도 하니(행 19:6).

성령으로 충만한 사람을 구별하는 일은 쉽다. 누가에 따르면, 그들은 방언을 말한다(행 2:4; 10:46; 19:6). 그들은 담대하게 말씀을 전한다(행 2:11; 4:8, 31). 그들은 환상을 보고, 꿈을 꾸고 예언을 말한다(행 11:12, 28; 20:23).

누가는 성령으로 충만함(being full of the Spirit)을 입은 다른 사람들을 나열했다.

① 예수께서는 성령으로 충만함을 입었다(눅 4:1).
② 초대 교회 집사들은 성령으로 충만했다(행 6:3).
③ 스데반과 바나바는 성령으로 충만했다(행 6:5; 11:24).

따라서 누가에 따르면, 성령은 사람에게 임하시거나 내려오시고, 사람들을 충만하게 채우신다. 그리고 개인은 성령 충만함을 유지할 수 있다.

성령으로 충만한 사람들(또는 과거에 충만함을 유지해온 사람들)은 매우 훌륭한 인격의 소유자처럼 보인다. 그들은 사역에 활동적이고, 중요한 리더십의 자리를 맡고 있다. 우리는 성령 충만함이 그들의 성화를 측정하는 도구가 되어야 하며, 그들의 삶에서 적당한 수준의 성령의 열매를 맺는 것을 보여야 한다는 결론을 내릴 수 있다.

사도 바울은 성령에 대해 상당한 시간을 들여 글을 썼고, 누가와는 다른 견해를 제시한다. 바울은 성령이 '한 분'이라고 말한다(엡 4:4). 그리고 그는 모든 크리스천이 성령으로 충만해지길 바랐다(엡 5:18). 바울은 성령에 대해 가장 많이 알려진 측면을 제시했다. 즉, 성령의 은사와 열매를 정립했다. 고린도전서 12장에서 바울은 9가지 은사를 나열했다. 그것들은 문자 그대로 성령이 임할 때 나타나는 은사다(8-10절).

① 지혜의 말씀
② 지식의 말씀
③ 믿음
④ 병 고치는 은사
⑤ 능력 행함

⑥ 예언함
⑦ 영들 분별함
⑧ 방언 말함
⑨ 방언들 통역함

사실 바울의 이 글에는 성령의 은사에 있어 일정 부분만 나열된 것이라고 할 수 있다. 성령의 은사에 대해 더 종합적인 목록은 에베소서 4장, 로마서 12장, 고린도전서 12장을 포함해야 할 것이다.

① 사도
② 선지자
③ 복음 전하는 자
④ 목사/교사
⑤ 섬기는 은사
⑥ 가르치는 은사
⑦ 위로하는 은사
⑧ 구제하는 은사
⑨ 다스리는 은사
⑩ 긍휼을 베푸는 은사
⑪ 독신의 은사

나는 오랄로버츠대학교에 봉직하면서 두 번의 흔치 않은 경험을 통해 삶 가운데 성령의 은사와 인도하심의 중요성을 깨닫게 되었다.

첫 번째 사건은 내가 신학대학원 원장으로 섬길 때 일어났던 일이다. 어느 날 나의 영 가운데 한 학생을 확인하고 싶은 감동이 일었다. 무시하려고 애를 썼지만, 걱정이 가시질 않았다. 그래서 나는 몇몇 교수와 행정직원에게 이 여학생을 봤는지 물었다. 아무도 그녀를 보지 못했다는 것을 알게 되자 걱정이 더 커졌다.

나는 대학원 기숙사 관리 책임자에게 전화를 걸어 알아보기로 했다. 그녀 역시 며칠 동안 이 신학생을 보지 못했다고 말했다. 나는 그 관리자에게 이 학생의 기숙사를 점검할 때 함께할 수 있는지 물었다. 우리는 몇 분 만에 그녀의 기숙사 문 앞에 도착했다. 관리자는 문을 열기 위해 마스터키를 사용했다.

우리 눈앞에 어떤 광경이 벌어졌는지 믿기 어려웠다!

완전히 의식을 잃은 채 바닥에 쓰러져 있는 젊은 여성을 발견했기 때문이다. 관리자는 911(역자 주: 우리나라는 119)에 전화를 걸었고, 그 학생은 몇 분 만에 앰뷸런스에 실려 근처 병원으로 후송됐다. 우리는 학생이 당뇨병성 혼수(diabetic coma)로 쓰러졌다는 것과 우리가 그녀를 발견하지 못했다면 아마 유명을 달리했으리라는 것도 알게 되었다. 감사하게도 그녀는 회복이 되었다. 이 일이 있고 난 뒤, 여러 해가 지났지만, 아직도 나는 이 이야기 전체가 나의 영의 감동으로부터 시작되었다는 사실을 잊을 수가 없다.

두 번째 사건은 아메리칸 에어라인(American Airlines) 항공을 탑승하고, 텍사스주 댈러스에서 오클라호마주 털사로 이동하는 중에 일어난 일이었다. 나는 팜 스프링스(Palm Springs)에서 순회 설교를 마치고 귀가하던 중에 있었고, 댈러스에서 연결 비행기를 갈아타고, 주일 밤에 집에 도착하기만을 간절히 바라며 편안히 좌석에 앉아 있었다. 짧은 비행거리였지만 털사에 도착할 예상 시각은 오후 10시였다. 뭔가로 인해 괴로워하는 듯한 한 젊은 여성이 내 옆자리에 앉았고, 우리는 대화를 나눴다.

무엇보다도 그녀는 한 가지 얘기를 꺼내 대화를 이어갔다. 그녀는 오클라호마(Oklahoma)주립대학교를 졸업했으며, 미래에 대해 특별한 계획이 있었다. 그러나 최근에 상담학 석사 학위를 받고 나서, '상담 사역을 시작하라'는 부르심을 느꼈다고 한다. 그녀는 오랄로버츠대학교의 기독교 상담학 석사 학위 프로그램에 깊은 인상을 받았다고 했다. 이것은 그녀가 세웠던 계획들에 큰 변화가 예상되며, 재정에도 걱정이 되는 결정이었다.

그래서 그녀가 감동할 만한 확실한 확신이 필요했다. 그녀는 북동부에 사는 친구들을 방문해 그녀가 필요로 하는 확신을 그들이 줄 수도 있을 거라는 소망을 두고 계획의 변경에 대해 상의했다. 하지만 그녀는 자신의 친구들로부터 만족할 만한 확언을 듣지 못한 채, 집으로 돌아가는 길이었다. 그녀는 그날 오후 10시까지 신뢰할 만한 확정을 받지 못한다면 상담사가 되기 위해 오랄로버츠대학교에 진학할 생각을 버리겠다고 주님께 말했다고 한다.

나는 그녀의 이야기에 강한 호기심과 흥겨움이 느껴졌지만, 오랄로버츠대학교에서 나의 지위를 말하지 않고 계속 듣기만 했다. 나는 우리 비행기가 털사 지역으로 진입해 하강을 시작할 때 수심에 가득 찬 그녀의 얼굴이 더욱 심해지는 것을 발견할 수 있었다. 우리 비행기가 활주로에 접근하고, 곧 있으면 오후 10시가 될 무렵, 나는 이 젊은 여성에게 기독교 상담학 전공 문학 석사 학위를 담당하는 '대학원장'이라고 나를 소개하고, 만약 그녀가 대학원에 등록하게 되면 특별 장학금 수혜를 알아봐 주겠다고 말했다.

나는 평생 그녀의 놀란 표정을 잊을 수가 없다. 그녀의 입이 떡 벌어진 표정으로 잠시 동안 움직이지 않고 앉아 있던 모습은 마치 정지 화면처럼 보였다. 잠시 후에 그녀의 얼굴에 눈물이 흐르기 시작했다.

그녀가 그토록 찾던 확신을 바로 전에 받게 되지 않았던가!

그녀는 오랄로버츠대학교에 등록했고, 상담학을 공부했으며, 후에 상담사가 되었다. 나는 여러분과 이 사실을 나눌 수 있어 기쁘게 생각한다. 나는 그 이후에 여러 번 신입생 모임에 그녀를 초청해 그녀가 성령께서 부르심에 따른 필요를 채우고 인도해 주신다는 간증을 하도록 부탁했다. 이 두 번째 경험을 통해 나는 분별과 영적 인도하심의 중요성에 대해 배울 수 있었다.

갈라디아서 5장에서 바울은 성령의 9가지 열매들과 목록을 제시했다(22-23절). 고린도전서에 기록된 성령의 은사 목록에 추가된 성령의 열매 목록은 다음과 같다.

① 사랑
② 희락
③ 화평
④ 오래 참음
⑤ 자비
⑥ 양선
⑦ 충성
⑧ 온유
⑨ 절제

오랄 로버츠 목사님은 이 열매들을 세 가지 내용으로 묶을 수 있다는 것을 가르쳤다. 첫째 그룹은 사랑, 희락, 화평으로서 이는 우리 자신을 돕는 열매다. 둘째 그룹은 오래 참음, 자비, 양선으로서 이는 이웃에게 베푸는 열매다. 셋째 그룹은 충성, 온유, 절제로서 이는 하나님을 섬기는 열매다. 이 가운데 '충성'(faith, KJV)은 하나님을 기쁘시게 한다(히 11:6). 온유와 절제는 하나님께 영광을 돌리게 한다.

성령의 은사(나타남)는 우리 안에서 그리고 우리를 통해 성령이 일하시는 게 분명하지만, 성령의 열매는 그리스도의 형상을 닮기 위해 우리가 성장하는 것을 도와주기 때문에 우리 자신도 열매를 맺을 수 있도록 경작해야 한다. 성령은 우리를 거룩하고 성결하게 만들기 위해 우리 안에서 일하신다. 우리는 성령 충만을 추구하고 그것을 유지해야 한다. 이것은 성령이 우리의 삶에 오시도록(부어지도록) 자신을 개방해야 하는데, 이는 우리에게 권능의 부여와 성화를 위해서 성령이 우리 안에서 일하시는 것을 의미한다. 우리는 신령한 것들을 사모하도록 권면을 받았다(고전 14:1) 그리고 성령의 권능을 부여받기 위해 그것들을 추구하는 것은 자연스러운 일이다. 하지만 바울에 따르면, 우리 안에서 우리를 성결하게 하는 성령의 역사에 대한 우리의 의지도 중요하다. 우리는 우리 삶 가운데 성령의 은사와 열매 모두 필요하다.

오순절 성령 강림의 파급 현상은 사도행전에 묘사가 되어있다. 성령이 오신 후에 다음과 같은 일들이 일어났다.

① 교회가 성장했다(2:41, 47).
② 성령을 받은 사람들끼리 좋은 교제를 나눴다(2:42).
③ 기사와 이적이 나타났다(2:43).
④ 사람들은 자신의 소유를 필요한 이웃들과 나눴다(2:44-45).
⑤ 그들은 함께 떡을 떼었다(2:46).
⑥ 그들은 함께 배웠다(2:46).
⑦ 그들은 간절히 하나님을 예배했다(2:47).

성령의 일하심은 오순절 직후에 끝나지 않았다. 교회 역사 가운데 지속하고 있다. 교회의 공식적인 신학적 입장과 무관하게 역사 가운데 성령이 일하고 계시다는 것은 자명하다. 특별히 성령 안에서 삶에 나타나는 은사주의적 측면들은 성령이 일하심을 나타낸다. 이런 일하심은 세상의 죄를 책망하시고, 그리스도에게로 사람들을 인도하고, 크리스천들에게 예수를 상기시키고, 사역을 위해 교회에 권능을 부여하며, 하나님의 사람들을 성결하게 하는 일을 포함한다(요 14:20; 16:8-11). 성령은 우리를 인치셨다(고후 1:22). 그분은 우리를 위해 중보하시고(롬 8:26), 우리에게 보혜사가 되신다(요 14:16).

성령은 우리를 가르치시고, 인도하시고(요 14:26; 16:13; 롬 8:14), 우리에게 지혜와 지식과 자유를 주신다(고전 12:8; 고후 3:17). 그분은 우리 안에 거하시며 죄를 대적하도록 돕고(갈 5:17-18), 우리를 변화시킨다(요일 4:13; 롬 12:1-2).

바울은 우리 안에 있는 은사를 활성화하기 위해 우리를 권면하고(딤후 1:6; 살전 5:19; 딤전 4:14), 야고보는 은사의 근원을 우리에게 상기시킨다(약 1:17). 다윗왕, 예수, 바울은 열매를 맺도록 우리를 격려한다(시 1:3; 마 12:33; 요 15:2, 5, 8, 16; 갈 5:22). 우리는 이점을 반드시 유념해야 한다.

여러분이 성령으로 거듭나고 성령으로 충만하다면 여러분은 성령의 사람으로서 성령의 은사와 열매 모두 드러낼 수 있는 토양을 갖추게 된다. 성령을 자신 안에 모신 사람은 최고의 선물을 받은 사람이다. 진정한 선물은 성령의 나타남/은사 그 이상이다. 성령의 열매는 진정한 선물과 동일하게 필수적이다. 내가 성령으로 행하는 것을 가르치기 위해 고민할 때 성령의 은사와 열매가 영적 두 다리가 되어 우리가 성령 안에서 걸을 수 있게 해 준다는 생각이 떠올랐다. 성령의 일하심은 진심으로 심오하다. 나는 여러분이 성령의 사람으로 성령의 권능 안에서 행하도록 힘쓰길 바란다.

① 성령으로 충만함을 받으라(엡 5:18).
② 성령으로 인도함을 받으라(롬 8:14; 갈 5:18).
③ 성령으로 행하라(갈 5:25).
④ 전진하면서 우리 속에 있는 하나님의 은사를 불일 듯하게 하라(딤후 1:6).

토의를 위한 질문

1. 성경에 나타난 성령의 몇 가지 이름과 상징들을 나열해 봅시다.

2. 구약성경에서 하나님의 영을 만날 수 있는 장소 몇 군데를 나열해 봅시다.

3. 구약성경에서 성령의 주된 기능을 토의해 봅시다.

4. 예수의 삶과 사역에 임한 성령의 임재에 대해 서술해 봅시다.

5. 초대 교회와 누가의 글에서 삶을 통해 일하시는 성령에 대해 우리가 배운 중요한 사항은 무엇인가요?

6. 사도 바울로부터 배울 수 있는 성령에 관한 주요 가르침은 무엇인가요?

7. 성령의 은사(포괄적 목록)와 열매를 나열하고 서술해 봅시다.

8. 다음 개념들을 비교, 대조해 봅시다.
   (1) 성령 충만함(being filled with the Spirit)
   (2) 성령으로 충만함(being full of the Spirit)
   (3) 성령으로 행함

9. 성령과의 관계에 대해 개인적 경험을 나눠 봅시다.

10. 성령과 여러분의 동행에 대해 성령께서 어떤 말씀을 하시는지 답해 봅시다.

제13장

축복받은 사람

> 너희를 박해하는 자를 축복하라 축복하고 저주하지 말라(롬 12:14).

축복의 개념은 성경의 첫 번째 책인 창세기에서부터 시작된다. 성경에서 축복에 대한 견해는 축복으로써 선포되는 언어의 힘과 그 때문에 나타나는 영향력 모두를 포함한다. 성경을 통해서 우리는 축복의 이중 개념을 볼 수 있는데, 그것은 하나님께 감사와 찬양을 올려드리는 것과 하나님에 의해 복을 받는 것이다.

'하나님께 감사와 찬양을 드리는 것'(Blessed be God)은 하나님으로부터 받은 복에 대한 감사와 찬양을 표현하고 그것을 하나님께 올려드리는 개념이 여기에 포함된다. 동시에 '축복을 받는 것'은 하나님의 복을 인간이 받는 것을 의미한다. 성경적 송영(doxologies)은 우리가 받은 하나님의 축복을 나타낸다.

'송영'(doxology)이란 단어는 두 개의 헬라어 단어로 이루어졌다. *doxa*는 '영광'을 의미하고, *logos*는 '말'을 의미한다. 따라서 송영은 하나님 영광을 선언한다는 의미가 있다. 신약성경에 언급된 7가지의 송영을 나열해 보면 다음과 같다. 이 감사의 찬양들은 하나님의 영광을 다면적으로 표현했으며, 다양한 감사의 이유를 선포했다. 이것을 염두에 두고 다음의 성경 내용을 읽어 보기 바란다.

1. 새로운 탄생에 대한 감사

우리 주 예수 그리스도의 아버지 하나님을 찬송하리로다 그의 많으신 긍휼대로 예수 그리스도를 죽은 자 가운데서 부활하게 하심으로 말미암아 우리를 거듭나게 하사 산 소망이 있게 하시며 썩지 않고 더럽지 않고 쇠하지 아니하는 유업을 잇게 하시나니 곧 너희를 위하여 하늘에 간직하신 것이라 너희는 말세에 나타내기로 예비하신 구원을 얻기 위하여 믿음으로 말미암아 하나님의 능력으로 보호하심을 받았느니라(벧전 1:3-5).

2. 우리를 왕과 제사장으로 삼아 주심에 감사

우리를 사랑하사 그의 피로 우리 죄에서 우리를 해방하시고 그의 아버지 하나님을 위하여 우리를 나라와 제사장으로 삼으신 그에게 영광과 능력이 세세토록 있기를 원하노라 아멘(계 1:5-6).

3. 영적 축복에 대한 감사

찬송하리로다 하나님 곧 우리 주 예수 그리스도의 아버지께서 그리스도 안에서 하늘에 속한 모든 신령한 복을 우리에게 주시되 곧 창세 전에 그리스도 안에서 우리를 택하사 우리로 사랑 안에서 그 앞에 거룩하고 흠이 없게 하시려고 그 기쁘신 뜻대로 우리를 예정하사 예수 그리스도로 말미암아 자기의 아들들이 되게 하셨으니(엡 1:3-5).

4. 받는 위로와 섬기는 것에 대한 감사

찬송하리로다 그는 우리 주 예수 그리스도의 하나님이시요 자비의 아버지시요 모든 위로의 하나님이시며 우리의 모든 환난 중에서 우리를 위로하사 우리로 하여금 하나님께 받는 위로로써 모든 환난 중에 있는 자들을 능히 위로하게 하시는 이시로다(고후 1:3-4).

5. 복음의 비밀에 대한 감사

나의 복음과 예수 그리스도를 전파함은 영세 전부터 감추어졌다가 이제는 나타내신 바 되었으며 영원하신 하나님의 명을 따라 선지자들의 글로 말미암아 모든 민족이 믿어 순종하게 하시려고 알게 하신바 그 신비의 계시를 따라 된 것이니 이 복음으로 너희를 능히 견고하게 하실 지혜로우신 하나님께 예수 그리스도로 말미암아 영광이 세세 무궁하도록 있을지어다 아멘(롬 16:25-27).

6. 하나님의 권능에 대한 감사

우리 가운데서 역사하시는 능력대로 우리가 구하거나 생각하는 모든 것에 더 넘치도록 능히 하실 이에게 교회 안에서와 그리스도 예수 안에서 영광이 대대로 영원무궁하기를 원하노라 아멘(엡 3:20-21).

7. 하나님의 지지하는 힘에 대한 감사

> 능히 너희를 보호하사 거침이 없게 하시고 너희로 그 영광 앞에 흠이 없이 기쁨으로 서 게 하실 이 곧 우리 구주 홀로 하나이신 하나님께 우리 주 예수 그리스도로 말미암아 영 광과 위엄과 권력과 권세가 영원 전부터 이제와 영원토록 있을지어다(유 1:24-25).

앞서 언급한 대로 축복의 개념은 신구약 성경 모두를 통해 선포되는 언어의 힘과 그 말로 인한 긍정적 영향력을 포함한다. 유사하게 저주의 경우도 그와 동일한 차원인 힘과 영향력을 포함하지만, 저주는 부정적 측면을 갖는다는 면에서 차이가 있다. 어떤 사람이 축복을 선언할 때 그 사람은 하나님을 대신해서 복을 선언하는 것이다.

성경에 모든 축복의 근원은 하나님이다. 우리는 단순히 그분의 복이 이웃에게 임하도록 선언하지만, 축복의 권위와 능력은 하나님으로부터 나온다. 축복의 말은 하나님을 대신해서 선언하기 때문에 힘을 갖게 된다. 따라서 우리는 하나님이 어떤 분인지 고백하는 찬양을 올려드리며, 하나님을 대신해서 서로를 축복해야 한다.

우리는 하나님이 좋으신 분이기 때문에 그분을 찬양한다. 우리는 이렇게 좋으신 하나님과 관계를 유지하기 때문에 이웃에게 축복을 전할 수 있게 된다. '주의 이름을 찬양'은 구약성경에서 가장 흔한 축복의 형태다. 이런 축복은 자주 하나님으로부터 받은 유익에 대한 반응으로 선언되기도 했다. '복 있는 사람'은 성경적 축복의 빈번한 형태로 하나님의 복을 받은 사람을 표현한다. '복 있는'이란 표현은 행복한 상태를 의미한다. 따라서 '복 있는 사람'은 '행복한 사람'이라는 의미가 될 수도 있다.

하나님은 그분의 백성을 복 주신다. 성경에는 매우 희귀하기는 하지만 하나님이 실제로 저주를 내리신 사례가 있고, 하나님에게서 오는 저주의 위협에 대한 내용도 찾아볼 수 있다. 하나님은 그분의 백성을 복 주시길 원하신다. 그래서 우리를 축복하시고 우리가 그분을 대신하여 서로에게 축복하길 바라신다.

축복을 선언하는 것은 이스라엘 공동체에서 정기적으로 행해지는 삶의 일부분이었다. 그들의 역사 초기에는 평범한 이스라엘 사람들이 서로에게 그리고 자녀에 축복했다. 축복의 권위가 점차 선지자, 제사장, 왕으로 집중이 되었지만, 사람들 사이에서 축복의 관례는 지속했다. 그들은 이웃에게 축복을 선언하고, 공식적 권위가 없더라도 이웃에게 축복할 수 있도록 하나님께 간청할 수 있다고 인식하게 되었다.

하나님께 축복을 받은 사람들에게 저주한다는 것은 불가능하다. 예를 들면, 발람이 이스라엘을 저주하려고 시도했지만 그런 일은 발생하지 않았다. 사실, 그 반대의 경우가 일어났다.

> 네 하나님 여호와께서 너를 사랑하시므로 네 하나님 여호와께서 발람의 말을 듣지 아니하시고 네 하나님 여호와께서 그 저주를 변하여 복이 되게 하셨나니(신 23:5).

구약성경에서 가장 아름다운 축복 가운데 하나는 민수기에서 찾아볼 수 있다.

> 여호와는 네게 복을 주시고 너를 지키시기를 원하며 여호와는 그의 얼굴을 네게 비추사 은혜 베푸시기를 원하며 여호와는 그 얼굴을 네게로 향하여 드사 평강 주시기를 원하노라 할지니라 하라(민 6:24-26).

성경은 하나님의 개입이 개인 또는 신앙 공동체에 임한 저주의 묶임을 끊을 수 있다고 가르친다(갈 3:13; 엡 1:3). 하나님의 축복과 보호와 은혜의 능력 앞에서 원수의 어떤 무력도 당해내지 못한다. 인류에게 내려진 가장 파괴적 저주는 죄의 저주다. 예수 그리스도는 이 저주로부터 우리를 자유롭게 하려고 오셨다.

어떻게 하셨을까?

그에 대하여 바울은 다음과 같이 기록했다.

> 그리스도께서 우리를 위하여 저주를 받은 바 되사 율법의 저주에서 우리를 속량하셨으니 기록된바 나무에 달린 자마다 저주 아래에 있는 자라 했음이라(갈 3:13).

우리는 생명과 사망 그리고 복과 저주 중의 하나를 선택해야 하는 상황에 놓여 있다. 믿음으로 우리는 생명과 복을 선택해야 한다(신 30:19). 우리는 우리를 위해서 복을 선택해야 할 뿐만 아니라 위대한 하나님의 이름으로 이웃에게 복을 선언할 역할도 선택해야 한다.

이스라엘 백성들은 다양한 경우에 하나님을 찬양했다. 예를 들면, 그들은 매일 식사 전과 식사 후에 하나님께 감사의 찬양을 드렸다. 초대 교회 공동체에서는 유대 관습의 축복을 채택했다. 복음서에서 팔복은 예수를 따르는 자들에게 임하게 되는 새로운 복을 소개했다. 바울서신은 축복으로 시작해 축도로 마무리를 맺는다.

신약성경에는 저주에 대한 많은 언급이 없지만, 우리는 우리를 저주하는 누군가에게도 축복해야 한다고 배웠다. 예수께서는 십자가에서 죄와 저주의 극한을 마주했고, 그런 저주의 영향으로부터 우리를 자유롭게 하셨다. 이제는 그리스도로부터 하나님의 복이 할례자와 무할례자에게 동일하게 임하게 되었다. 아브라함을 통해 열방에 복을 주시고자 했던 하나님의 열정이 이제 예수 그리스도를 통해 성취되었고, 우리가 바로 그 수혜자다.

예수 그리스도는 하나님이 인류에게 주시는 궁극적인 복이다. 예수 그리스도의 삶 때문에 우리는 하나님의 엄청난 복을 누리게 되었고, 현재와 미래를 통틀어 그분을 믿는 모든 자에게도 동일한 복이 임하게 된다.

우리는 구원과 영생을 주시는 하나님의 복을 받아들여야 하며, 그에 대한 보답으로 하나님을 찬양해야 한다. 우리는 또한 예수 그리스도의 이름으로 하나님의 복을 이웃에게 전해 줄 결단을 해야 한다. 축복의 능력을 외면해선 안 된다.

이웃을 축복하는 내용에 대하여 우리가 깊이 생각해 볼 때, 나는 종종 몇 년 전에 오랄로버츠대학교에서 만난 목회학 박사 과정을 공부하던 한 학생이 떠오른다. 나는 그를 '로버트'(Robert: 가명)라고 칭하겠다. 그는 55세로 주요 교단에서 안수를 받은 목사였다. 로버트는 목회학 박사 학위 논문을 끝내는 데 힘든 시간을 보냈다. 그는 논문의 중요 부분을 작성하지 못했다. '작가의 벽'(writer's block, 역자 주: 글이 완성되지 못하여 글을 쓰는 사람이 흔히 겪는 갈등)보다 더 심각한 수준이었다. 나는 그가 왜 논문을 완성할 수 없다고 생각하는지 그 이유를 듣게 되었다. 놀랍게도 그는 초등학교 2학년 때, 자신을 가르치던 선생님이 매우 화난 목소리로 자신에게 외치는 과거의 사건 때문에 겁에 질려있다고 말했다.

"로버트, 너는 참 멍청하구나. 너는 아무짝에도 쓸모없는 아이다!"

그날의 사건은 지난 40년 전에 로버트에게 발생한 일이었지만 다 성장한 로버트의 마음에 큰 메아리로 남아 있었다. 그는 대학과 대학원에서 석사 과정을 마쳤고, 이제 박사 학위가 거의 마무리될 상황에서 그 선생님의 목소리는 여전히 그에게 울려 퍼지고 있었다. 사실 로버트는 매우 총명한 사람이었다. 그는 성공적 목사와 교회 지도자였으며, 하나님의 말씀을 전할 때도 나무랄 데 없는 능력 있는 설교자였다. 하지만 그의 마음 깊은 곳에는 초등학교 2학년 때 입은 상처가 남아 있었고, 그 상처 때문에 보다 큰 성취를 이루는 데 걸림돌이 되고 말았다.

우리의 말에는 힘이 있다. 특별히 권위가 있거나 높은 지위에 있다면 더욱 그럴 수 있다. 교사, 목사, 상담 전문가가 바로 그와 같은 위치라고 할 수 있을 것이다. 우리의 말은 우리 자신과 이웃에게 매우 심오한 방법으로 영향을 미친다.

크리스천으로서 우리는 하나님이 말씀의 힘으로 무에서 유를 창조했다고 믿는다. 하나님이 우리를 그분의 형상대로 만드셨기 때문에 우리가 그분을 닮는 한 가지 방법은 다른 동물에게서 발견되지 않는 말의 능력을 갖추는 것이다.

인간의 타락에도 불구하고 우리가 특히 하나님을 대신해서 말할 때 우리의 말에 힘이 있다는 사실에 왜 우리는 놀라야 하는가?

불행하게도 일부 목사들은 크리스천들이 자신의 필요나 문제를 말하는 것이 믿음의 부족을 표현하는 것이라는 두려움을 갖게 했는데, 이는 그들이 그런 성경 해석을 바탕으로 가르쳤기 때문이다. 나는 분명히 우리의 일상적 언어가 하나님의 말씀보다 더 강력하다고 말하지 않는다. 하지만 우리의 언어는 긍정적 영향과 부정적 영향, 생명과 사망 모두에게 영향을 미칠 힘을 가지고 있다. 우리는 분별력을 가지고 우리의 언어를 잘 선택하여 말해야 한다. 특별히 누군가의 삶 가운데 중요한 순간에는 더욱 그렇다. 우리는 혀의 권세에 대한 사도 야고보의 말을 심각하게 받아들이고, 긍정적 영향을 미치는 도구로 그것을 바꿀 수 있도록 모든 할 수 있는 노력을 기울여야 한다(약 3:2-6).

심리학자들은 이미 자기 긍정과 자기 대화법의 가치에 대해 정립을 했다. 자신에 대해 긍정적으로 말하는 사람들은 더 나은 삶을 살게 되고, 부정적 자기 대화를 하는 사람들은 반대의 영향을 받으며 살게 된다. 말은 격려와 좌절, 힘의 부여와 갈취, 축복과 저주 등을 심어 줄 수 있다.

왜 우리는 이웃을 향해 격려하고, 힘을 부여해 주며 축복하는 말을 사용하지 않는가?

축복과 저주의 힘은 성경에 매우 분명하게 기록되어 있다. 두 경우를 자세히 보여 주는 많은 사례가 있다. 우리는 하나님이 아담, 노아, 아브라함을 축복하신 것을 알고 있다. 아브라함은 아들 이삭에게 축복했다. 이삭은 축복의 대상이 바뀌었음에도 아들 야곱을 축복했다(창 27장). 야곱의 역사를 보면 속여서 받은 축복일지라도 그것의 힘은 유효하다는 것을 알 수 있다. 후에 야곱은 요셉과 그의 다른 아들들과 손자들을 축복했다.

이스라엘 민족의 이야기는 축복받은 사람들의 이야기다. 그들이 불순종하고 있을 때라도 축복은 그들을 한동안 보호해 줄 것처럼 여겨졌다. 얍복강 가에서 하나님의 천사와 씨름하던 야곱과 그가 받은 축복과 수반된 표적(다리 저는 것)은 창세기 32장에 자세히 기록이 되어 있다. 창세기 기자는 이 축복받은 사람이 하나님과 사람 모두로부터 축복을 받은 사람이고, 이스라엘 민족은 이 축복받은 한 사람의 아들과 딸, 그들의 후손이라는 사실을 세상이 이해하길 바랐다. 야곱은 축복을 받기 위해서 아버지를 속였기 때문에 하나님께 복을 받기 위해서는 잔인하리 만큼 정직한 모습이 되어야만 했다. 역설적이게도 하나님과 씨름하여 축복을 얻어낸 사람이었던 야곱은 후에 그의 형 에서의 얼굴에서 하나님의 얼굴을 발견할 수 있었다(창 33:10). 하나님의 축복은 예측할 수 없고, 전혀 뜻밖의 방법으로 우리에게 영향을 준다.

성경은 축복에 관한 수많은 다양한 이야기를 기록한다. 모세와 아론은 지도자로서 이스라엘 민족을 축복했다. 제사장들은 구체적으로 다음의 말씀대로 사람들을 축복하도록 명령받았다.

> 여호와는 네게 복을 주시고 너를 지키시기를 원하며 여호와는 그의 얼굴을 네게 비추사 은혜 베푸시기를 원하며 여호와는 그 얼굴을 네게로 향하여 드사 평강 주시기를 원하노라 할지니라 하라(민 6:24-26).

같은 전통을 따라 다윗도 백성에게 이같이 축복했다.

축복의 역사는 성경을 통해 연연히 이어져 내려왔다. 저주의 내용도 평행을 이루며 지속되지만, 결국 축복이 더 우세하다. 하나님의 축복은 모든 형태에서 저주를 압도한다.

축복의 힘은 신약성경에서도 매우 분명히 기술되어 있다. 예수께서는 어린아이들을 축복했다(막 10:16). 누가에 따르면, 예수께서 승천하시기 전 행하신 마지막 활동은 축복이었다.

> 예수께서 손을 들어 그들에게 축복하시더니(눅 24:50).

예수께서는 좋은 소식을 가지고 세상에 복을 주시려고 오셨다. 이 복된 좋은 소식은 그분의 축복을 받은 제자들을 통해 우리에게 전해졌다. 우리는 이제 복을 받았고, 이웃을 축복하도록 부르심을 받은 자들이다.

불행하게도 우리는 자주 이웃을 축복하지 못한다. 우리는 인정보다 반감을 표현하는데 더 열정적이다. 그들을 축복하는 대신, 그들에게 저주를 퍼붓는 우리 자신을 발견하게 된다. 저주하는 것보다 축복하는데 더 많은 에너지가 필요한 게 아니다.

그렇다면 왜 우리는 축복하지 않을까?

우리는 왜 우리가 진심으로 복받는 모습을 보기 원하는 사람들을 축복하지 않는단 말인가?

이것은 양육에 있어 중요한 개념이다. 우리는 모두 자녀가 복을 받기 원한다.

하지만 얼마나 자주 그들을 축복해 주었는가?

왜 약간의 짜증이 자녀의 축복을 훼방하는 것을 내버려 두는가?

나는 우리가 자녀를 축복할 기회를 만들어야 한다고 확신한다. 자녀에게 축복의 말을 들려주길 바란다. 우리의 축복을 자녀들이 기억하게 만들어야 한다. 그들이 나가서 스스로 세상과 마주할 때, 우리가 그들에게 선언한 축복의 기억 때문에 그들이 힘과 용기를 찾을 수 있게 만들어 주어야 한다. 축복의 행위에 숨겨진 다른 비밀이 없을지라도 이 생각만으로도 우리는 자녀를 축복해야 할 당위성을 갖는다.

우리는 또한 우리의 가족과 친구들을 포함한 이웃도 축복해야 한다. 교사는 자신의 학생들을 축복해야 한다. 구약성경에 제사장처럼 목사는 자신의 성도들을 축복해야 한다. 교회에서 드려지는 예배는 축도 없이 끝내선 안 된다. 직장 상사는 부하 직원들을 축복해야 한다.

이상한 발상인가?

현시대에 조직 리더십에 관한 세상의 책들은 격려와 희망을 주는 언어를 통해 직원들에게 정적 강화(positive reinforcement)를 장려한다.

축복은 가장 효율적으로 비용을 절감할 수 있는 직원 복지라 할 수 있다!

40년 전, 로버트 목사가 초등학교 2학년 때, 그의 선생님이 그에게 부정적 견해의 저주를 내린 것 대신에 다음과 같이 말했다면 어떤 일이 벌어졌을지 상상해 보자.

"로버트 어린이, 선생님은 하나님의 이름으로 우리 어린 로버트를 축복해!

로버트는 축복받은 아이야!

로버트가 공부하는 데 하나님이 도움을 주셔서 우리 로버트가 공부를 잘 할 수 있게 될 거야!

로버트, 꼭 기억해야 한다!

하나님이 도와주시면 너는 언젠가 박사 학위도 받을 수 있을 거야!"

이렇게 된다면, 그 여교사는 로버트에게 저주를 퍼부은 동일한 시간과 에너지를 들여서 저주 대신 좋은 씨앗을 로버트의 삶에 심게 되었을 것이다. 그랬다면 로버트는 중년이 되어서도 당시 상처받은 말 때문에 여전히 공포에 떠는 일은 없었을 것이다. 반대로 로버트는 그 여선생님께 감사하는 마음으로 오랫동안 좋은 추억을 가지며 살아갈 것이다.

성령께서 권능으로 로버트의 이런 문제를 해결해 주시고, 치유해 주셔서 감사하다. 로버트는 초등학교 2학년 때 받은 상처로부터 치유를 받게 되었고, 논문을 완성하고 박사 학위를 받을 수 있게 되었다. 그를 지도하는 교수들이 집중적 기도와 격려를 통해 로버트를 돌봤다. 오늘날 그는 강력하게 복음을 전하는 사역자가 되었다. 그는 부주의한 말 때문에 상처를 입은 이웃을 돌보는 사역으로 바쁜 나날을 보내고 있다. 성령의 도우심으로 로버트는 마침내 옛 저주의 기억을 깨는 방법을 발견하게 되었고, 이웃에게 축복을 해 주기 시작했다.

하나님이 여러분에게 복을 주셨기 때문에 여러분은 이웃을 축복하는 권능을 소유하게 되었다. 우리의 주인이자 구원자되신 예수 그리스도의 이름으로 그 권능을 주장하고 이웃을 축복해야 한다. 이것은 우리가 가진 유대적 유산과 기독교적 유산 중에 최고의 전통을 지키는 일이다.

토의를 위한 질문

1. 두 가지 개념, 즉 '주의 이름을 찬양'과 '복있는 사람'에 대해 설명해 봅시다.

2. 축복과 축복을 통해 존재하는 힘의 근원에 대한 중요한 측면은 무엇인가요?

3. 이 장에서 언급된 일곱 가지 송영(doxologies)에 대해 어떻게 생각하는지 나눠 봅시다.

4. 축복과 저주에 대해서 성경은 무엇을 가르치나요?

5. 유대 제사장들이 축복할 때 어떤 말로 표현했나요?

6. 발람이 이스라엘을 저주하려고 시도한 것을 통해 무엇을 배울 수 있나요?

7. 하나님께 복을 받기 위해 하나님과 씨름을 했던 야곱에 대해 이 장에서 언급한 내용은 무엇인가요?

8. 우리에게 놓인 죽음의 저주에 대해 예수께서는 무엇을 하셨고, 어떻게 그 일을 하셨나요?

9. 로버트의 사연으로부터 무엇을 배울 수 있나요?

10. 축복과 저주에 대해 여러분은 어떤 결단을 내릴 건가요?

제14장

오늘의 성자

> 모든 성도[성자]들이 너희에게 문안하되 특히
> 가이사의 집 사람들 중 몇이니라(빌 4:22).

나는 바나(Barna) 연구 그룹에서 실시한 설문 조사를 통해 밝혀진 미국의 크리스천들이 크리스천이 아닌 사람처럼 살아간다는 연구 결과를 읽고 나서 슬퍼졌다(4장). 이 연구는 복음주의 교회와 자신을 성령으로 충만하다고 여기는 사람들을 포함한 결과이다.

우리가 사는 시대는 '포스트모던 시대'라고 불린다. 유럽인들은 이 시대를 기독교 이후 시대(post-Christian period)로 부른다. 어떤 사람은 '뉴 에이지'(New Age)로 부르기도 한다. 우리는 그들의 부모 세대와 다르게 영적 문제에 대해 생각하는 새로운 세대를 맞이하게 되었다. 이 세대는 두 개의 커다란 견해를 매우 중요하게 생각한다.

첫 번째, 견해는 '관용'이다. 그들은 모든 생활 방식이 동일하게 존중받아야 하고, 판단 없이 관용되어야 한다고 믿는다.

두 번째, 견해는 '영성'과 관련이 깊다. 이 세대는 일반적으로 봤을 때 모든 종교는 기본적으로 평등하며 모든 종교적 경전은 동일하게 영감을 받았고, 신뢰할 만하며, 동일한 수준의 권위를 인정하는 것이 마땅하다고 믿는다. 그들은 조직화된 종교는 일반적으로 나쁘다고 생각하나 반면에 '영성'에 대해서는 매우 추구할 만하다고 믿는다.

나는 신학대학원 학생들에게 성령으로 충만한 영성 또는 성령으로부터 능력을 받은 경건함에 대해 질문을 하곤 했다. 그들은 자주 이 용어에 대한 정의를 내리지 못했다. 나는 이 장에서 이 질문에 대해 살펴보길 원한다.

여러분이라면 성령의 능력을 받은 영성에 대해 어떻게 정의를 내리겠는가?

우리는 다양한 종교와 신앙 공동체마다 자신의 영성에 대해 다르게 표현하는 것을 알고 있다. 다른 종교에 의해 발현된 영성을 살펴보고 기독교 영성, 특별히 성령의 능력을 받은 영성을 비교하는 일은 중요하다.

먼저 힌두교 영성과 영적 수행을 살펴보자. 힌두교 영성은 인도에서 발현되고 발전했으며 반복적 주문(mantras), 종교적 요가, 푸자(pujas) 또는 의식을 따르는 기도, 식이요법, 해, 달, 별, 공기, 땅, 물, 새, 물고기, 무서운 자연의 힘을 예배하는 것을 포함한다. 역시 인도의 역사와 문화에 뿌리를 두고 아시아의 여러 지역에서 발전된 불교 영성의 수행으로는 자신을 비우는 명상, 반복적인 단련된 기도, 하이쿠(haiku)로 불리는 시 쓰기, 다도, 그림, 선(Zen) 정원 가꾸기 등을 포함하고 있다.

이슬람교 영성과 영적 수행은 이슬람교 5대 교리적 기둥을 기초로 형성됐다.

① 샤하다(신앙의 증언)
② 쌀라(의식상 씻기와 기도)
③ 자카(자선)
④ 씨얌(라마단 기간의 금식)
⑤ 핫즈(메카를 향한 성지 순례)

반면에 유대교 영성은 독특하고 토라(Torah)를 기초로 정립되었다. 안식일, 적절한 식단, 윤리적인 삶, 유월절과 하누카 같은 절기를 지키는 것을 강조한다.

기독교 영성에 관해 살펴보면, 먼저 천주교 영성은 고해성사, 미사 참석, 기도, 규정된 금식, 자기 희생, 다양한 성사(성례전)과 의식 참여로 표현될 수 있다. 그리스 정교회 영성은 신학적 차이에도 불구하고 천주교와 비슷한 점이 많이 발견된다. 개신교 영성은 일반적으로 정기적 예배, 성경공부, 금식과 기도, 성경 정독, 전도, 교회 조례를 따르는 것으로 표현될 수 있다.

그렇다면 성령으로 충만한 영성은 무엇일까?

단지 우렁찬 찬양, 현대 기독교 음악, 또는 방언으로 대표되는가?

엷은 안개와 레이저 광선이 수반된 어두운 예배당에서 더 잘 드러나는가?

아니면 예배 순서에 얽매이지 않고 성령의 음성을 따라가는 것인가?

나는 신학자 스티브 랜드(Steve Land)가 성령으로 충만한 영성 또는 오순절 영성에 대해 다음 세 가지 관점인 '생각하기', '느끼기', '행하기'[1]로 주장한 의견이 옳다고 믿는다. 여기서 '생각하기'는 다음의 질문과 관련이 있다.

"여러분은 무엇을 믿습니까?"

'느끼기'는 우리의 종교적 애정과 관련이 있으며, 다음의 질문에 반응하는 것이다.

---

1   Steven Land, *Pentecostal Spirituality: A Passion for the Kingdom* (Sheffield, England: Sheffield Academic Press, 1994), 41.

"우리의 감정은 어떻습니까?"

애정은 우리의 마음이 어디에 있는지와 관련이 깊다. 그리고 '행하기'는 다음의 질문과 관련이 있다.

"여러분의 실제적인 영적 실천, 행동, 습관은 무엇입니까?"

다시 말해 '생각하기'는 교리와 관련이 있고, '느끼기'는 우리의 깊은 헌신과 관련이 있으며, '행하기'는 우리의 실천과 관련이 있다.

① 건강한 성령의 능력을 받은 영성은 바른 교리가 수반되어야 한다.
② 건강한 성령의 능력을 받은 영성은 바른 애정이 수반되어야 한다.
③ 건강한 성령의 능력을 받은 영성은 바른 영적 실천이 수반되어야 한다.

1. 바른 교리

바른 교리를 가지고 있다는 것은 옳은 신학을 가지고 있다는 의미다. 불행하게도 신학은 일부 조직에서 무시당한다. 이것은 잘못된 생각이다. 신학은 단순히 '하나님에 대한 학문'이기 때문에 무시당해선 안 된다. 모든 사람이 신학을 좋은 신학일 수도 있고, 나쁜 신학일 수 있는 신학을 가지고 있다. 신학은 중요하다.

여러 해 전에 내가 원목으로 섬길 때, 한 의사가 '나쁜 약품이 사람을 죽일 수 있다'고 했던 말이 기억난다. 하지만 나쁜 신학도 마찬가지다. 신학이 문제가 아니다. 나쁜 신학이 문제다. 우리는 좋은 신학이 필요하며, 좋은 교리가 필요하다. 우리는 사도행전에 베뢰아 사람들로부터 배워야 한다.

베뢰아에 있는 사람들은 데살로니가에 있는 사람들보다 더 너그러워서 간절한 마음으로 말씀을 받고 이것이 그러한가 하여 날마다 성경을 상고하므로(행 17:11).

자신이 성령의 능력을 받았다고 인식하는 사람들의 기본적인 교리는 무엇일까?

그에 대한 답을 요약하는 단순한 방법이 있다. 우리는 삶, 죽음, 예수의 부활, 승천, 재림에 대한 약속을 믿는다. 우리가 믿는 모든 것은 이 문장을 기본으로 한다. 구원은 삶, 죽음, 예수의 부활을 기본으로 한다. 물 세례, 성령 세례, 순결한 삶, 기사와 이적 및 치유와 기적, 전도, 부활에 대한 우리의 궁극적 소망은 삶, 죽음, 예수의 부활 개념을 기본으로 한다.

2. 바른 애정

성령으로 충만한 애정은 무엇일까?

건강한 영성은 감정이 수반되며, 그 감정을 다룰 수 있어야 한다. 바른 애정은 바른 감정을 의미한다. 스티브 랜드는 성령으로 충만한 사람의 삶에는 세 가지 중요한 애정이 있다고 말한다.

① 긍휼
② 용기
③ 감사[2]

---

[2] Steven Land, *Pentecostal Spirituality: A Passion for the Kingdom*, 138.

빈곤한 사람에 대한 긍휼, 하나님의 빛이 보이지 않는 곳을 향해 나아가는 용기, 예배를 통해 하나님께 감사의 마음을 표현하는 것들은 성령으로 충만한 크리스천의 기본적 애정들이다. 랜드는 이 모든 것이 하나님 나라를 위한 신념과 관련이 깊다고 믿는다.

3. 바른 실천

성령의 능력을 받은 영성과 관련된 최고의 실천에 대해서 성경은 바른 실천에 대한 많은 목록을 제시한다. 예를 들면, 사도행전 2장에 그것에 관련된 목록이 있다. 사도의 가르침을 배우고, 교제하고, 떡을 떼고, 기도하고, 기쁨으로 예배를 드리고, 기사와 이적 및 치유와 기적이 일어나고, 소유를 나누며, 서로 신앙을 키워 나갔다(42-47절). 사도 바울은 우리에게 유사한 여러 목록을 제시했다. 그중 하나는 데살로니가전서 5장에서 찾을 수 있다.

① 항상 기뻐하라
② 쉬지 말고 기도하라
③ 범사에 감사하라
④ 성령을 소멸하지 말라
⑤ 예언을 멸시하지 말라.
⑥ 범사에 헤아려 좋은 것을 취하라
⑦ 악은 어떤 모양이라도 버리라(16-19절).

다시 말해, 우리는 기뻐해야 하고, 기도로 살아야 하고, 감사해야 하며 성령의 능력을 받아야 한다.

이런 목록은 유익하지만, 성령의 능력을 받은 영성은 해야 할 것과 하지 말아야 할 것으로 나열된 어떤 목록으로 제한할 수 없다. 목록을 채우는 것은 하나님이 우리에게 기대하는 바가 아니다. 피상적 규정을 따르는 것은 우리가 성령으로 충만한 진정한 영성을 유지하는 방법이 아니다. 성령으로 충만한 사람들을 위한 영적 실천은 그들 안에 계신 성령이 일하심으로 표현되어야 한다. 그것들은 성령이 이끄시고 성령의 능력을 받은 변화된 삶의 표현들이다.

우리 가운데 일부는 '해야 할 것'과 '하지 말아야 할 것'으로 나열된 긴 목록과 함께 성장해 온 사람이 있을 것이다. 우리는 하지 않은 것에 대해 자랑스러워하며 자랐다. 사실 이 목록에는 하지 말아야 할 것이 해야 할 것보다 더 많이 나열되어 있다. 불행하게도 죄의 목록은 추가되고 변화를 겪는다. 내가 소망하기로는 우리는 그런 과거로부터 많은 것을 배워 왔고, 지금은 더욱 성숙하고 종합적 방법으로 영성을 이해할 수 있어야 한다는 것이다.

이것이 내게 어떤 의미로 다가왔는지 설명하겠다. 우리는 변화된 삶을 살아가야 한다. 성경은 '우리가 즉시 변화될 수는 있으나 즉시 성숙해질 수는 없다'고 말한다. 우리는 단 하루 만에 영적 거장이 될 수는 없으나 하루 만에 변화될 수는 있다. 어떤 크리스천들은 죽음 이후에 변화되기를 기다리는 것처럼 보이나 성경은 '지금-여기'(here and now)에서 일어나는 변화에 대해 말한다. 그리고 성경은 현재 변화를 명령하고 있다.

> 너희는 이 세대를 본받지 말고 오직 마음을 새롭게 함으로 변화를 받아 하나님의 선하시고 기뻐하시고 온전하신 뜻이 무엇인지 분별하도록 하라(롬 12:2).

우리는 하나님의 영으로 태어나 거듭나게 되었다. 추가로 우리는 성령으로 충만하게 되었다. 우리의 영성은 오늘날 우리가 믿음으로 살아가는 변화된 인생의 진리를 표현하는 삶이 되어야 한다. 우리는 완벽하지 않지만 우리는 변화된 존재다. 우리는 과거로부터 변화가 일어나고 있다.³

바울 서신은 그가 본대로 우리의 현재 삶을 묘사하고 있다. 바울에 따르면, 우리의 정체성은 다음과 같다.

① 하나님은 우리를 맞아 주셨다(엡 1:6).
② 하나님은 우리를 양자 삼아 주셨다(엡 1:5).
③ 하나님은 우리를 만드셨다(엡 2:10).
④ 우리는 하나님으로부터 용서받았고, 성령으로 인치심을 받았다 (엡 1:13).
⑤ 우리는 기업의 유산으로 부유하게 되었다(골 1:12).
⑥ 우리는 하나님 나라의 시민이 되었다(빌 3:20).
⑦ 우리는 신앙 공동체의 권속이다(엡 2:19).
⑧ 우리는 그리스도와 함께 십자가에 못 박혔다(갈 2:20).
⑨ 우리는 그리스도와 함께 일으켜졌다(엡 2:6).
⑩ 우리는 새로운 피조물이 되었다(고후 5:17).

이 구절들은 동일하게 우리의 미래에 대해서도 논하고 있다. 우리의 현재는 매우 비슷한 우리의 미래가 될 것이고, 우리의 미래는 매우 비슷한 우리의 현재가 될 것을 발견하게 되어 기쁘고 놀랍다.

바울에 따르면, 그리스도는 하나님 우편에 앉아 계시고, 우리는 지금 그의 옆에 앉아 있다. 우리는 '지금-여기'에서 그의 안에서 산다. 우리는 그분 안에 뿌리를 내렸고, 그분 안에 숨겨졌다.

3　나는 이 변화의 개념에 대해 원목이면서 기독교 작가인 J. W. Phillips가 저술한 7편의 단행본으로 구성된 *Pursuing with Passion Series*에서 발췌한 정보와 영감을 인용함을 밝힌다.

우리는 현재 하나님의 자녀다. 유대인처럼 생물학적 유산 때문이 아니고, 종교적 업적 때문도 아니다. 우리는 하나님의 성품으로부터 끌어내기 위하여 포도나무 가지에 접붙여졌다. 우리는 하나님의 생명과 성품을 받을 수 있는 연결된 위치에 있다. 하나님은 이 과정을 시작하셨고, 우리가 그것을 지속하는데 필요한 모든 것을 제공하신다. 이것이 성령으로 충만한 영성이다. 이것이 성령의 능력을 받은 영성이다(엡 2:6; 갈 2:20; 골 3:3; 갈 3:14).

이런 생각은 단순하다. 우리는 하나님의 자녀다. 거룩한 하나님은 우리의 아버지다. 우리는 성령으로 태어났고, 성령으로 충만해지면서 우리 안에 그분의 속성을 물려받았다. 우리는 모든 피조물의 후손이 그들의 선조로부터 유산을 물려받는 이치를 알 수 있다. 우리는 모든 피조물이 그들의 조상의 특징들을 드러내는 것을 본다.

그들은 자신의 DNA의 특징들을 자연스럽게 표현한 것이다. 우리는 하나님의 자녀가 이 타락한 세상에서 살아가지만, 그들 안에 하나님의 속성을 가지고 있다는 사실을 무시할 수 없다. 이 점이 우리를 '성자'로 부를 수 있는 이유다.

우리가 받은 유산의 완전함은 아직 실현되지 않았지만 우리는 믿음과 하나님의 은혜로 구원을 받았다. 우리는 실제로 구원을 받았다. 성경에 구원받은 사람을 '성자'로 부른다. 우리는 현재 살아 있는 성자다. 그렇다 해도 여전히 많은 사람은 종교적 업적을 남겨 죽어서도 후세로부터 추앙받는 과거의 성자들을 '성자'로 부르는 견해를 유지한다. 그렇지 않다. 모든 성자가 운명을 달리하고 사라진 게 아니다. 은혜로 구원받고, 성령으로 충만한 우리는 살아 있는 성자들이다. 우리는 믿음으로 그렇게 되었다. 그렇다. 우리는 지금 성자가 맞다.

우리는 옛 성품을 가졌었고, 그것은 하나님을 기쁘시게 하지 못했다. 우리의 옛 의는 더러운 옷 같았다(사 64:6). 우리는 우리 자신을 구원할 위치에 있지 않았으나 하나님이 우리를 구원하시고, 예수 그리스도 안에서 새로운 피조물로 만들어 주셨다. 우리는 새롭게 지음받은 것이다. 우리는 하나님으로부터 태어났고, 그분의 영으로 태어났으며, 예수 그리스도 안에서 생명을 얻었다. 우리의 삶은 이제 그리스도와 함께 하나님 안에 감추어졌다(골 3:3).

바울이 가이사의 궁전에서 성자들을 발견한 것은 놀라운 일이 아니다!

우리는 죄의 속박으로부터 자유를 얻었다. 우리는 변화되고 변형되었다. 우리는 이제 하나님의 피조물이며, 그분의 걸작품이다. 이것은 심오하고 우리를 자유롭게 해 주는 진리다. 특별히 율법주의에서 성장한 우리 가운데 일부에게 더욱 그렇다. 많은 교회와 사역 단체가 결과 위주로 돌아간다. 지금은 율법주의의 속박으로부터 우리 자신을 풀어 내고, 하나님이 우리에게 주신 자유를 회복할 때다. 우리 안에 있는 하나님의 속성이 성령의 능력과 인도를 받는 은혜를 나타나게 함으로써 우리 영성 안에 있는 그 자유를 표현해야 한다.

우리 영혼의 원수는 우리가 그렇게 생각하고, 그렇게 느끼고, 또는 그렇게 믿는 것을 원하지 않는다. 원수는 우리가 마치 변하지 않는 것처럼 살기를 바란다. 원수는 우리가 마치 영성이 정죄로 가득한 율법주의적 수행의 종류인 것처럼 인식하고 살기를 바란다. 원수는 우리가 항상 부족하다는 두려움을 갖고 살아가길 바란다. 하지만 그것들은 우리를 향한 하나님의 말씀이 아니다. 우리는 성령의 권능을 의존해야 하고, 하나님의 은혜로 성령의 권능을 행하는 참된 영성의 삶을 살아 내야 한다. 그런 영성을 살아 내야 할 시간이 도래했다. 우리는 믿음으로 그런 영성의 삶을 살아 낼 수 있다.

우리가 지금 완벽하고 아무 결점이 없다는 것을 주장하는 것이 아니다. 우리는 성결한 삶과 영적 의무로부터 무관하다는 것을 말하는 것이 아니다. 반대로 우리는 온전함이 믿음에 의해 역동적 상태인 것처럼 성결함도 마찬가지라고 인식한다. 온전함은 믿음으로 되는 것이다. 또한, 성결함도 마찬가지다. 사실 '온전함은 성결함'이라고 말한 오랄 로버츠 목사님이 옳았다. 우리는 점진적으로 성숙해질 것이지만 하나님이 주신 성결함 안에서 현재를 살 수 있다.

　우리는 아직 완전해지지 않았지만 이미 변화를 받았다. 우리는 아직 완전히 변화되지 않았지만 그렇게 될 것이다. 그런 일이 일어나는 동안에 하나님의 영이 우리에게 새로운 속성을 가능하게 한 새 생명을 주셨다. 우리가 하나님의 자녀로서 성숙함을 지속할 때, 우리의 변화된 삶은 점점 더 드러나고 표현될 것이다. 우리의 영적 DNA는 우리의 실천을 통해 표현되고, 나타날 것이다. 이것은 성령으로 충만한 참된 영성이다.

　이것은 우리 삶의 방식에 대해 더 이상 무력하고 절망적 감정을 가질 필요가 없다는 의미다. 우리는 전인적인 삶을 살 수 있다. 우리는 전인적인 삶의 방식을 유지할 수 있다. 이는 힘으로 되지 아니하며, 능력으로 되지 아니하고 오직 하나님의 영으로 가능하다(슥 4:6).

　우리는 지금 자유하다. 자유는 예수 그리스도를 통해 지금 우리에게 주어졌다. 우리는 더 이상 속박 안에서 살 필요가 없다. 우리는 그리스도와 함께 십자가에 못 박혔고, 새로운 피조물로서 생명의 새로움 속에서 살아간다. 우리는 우리를 사랑하시고 우리를 위하여 자신을 버리신 하나님의 아들을 믿는 믿음 안에서 산다(엡 5:2). 우리 각자는 그분 안에서 새로운 피조물이다(고후 5:17). 우리는 이제 '성자'(saint, KJV)로 불린다(고전 1:2).

　여러분은 성령으로 태어났고, 성령으로 충만해졌다. 여러분은 말씀(행 20:32)과 성령(롬 15:16)과 예수 그리스도의 보혈(히 10:29)로 거룩해졌다. 믿음으로 여러분 안에 계신 거룩한 성령과 동행하길 바란다. 여러분은 성령의 인치심을 받았고(엡 4:30), 보증으로 이미 여러분의 마음에 성령이 계신다(고후 1:22). 예수를 죽은 자 가운데서 살리신 성령이 지금 여러분 안에 거하신다(롬 8:11). 동일한 성령이 여러분을 변화시키고, 여러분을 변화시키는 중이다. 동일한 성령이 여러분의 죽을 몸을 변화시킬 것이며, 언젠가 죽음에서 부활시킬 것이다.

이 과정을 통해 여러분은 때가 되면 온전하게 성숙될 것이지만, 여러분의 새로운 영성을 표현하기 위해 완전한 성숙의 때를 기다릴 필요는 없다. 하나님의 말씀을 믿고, 바른 애정을 유지하고, 여러분 안에 있는 거룩한 성령과 동행하며, 믿음으로 행하길 바란다. 여러분은 이미 어둠의 나라를 떠났다. 여러분은 지금 빛의 나라에 있다. 성령을 통해 이것이 가능하게 되었다. 여러분은 성령의 권능으로 승리하는 성결한 크리스천의 삶을 살 수 있다. 그렇다. 여러분은 지금 성자다.

토의를 위한 질문

1. 이 장에서 언급된 바나(Barna) 그룹의 연구 결과에 대한 여러분의 의견을 나눠 봅시다(4장도 참고).

2. 포스트모던 세대의 중요한 두 가지 가치는 무엇이고 이것에 대한 여러분의 비평을 답해 봅시다.

3. 힌두교, 불교, 이슬람교, 유대교에서 중요한 영적 수련에 대한 여러분의 의견을 나눠 봅시다.

4. 천주교, 그리스 정교회, 개신교의 전통들 중에서 서로 다른 강조점에 대한 의견을 말해 봅시다.

5. 스티브 랜드가 주장한 성령으로 충만한 영성의 세 가지 차원은 무엇인가요?

6. 성령의 능력을 받은 크리스천에 관해 교리, 애정, 영적 실천을 정의해 봅시다.

7. 에베소서와 골로새서를 근거로 바울의 현재와 미래에 대한 견해를 설명해 봅시다.

8. 다음 개념들(성결, 성숙, 훈련, 책임)에 대해 토의해 봅시다.

9. 성경에서 성자에 대한 정의는 무엇인가요?

10. "여러분은 이제 성자다"라는 진술을 성경적 논리로 방어해 봅시다.

제15장

소명을 위해 영적 권능과 기름 부음을 받은 사람

> 이에 사무엘이 기름병을 가져다가 사울의 머리에 붓고 입맞추며 이르되 여호와께서 네게 기름을 부으사 그의 기업의 지도자로 삼지 아니하셨느냐
> (삼상 10:1).

'패러다임 전환'이라는 개념은 20세기 말에 우리의 삶에 깊숙이 들어온 단어다. 미국의 과학 사학자 겸 철학자인 토마스 쿤(Thomas Kuhn)이 용어를 처음 만들면서 그의 이름이 알려지게 되었다. 패러다임 전환은 우리가 일상적으로 생각하고 행동했던 어떤 방법을 근본적이고, 상당히 다른 방법으로 대체하는 것을 말한다. 사례는 아주 많다. 예를 들면, 기계적 스프링으로 시계를 만들던 시대가 있었다.

최근에는 전자식과 디지털 방식의 시계가 그것들을 대체하고 있다. 이것이 패러다임 전환의 한 예로 여겨진다. 사진을 찍는 방식에도 유사한 변화가 일어났다. 우리가 사용하던 카메라는 휴대 전화로 대체가 되었고, 젊은 세대들은 코닥 필름 카메라 또는 폴라로이드 카메라가 어디에 쓰는 물건인지도 알 길이 없게 되었다.

과거 오클라호마의 정유 회사들은 지하 송유관(oil pipes)을 통해 막대한 수익을 창출했지만, 현재는 새로운 회사들이 송유관에 광섬유 케이블을 추가해 정유 대신 전자 정보를 담아 전달하면서 수익을 창출하고 있다. 사무엘은 훤칠하고 잘 생겼지만, 자신을 생각하는 방식의 패러다임 전환

이 필요한 사울이라는 남자를 소개한다. 우리는 사무엘상 9장에서 아버지가 잃어버린 나귀를 쫓아가는 사울을 발견한다. 이스라엘의 초대 왕이 될 운명을 가진 청년이 온종일 아버지의 잃어버린 나귀를 찾는 모습이다. 그의 가족은 앞으로 청년 사울에게 닥칠 하나님의 거사에 대한 이해가 없었던 것으로 보인다. 당사자인 사울도 그의 가족보다 나을 건 없어 보였다. 사실 사무엘 선지자와 사울의 대화를 통해 우리는 사울이 겸손한 것이 아니라 그의 가족 배경을 근거로 낮은 자아 개념을 갖고 있다는 것을 분명히 알 수 있다(삼상 9:21).

　사무엘은 사울에게 잠깐 멈춰 서서 그를 향한 하나님의 계획을 나눠도 되는지 물었다. 사울은 사무엘 선지자와 단둘이 시간을 보내기 위해 그의 사환을 먼저 가게 했다. 사환이 떠나자 사무엘은 사울에게 기름을 붓고 그의 인생에 대한 하나님의 계획을 대언했다.

　사울이 이스라엘의 왕이 될 것이라는 계획을 말이다!

　사울은 믿을 수 없었다. 그는 충격에 휩싸인 채 사무엘과 헤어졌다.

　우리가 잘 모르는 진실은 우리가 사울과 매우 비슷하다는 점이다. 우리는 종종 다른 사람이 우리와 우리의 미래에 대해 말하는 것을 근거로 나귀들을 쫓아가며, 바쁜 나날을 보내고 있다. 나귀들은 사울이 살던 시절부터 지금까지 줄곧 모양새를 바꿔 왔다. 오늘날 그들은 자동차, 집, 직장, 대출, 여가, 인터넷, 다중 매체, 오락물 등 여러 형태를 띠고 있다.

　우리는 참된 자아 정체성을 인식하고, 우리가 나귀를 쫓아가는 사람 이상의 존재라는 것을 깨달아야 한다. 우리는 주님으로부터 기름 부음을 받았고, 하나님이 사랑하시는 사람들이며 예수의 보혈로 씻겨졌고, 나라와 제사장과 택하신 족속으로 부르심을 받았다. 우리는 하나님의 목적을 위해 소명을 받았다. 요한의 글을 살펴보자.

우리를 사랑하사 그의 피로 우리 죄에서 우리를 해방하시고 그의 아버지 하나님을 위하여 우리를 나라와 제사장으로 삼으신 그에게 영광과 능력이 세세토록 있기를 원하노라 아멘(계 1:5-6).

'아멘'으로 화답하고 베드로가 기록한 말씀도 살펴보자.

그러나 너희는 택하신 족속이요 왕 같은 제사장들이요 거룩한 나라요 그의 소유가 된 백성이니 이는 너희를 어두운 데서 불러 내어 그의 기이한 빛에 들어가게 하신 이의 아름다운 덕을 선포하게 하려 하심이라(벧전 2:9).

우리는 염려와 걱정 때문에 나귀들을 쫓아간다. 슬픈 사실은 우리가 두려워하는 일부는 진심으로 근거가 없다는 것이다. 나는 코네티컷(Connecticut)주 노르위치(Norwich)에 위치한 노르위치병원(Norwich Hospital)에서 원목 실습생(chaplain trainee)으로 일했던 적이 있었다. 어느 날 녹색 플리머스 바라쿠다(Pymouth Barracuda)를 운전해 뉴 헤븐(New Haven)에서 노르위치로 가고 있었다.

뉴 헤븐을 떠날 때만 해도 날씨가 화창했는데 중간쯤 가자 날씨가 갑작스럽게 변했다. 얼음과 눈이 동시에 내리는 것처럼 보였고, 길은 점점 심하게 미끄러웠다. 열대지역인 인도에서 태어나 미국에 이민 온 나는 그 당시만 해도 얼음과 눈길에서 운전한 경험이 없었다. 나는 차를 제어하는 데 어려움을 겪다가 결국에는 고속도로 가장자리에서 미끄러졌고, 차가 멈춰선 곳에 머무르게 되었다. 가시성이 매우 안 좋았고, 길에는 아무도 없었다. 나는 순간 공황 상태에 빠졌다.

내 위치가 어디인지 알아내기 위해 도로 표지판을 찾았다. 근거리에 있는 파란색 표지판이 눈에 띄었고, 그것을 읽기 위해서 안간힘을 썼다. 표지판을 읽었을 때 큰 충격에 사로잡히게 되었다.

'공황 지역!'(Panic Area)

나의 공황은 가중됐다. 나는 어쩌다 그런 장소까지 미끄러지게 되었는지 믿기지 않았다. 나는 방향을 찾은 후에 파란색 표지판을 다시 읽어보기로 작정했다. 실제로 표지판에 적혀있는 글씨는 다름 아닌, '소풍 장소'(Picnic Area)였다.

우리는 얼마나 자주 소풍 장소에서 공황을 느끼는가!

다른 사람들이 여러분에게 거는 기대감 때문에 생기는 이런 공황은 우리의 생각보다 훨씬 커다란 우리 삶을 향한 하나님의 계획과 목적을 놓치는 원인을 제공한다. 사울의 사례에서 보듯이 사울은 이미 찾은 나귀를 실제로 쫓아가는 모습을 보였다. 사울은 하나님의 음성을 듣는 것이 필요했다. 그가 정말로 필요한 것은 삶의 변화를 일으키는 하나님의 말씀과 대면하는 것이었다.

우리는 하나님과 만남이 우리를 변화시키는 것을 이미 보아 왔다. 이 진리를 증명했던 많은 사람이 있다. 하나님과 만남은 아브라함의 운명을 바꿨다(창 17:1-6). 하나님과 만남이 야곱을 다듬어 갔다(창 32:26). 살아 있는 하나님과 만남이 모세를 변화시켰다(출 3:1-7). 여호수아도 역시 변화되었다(수1:1-5). 사무엘은 하나님과 만남 이후 다시는 전처럼 행동하지 않았다(삼상 3:4). 엘리야와 에스겔은 하나님의 음성에 의해 변화되었다(열상 17:2-3; 겔 1:1).

나귀를 쫓아가는 사울의 경험을 통해 배울 수 있는 두 가지 중요한 교훈을 도출하면 다음과 같다.

① 우리는 하나님의 임재에 대한 의식을 가지고 살아야 한다.
② 우리는 삶에 대한 하나님의 목적을 성취하기 위해 살아야 한다.

우리가 하나님의 임재에 대한 의식을 가지고 살면서 삶을 향한 하나님의 계획을 성취하는 데 초점을 맞추면 낮은 자아 개념을 극복하고 우리 삶에 내재한 잠재력의 최대치까지 도달할 수 있게 된다. 다른 사람들이 우리에게 갖는 기대감을 만족하게 하는 것 대신에 하나님의 마음에 합한 우리 삶의 목적을 발견하고 우리를 향한 그분의 꿈을 실현하게 된다.

1. 하나님에 대한 임재 의식을 갖고 살아가기

성경은 하나님이 인간을 다뤄 가신 기록이다. 따라서 하나님의 임재는 구약성경과 신약성경에서 모두 다루는 지속적 주제다. 이에 대해 간략히 살펴보면 다음과 같다.

1) 에덴동산에서 하나님의 임재

벌거벗어 부끄러움을 느낀 아담은 동산 나무들 사이에 숨었고, 하나님은 동산에 나타나 그를 찾았다. 이점은 기독교 신앙이 모든 다른 종교와 차별성을 주는 점이다. 다른 종교들은 신들을 향해 가는 길을 제시하고, 사람이 그 길을 가도록 요구하지만, 기독교 신앙은 상처 입은 인간들을 찾으시는 하나님을 이야기한다. 하나님은 에덴동산에서 잃어버린 영혼들에 하나님의 임재를 가져오셨다.

2) 광야에서 하나님의 임재

> 여호와께서 그들 앞에서 가시며 낮에는 구름 기둥으로 그들의 길을 인도하시고 밤에는 불 기둥을 그들에게 비추사 낮이나 밤이나 진행하게 하시니(출 13:21).

하나님의 백성은 애굽의 속박으로부터 풀려나 애굽을 떠나게 되었다. 백성들은 자유를 가져다준 놀라운 기사와 이적을 목격하고 나서 위험한 광야를 지나는 여정을 떠나게 된 것이다. 낮의 열기는 가혹했고, 밤의 추위는 견디기 힘들었다. 남녀노소가 밤낮으로 위험에 직면하며 힘들게 광야를 이동했다.

당시에 하나님이 어디 계셨는지 추측할 수 있는가?

낮에는 구름 기둥으로, 밤에는 불기둥으로 그들보다 앞서가셨다. 하나님의 임재는 그분의 백성이 광야를 지나며 고통을 겪을 때 그들과 함께 계셨다.

3) 성전에서 하나님의 임재

이스라엘 백성들이 약속의 땅에 도착했을 때 하나님은 그들을 축복하시고, 그들을 번성하게 하셨다. 어느 날 하나님이 솔로몬에게 말씀하셨다.

> 네가 지금 이 성전을 건축하니 네가 만일 내 법도를 따르며 내 율례를 행하며 내 모든 계명을 지켜 그대로 행하면 내가 네 아버지 다윗에게 한 말을 네게 확실히 이룰 것이요
> (왕상 6:12-13).

삼만 명의 장정들이 칠 년 동안 일해서 성전을 완공했다. 일만 명씩 삼교대로 돌아가면서 일한 결과 B.C. 960년에 성전이 완공되었다. 성전 봉헌식에서 어떤 일이 벌어졌는지 살펴보자.

> 솔로몬이 기도를 마치매 불이 하늘에서부터 내려와서 그 번제물과 제물들을 사르고 여호와의 영광이 그 성전에 가득하니 여호와의 영광이 여호와의 전에 가득하므로 제사장들이 여호와의 전으로 능히 들어가지 못했고 이스라엘 모든 자손은 불이 내리는 것과 여호와

의 영광이 성전 위에 있는 것을 보고 돌을 깐 땅에 엎드려 경배하며 여호와께 감사하여 이르되 선하시도다 그의 인자하심이 영원하도다 하니라(대하 7:1-3).

하나님은 절대로 그분의 백성을 포기하지 않는다. 그들이 하나님께 불순종할 때라도 하나님의 임재는 그들과 함께 계셨다.

솔로몬의 성전은 B.C. 586년에 바벨론에 의해 파괴가 되었다. 50년 후에 스룹바벨이 성전을 재건했고, B.C. 516년에 공사를 마쳤다. 이 성전은 후에 헤롯이 보수하고, B.C. 20년부터 A.D. 70년까지 사용되었던 성전으로 교체가 되었다. 이 기간에 엄청난 일이 일어났다. 요한의 글을 살펴보자.

> 태초에 말씀이 계시니라 이 말씀이 하나님과 함께 계셨으니 이 말씀은 곧 하나님이시라 … 말씀이 육신이 되어 우리 가운데 거하시매 우리가 그의 영광을 보니 아버지의 독생자의 영광이요 은혜와 진리가 충만하더라(요 1:1, 14).

마태의 글도 살펴보자.

> 처녀가 잉태하여 아들을 낳을 것이요 그의 이름은 임마누엘이라 하리라 이를 번역한즉 하나님이 우리와 함께 계시다 함이라(마 1:23).

이제 바울의 글을 살펴보자.

> 하나님이 그리스도 안에 계시사 세상을 자기와 화목하게 하시며 그들의 죄를 그들에게 돌리지 아니하시고 화목하게 하는 말씀을 우리에게 부탁하셨느니라(고후 5:19).

그 안에는 신성의 모든 충만이 육체로 거하시고(골 2:9).

많은 종교지도자가 아니라 오직 그리스도 안에서 이 일이 가능해졌다. 여기 언어도단적 주장이 있다. 하나님이 사람이 되어서 우리 가운데 사셨다. 메시지 성경 번역의 표현은 다음과 같다.

그 말씀이 살과 피가 되어 우리가 사는 곳에 오셨다(요 1:14, 메시지 성경).

이 말씀을 묵상해 보자. 영원하신 여호와 하나님이 육신이 되셨다. '엘 샤다이' 전능의 하나님이 육신이 되셨다. '여호와 이레' 준비하시는 하나님이 육신이 되셨다. '여호와 라파' 치료의 하나님이 육신이 되어 우리 가운데 사셨다. 그렇다. 하나님이 우리와 함께 계시기 위해 임마누엘이 되셨다.

4) 예수 그리스도, 하나님의 임재 33년

예수께서는 여러 곳을 다니며 선한 일과 복음 전파와 가르치고, 고치는 일을 하셨고, 제자들은 그분의 영광을 보았다(요 1:14). 하지만 예수께서는 순전한 거룩함을 감당할 수 없는 사람들에 의해 십자가에 못 박히셨다. 두 명의 강도와 함께 십자가에서 돌아가셨고, 장사되었으나 삼일 만에 부활해서 아버지 곁으로 승천하셨다.

5) 오순절, 하나님의 임재

누가는 오순절에 대해 다음과 같이 기록했다.

> 홀연히 하늘로부터 급하고 강한 바람 같은 소리가 있어 그들이 앉은 온 집에 가득하며 마치 불의 혀처럼 갈라지는 것들이 그들에게 보여 각 사람 위에 하나씩 임하여 있더니 그들이 다 성령의 충만함을 받고 성령이 말하게 하심을 따라 다른 언어들로 말하기를 시작하니라(행 2:2-4).

예수께서는 전에 제자들에게 약속한 대로 제자들이 다락방에 모여 약속을 기다리고 간구할 때에 성령을 통해 역동적인 그분의 임재를 나타내셨다. 하나님의 임재는 강하게 부는 바람처럼 전 세계에 불어 예루살렘을 지나 가이사랴, 에베소, 로마, 지구 반대편까지 강타했다. 하늘로부터 흐르는 강물처럼 예루살렘을 지나 지구 끝까지 넘쳐흘렀다.

최근 역사를 보면, 이 강물은 미국의 토피카(Topeka), 휴스턴(Houston), 로스앤젤레스(Los Angeles) 그리고 노르웨이(Norway), 스웨덴(Sweden)의 대도시와 근교 도시, 극동아시아의 인도에까지 영향을 끼치게 되었다. 이 바람은 기분 좋게 불었고, 성령의 권능으로 전 세계를 통해 하나님의 임재가 느껴졌다. 불어오는 바람은 멈추지 않았다. 수억의 사람들이 현재까지도 이 경험을 목도하고 있다.

6) 하나님의 임재를 대신한 교회

예수께서는 "두세 사람이 내 이름으로 모인 곳에는 나도 그들 중에 있느니라"(마 18:20)고 말씀하셨다. 바울은 오순절 이후에 이 점을 명확히 했다.

> 너희는 너희가 하나님의 성전인 것과 하나님의 성령이 너희 안에 계시는 것을 알지 못하느냐(고전 3:16).

바울은 사람 수가 많을지라도 우리는 하나님의 임재를 모신 하나의 '성전'이라고 말했다. 우리가 예수의 이름으로 모일 때 성령의 권능으로 예수 그리스도의 임재가 나타난다. 교회는 하나님의 부르심을 받고 모인 백성이다. 하나님의 임재는 예수를 증거하고, 그분의 백성을 구원하고, 고치고, 가르치고, 성결하게 하는 교회 안에서 나타난다.

7) 크리스천 안에 나타난 하나님의 임재

교회에서 예배의 마지막 순서인 축도가 선언되어도 하나님의 임재는 사라지지 않는다. 우리가 앞 장(chapter)에서 살펴본 것처럼 하나님의 임재는 각 크리스천 안에 있으며, 그들과 동행하신다. 우리는 성령으로 충만해지도록 부르심을 받았다. 우리는 성령으로 행하길 권고받았다. 성령은 우리를 인도하실 것을 약속하셨다. 신학자들은 이것을 "너희 안에 계신 그리스도시니 곧 영광의 소망이니라"(골 1:27)로 규정할 수 있는 '성육신적 임재'라고 부른다. 사도 바울은 이것을 간단한 질문으로 정리했다.

> 너희 몸은 너희가 하나님께로부터 받은 바 너희 가운데 계신 성령의 전인 줄을 알지 못하느냐 너희는 너희 자신의 것이 아니라(고전 6:19).

2. 하나님의 목적을 성취하며 살기

사울은 아버지의 나귀를 쫓으면서 자신의 삶에 임한 하나님의 임재를 눈치채지 못했다. 그는 또한 이스라엘의 왕이 될 자신의 운명도 눈치채지 못했다. 그 당시 이스라엘에게 그들만의 왕을 갖는 것은 패러다임 전환이었다. 그때까지만 해도 이스라엘에는 왕이 없었다. 사무엘 선지자가 그들을 인도했다. 사울은 이스라엘의 패러다임 전환에 따라 자신의 패러다임 전환도 필요했다.

사울은 요구하거나 상상할 수 있는 모든 것 이상으로 그의 인생을 향한 하나님의 계획을 성취하기 위해 부르심을 받았다. 사무엘은 사울을 향한 하나님의 목적을 위해 사울을 불렀고, 그에게 기름을 부었다. 사울은 그의 인생에 대해 하나님의 목적을 성취하고 살도록 부르심을 받았다. 우리도 역시 동일한 일을 해야 한다. 사람들이 부르심을 받고 기름 부음을 받듯이 우리도 내재된 잠재력의 최대치까지 도달하기 위해서 특정한 생활 방식을 살아야 한다.

릭 워렌(Rick Warren)목사가 쓴 유명한 책 『목적이 이끄는 삶』(The Purpose Driven Life)에는 하나님이 그분의 자녀들을 향한 구체적인 5가지 목적이 제시된다.[1]

① 우리는 하나님의 기쁨을 위해 설계되었기 때문에 하나님을 기쁘시게 해야 한다.
② 우리는 하나님의 가족 구성원으로 입양되었기 때문에 하나님의 가족에 속해 있어야 한다.
③ 우리는 하나님의 형상으로 창조되었기 때문에 그리스도를 닮아야 하는 목적이 있다.
④ 우리는 창조주를 섬기도록 만들어졌기 때문에 하나님을 섬겨야 한다.
⑤ 우리는 선교를 위해 창조되었기 때문에 좋은 소식을 전파해야 한다.

---

1 Rick Warren, *The Purpose Filled Life: What on Earth Am I Here For?*, expanded ed.(Grand Rapids: Zondervan, 2012).

나는 각자의 세부적 소명에 상관없이 우리 삶을 향한 하나님의 목적을 성취하기 위해서 세 단계로 구성된 간단한 방법을 제시하고자 한다.

① 우리는 믿음으로 살아야 한다.
② 우리는 소명 안에서 행해야 한다.
③ 우리는 기름 부음 안에서 행해야 한다.

1) 믿음으로 살아야 할 우리

하나님의 자녀를 향한 하나님의 목적은 그들이 하나님 안에서 믿음으로 사는 것이다. 나는 이렇게 말할 때 여러 믿음의 정의를 고려해 보았다. 먼저 믿음은 "바라는 것들의 실상이요 보이지 않는 것들의 증거니"(히 11:1)라고 기록되어 있다. 믿음은 보이지 않는 것을 보며, 믿을 수 없는 것을 믿으며, 불가능한 것을 성취하는 것이라는 사실을 여러분이 기억하길 바란다.

아브라함의 삶을 보면 믿음은 목적지가 어디인지 모르는 상황에서도 여정을 시작하는 것이라고 말할 수 있다. 아브라함에게 믿음은 얼마나 기다려야 할지 모르는 상황에서도 기다리는 것이라고 말할 수 있다. 아브라함에게 믿음은 이유를 모르는 상황에서도 명령에 순종하는 것이라고 말할 수 있다. 아브라함에게 믿음은 상급이 어떻게 생성될지 모르는 상황에서도 상급을 받는 것이라고 말할 수 있다.

우리의 궁극적 목적은 하나님을 기쁘시게 하는 일이다. 믿음은 하나님을 기쁘시게 한다(히 11:6). 내가 자란 인도에서는 목사 가정을 '믿음의 가정'으로 불렀다. 당시에 목사들은 정해진 급여나 복리 후생 제도가 없이 근근이 생계를 유지했기 때문이다. 그들은 하나님을 신뢰하고, 성도들이 헌금을 내고자 하는 자유 의지에 의존하며 살았다.

다시 말하면, 당시 인도에 사는 목사들은 실제 믿음으로 살았다. 나는 더 이상 인도에서 그런 경우를 찾아볼 수 있을 거로 생각하지 않지만, 현재 전 세계 모든 기독교 가정이 믿음의 가정이 되어야 한다고 믿는다.

믿음으로 사는 것은 새로운 가능성과 새로운 패러다임을 향해 우리 마음을 개방해야 한다는 것을 의미한다. 그것은 하나님의 계획과 목적을 우리가 더 선명하게 분별하여 찾을 수 있다는 것을 의미한다. 보이는 것이 아닌 믿음으로 살기 위한 의지는 우리 삶을 향한 하나님의 목적을 실현하는 첫 단계라 할 수 있다.

2) 소명 안에서 행해야 할 우리

하나님의 소명을 발견하는 것은 축복받은 경험이다. 그 소명 안에서 행하는 것은 최고로 축복받은 삶이다. 나는 자신을 향한 하나님의 부르심을 알지 못하고 삶을 허비하고 비참하게 살아가는 개인들에게 관심을 기울여 왔다. 이들은 사역 현장에 있는 사람들이 아니었다. 나는 크리스천의 삶에서 성스러움과 세속적인 것을 분리하는 관습에 동의하지 않는다.

우리는 그리스도를 위하여 모든 것을 하도록 소명을 받았다. 이것은 하나님의 시점에서 봤을 때 우리가 하는 모든 것은 청지기의 사명으로서 성스러운 일을 의미한다. 청지기가 연구원이든 부흥 설교자든 상관없다. 하나님의 영광을 위해 맡은 바 연구를 한다면 각 연구실은 하나님을 경외하는 소명의 자리로 변할 것이다.

성경은 자신의 소명을 발견한 사람들의 풍부한 간증을 제공한다. 하나님은 아브라함의 삶을 향한 계획을 세우고 계셨다. 아브라함은 열방을 축복할 나라가 될 것이었다. 그는 그것을 발견했고, 믿음으로 응답했다. 하나님은 요셉에 대한 계획을 세우고 계셨다. 그는 구덩이와 보디발의 집과 감옥 너머의 운명이 있었다. 그는 가족을 지키고 나라를 구할 운명이었다.

모세는 나일강으로 흘러간 작은 방주 안에서 죽거나 그의 이름에 걸맞게 크고 높은 피라미드를 가진 파라오가 될 수 없었다. 그의 소명은 자기 민족을 속박에서 구해 내고 그들을 약속의 땅으로 인도하는 것이었다. 다니엘은 바벨론에서 부패한 정치인이 될 수 없었다. 그는 그 나라에 영향을 끼치고 그 영향력 때문에 오염되지 않도록 소명을 받았다. 엘리야는 자살 충동을 느끼며 우울하게 살지 않았다. 그의 소명은 살아 있는 하나님을 이교도들에게 드러내는 것이었다. 요나는 바다에서 익사하거나 물고기 뱃속에서 질식사하지 않았다. 그의 소명은 그가 경멸하는 니느웨 사람들에게 용서의 메시지를 전달하는 것이었다. 베드로는 그의 원수들 앞에서 예수를 부인했던 과거의 일로 인생을 마무리하지 않았다. 그는 오순절에 강력한 하나님의 구원 계획의 메시지를 전파할 운명을 가지고 있었다.

바울은 하나님의 사람들을 쫓던 자신의 인생을 핍박자로서 마무리하지 않았고, 로마로 가는 길에 배가 조난해 죽지도 않았다. 그의 소명은 이방 세계에 복음의 증인이 되어 복음을 전파하는 것이었다. 여기 모든 의인이 자신들의 삶을 향한 하나님의 목적을 발견했고, 믿음으로 열매를 맺었다. 하나님의 소명을 발견하고 그 소명 안에서 사는 사람은 복이 있다.

성경에는 자신들의 소명을 깨닫고, 그 소명대로 살았던 많은 여성이 있다. 사라는 한 나라의 어머니가 될 소명을 깨달았다. 드보라는 위대한 지도자가 될 소명을 깨달았다. 룻은 예수의 증조할머니가 될 소명을 깨달았다. 라합은 히브리 정탐꾼들을 숨겨 줄 소명을 깨달았다. 마리아는 전 세계의 구원자를 잉태할 소명을 깨달았다. 막달라 마리아는 첫 번째 전도자가 될 것이라는 소명을 깨달았다. 루포의 어머니와 브리스길라는 여성 집사로서 초대 교회를 섬기는 소명을 깨달았다.

나는 자신들의 소명을 잃어버려 절망에 빠진 사람들을 목격했다. 이 중에는 좀 더 일찍 자신들의 소명을 깨닫지 못해 나중에 그 잃어버린 시간을 과잉 보상하려고 노력하며 그 과정에서 자신과 다른 사람을 매우 비참하게 만드는 사람들도 속해 있다. 여러분의 인생을 통해 가능한 빨리 자신의 소명을 깨닫고 믿음으로 그것을 행하게 되길 바란다.

내가 관찰한 다른 경우는 자신의 소명과 무관하거나 벗어나게 행동하고자 하는 사람들이 자신과 다른 사람에게 많은 고통을 유발했던 경우다. 나는 한때 하나님이 심오한 방법으로 사람들을 사역할 수 있도록 사용하시고, 기도와 중보 사역을 통해 목회했던 한 남성을 알고 있었다.

이 남성은 가끔 지식의 말씀 은사와 영적 통찰력을 통해 사람들의 삶에 대해 말했다. 하지만 나는 나중에 동일한 사람이 자신을 '선지자'라고 칭하고, 덕을 세우고, 권면하며, 위로하는 말이 아닌 권위의 어조로 사람들에게 말하는 것을 목격했다. 더 나아가 이 사람은 주요 단체의 지도자에게 자신의 예언적 비전과 지식의 힘을 주장하며, 단체에서 일하는 직원을 해고할 것과 해고하지 말아야 할 것을 지도자에게 충고하기 시작했다.

그 지도자와 단체는 이 남성의 영향력 아래서 많은 괴로움을 겪어야 했다. 여기에서 진실은 이 남성이 목회를 통해 사람들을 섬기는 진정한 소명을 가진 것은 사실이지만 그가 이 소명의 선을 넘어갔고 부적절한 정체성과 권위를 주장할 때 많은 사람이 깊은 상처와 고통을 입게 되었다는 점이다. 결국, 그는 자신에게 주어진 실제 사역과 과장된 사역 모두를 잃게 되었다. 자신의 소명 안에 머무르는 것이 더 낫다는 것을 알 수 있다.

3) 기름 부음 안에서 행해야 할 우리

사무엘은 사울의 삶 가운데 이스라엘의 왕이 될 소명을 위해 성령의 기름 부으심을 상징하는 기름을 그에게 부었다. 하나님은 그의 종들에게 그들의 임무를 위해 기름을 부으신다. 하나님은 그분의 종들이 맡겨진 섬김을 잘 할 수 있도록 공식적으로 임무를 부여하신다. 성령이 권능과 함께 사울에게 임했다. 성경은 사울이 실제로 새로운 마음을 받았다고 기록한다. 마음의 변화는 자주 새로운 임무가 필요하다. 새로운 기름 부음은 사울에게 새로운 친구를 안겨 주었다. 이 새로운 친구들이 선지자였다는 사실을 주목하는 것은 흥미롭다. 얼마 지나지 않아 우리는 사울도 역시 예언하는 것을 보게 된다.

우리가 어울리는 무리는 우리에게 영향을 끼친다. 거짓말을 하는 무리와 어울리면 결국 거짓말을 하는 사람이 된다. 불평을 늘어놓는 사람들과 어울리면 역시 불평하는 사람이 된다. 선지자들 틈에 있다 보면 자신도 선지자가 된다. 선지자들 틈에 있던 사울이 변화되자 사람들이 물었다.

> 기스의 아들에게 무슨 일이 일어났느냐 사울도 선지자 중에 있느냐(삼상 10:11).

사울이 왕좌에 오르는 길에 예언하는 것은 멋진 광경이었을 것이다. 사울이 나중에는 잘못된 길로 빠졌지만, 초기에는 자신의 소명을 깨닫고 그가 받은 기름 부으심 안에서 행했기 때문에 나는 이런 일이 가능했다고 결론 내리게 되었다.

우리는 성령으로 충만해지고, 성령으로 인도함을 받으며, 성령 안에서 행하도록 요청받았다. 기름 부으심은 마술적인 어떤 것이 아니다. 성령은 기름 부으심이다. 하나님의 목적을 성취하기 위해선 성령의 기름 부으심 안에서 행해야 한다.

하나님은 사람을 부르신다!

이것이 여러분의 정체성이다. 그 소명 안에서 행하길 바란다. 하나님은 사람에게 기름을 부으신다. 이것이 여러분이 누구인지 말해 준다. 여러분은 부르신 소명과 성령의 기름 부으심 안에서 행할 것을 결단해야 한다. 이것이 평화와 기쁨과 승리를 가져다 주는 길이다.

소명을 준비하는 것의 중요성에 대해 첨언하면 다음과 같다. 여러분의 소명은 새로운 지식과 기술을 필요로 할 수 있다. 이것을 얻는 것에 대해 두려

위하지 말아야 한다. 나는 신학대학 학생들과 신학대학원 학생들에게 자신들의 소명을 성취하는 데 필요한 세부적 기술들을 얻을 것을 추천해 왔다. 훈련 시간은 낭비된 시간이 아니다. 나는 그것을 '활주로 시간'으로 부른다. 비행기는 이륙하기 전에 활주로에서 적당한 시간을 보내야 한다. 비행기가 클수록 활주로에서 보내는 시간은 길어지게 마련이다. 이것은 공식적 사역에만 해당하는 것은 아니다. 하나님의 모든 임무에도 해당이 된다.

바로의 궁전에서 보낸 40년과 광야에서 목자로서 보낸 추가적 40년은 모세에게 활주로 시간이었다. 나는 여러분이 이런 시간을 초라한 시작이라고 생각하거나 무료한 훈련 기간이라고 생각하여 회의를 느끼지 않았으면 한다. 이런 시간은 여러분의 소명과 기름 부으심 안에서 행하는 것을 배우는 시간이다.

여러분이 소명을 행할 때 두려움을 느낄 필요는 없다. 여러분을 좌절시키기 위해 노력하는 사람들 때문에 위협을 받을 필요도 없다. 여러분 안에 계신 이가 세상에 있는 자보다 크시다(요일 4:4).

내가 소년이었을 때, 인도에서 겪은 경험이 내가 이 진리를 생각나게 한다. 어느 날 등교하는 길에 뱀 한 마리와 길에서 마주쳤다. 나는 처음에 뱀이 꼬리를 흔드는 모습만 볼 수 있었다. 인도 코브라에 대한 무서운 이야기를 들어왔고, 같은 반 아이가 뱀에 물려 죽었기 때문에 나는 공포에 떨며 이웃을 찾아가 도움을 요청하기 시작했다.

한 이웃이 큰 막대기를 든 채 달려왔다. 그는 뱀의 머리를 치기 위해 뱀을 찾고 있었다. 하지만 실망스럽게도 그는 뱀의 머리를 치는 대신에 웃기 시작했다. 나는 왜 뱀을 죽이지 않고 웃는지 이유를 물었다. 그는 "뱀의 숨겨진 머리를 한번 쳐다보라"고 내게 말했다. 나는 두려워하며 조심스럽게 살펴보았고 뱀의 머리가 납작하게 눌려 있었다는 것을 발견했다. 뱀은 머리를 들 수조차 없는 상태였다.

분명한 것은 누군가 나보다 앞서 이 길을 왔으며, 이 뱀을 보았고, 그 뱀의 머리를 내리쳤던 것이었다!

움직일 수 없었던 뱀은 그냥 거기 누워서 단지 꼬리만 흔들고 있을 뿐이었다. 뱀의 속성을 고려해 볼 때 꼬리로 공격하고 죽일 순 없다. 나는 내가 느꼈던 공포에도 불구하고 더 이상 위험을 느끼지 않았다.

나는 지금 이 경험을 비유로 활용하고 있다. 사실 한 사람이 이천 년 전에 우리보다 앞서 '갈보리'라고 불리는 장소에 갔으며, 거기서 뱀의 머리를 깨뜨렸다. 뱀은 여전히 우리를 위협하려고 애쓰지만, 그것의 치명적인 힘은 제거가 되었다. 우리는 더 이상 뱀을 두려워할 필요가 없게 되었다. 우리는 단지 그의 악한 도구만 인지하고 있으면 된다.

나는 여러분이 자신의 소명을 발견하고, 그것을 행하길 바란다. 그 소명에 박차를 가하기 위해 성령의 기름 부으심과 권능을 받아야 한다. 두려워하지 말고 행해야 한다. 여러분의 참된 정체성 안에서 행하게 될 것이고, 여러분의 목적을 강력하게 성취할 것이다.

토의를 위한 질문

1. 왜 사울은 나귀를 쫓았나요?

2. 사울에게 필요했던 패러다임의 전환은 무엇이었나요?

3. 사울이 사무엘 선지자를 만난 것으로부터 배울 수 있는 교훈은 어떤 것들이 있나요?

4. 사울에게 부어졌던 기름 부으심의 결과는 무엇이었나요?

5. 하나님의 임재에 대한 역사(history)를 통해 무엇을 알 수 있었나요?

6. 이 장에서 강조한 하나님의 임재의 일곱 가지 장소는 무엇이었나요?

7. 이 장에서 여러분의 삶을 통해 하나님의 목적을 성취하기 위해 추천한 세 가지 단계는 무엇이었나요?

8. 이 단계 중에서 여러분이 가장 힘들게 느껴진 단계는 무엇이었나요?

9. 이 장을 통해 여러분의 정체성과 목적에 대해 주님이 말씀하시는 것을 나눠 봅시다.

10. 여러분의 삶에서 주님이 재촉하시는 것이 있다면 그것에 순종하기 위해 첫 번째로 고려하는 행동은 무엇인가요?

에필로그

친애하는 독자 여러분!

지난 여정 가운데 여러분과 함께할 수 있어 나로서는 큰 기쁨이었다. 앞에서 다룬 내용을 통해 여러분들은 영적 정체성 형성을 위한 15개의 전기선 또는 물줄기를 경험했다. 이 요소들을 압축하면 세 가지 영역으로 나타낼 수 있다.

첫 번째 그룹인 처음 다섯 개 장은 하나님이 세우신 가족과 관련된 정체성에 초점을 맞추고 있다. 두 번째 그룹에서는 여러분의 삶을 향한 하나님의 목적과 관련된 정체성을 다루었고, 마지막 그룹에서는 성령으로부터 부여받는 능력과 관련된 정체성을 제시했다.

여러분의 가족, 인종, 민족, 경제적 상황 등을 포함하고 있는 심리 사회적 정체성은 단지 부분적인 것이다. 여러분은 그것을 소유할 수 없지만, 여러분의 참된 정체성은 영적 정체성이며, 그것은 하나님의 가족으로서 지위와 하나님의 부르심에 따른 삶의 목적, 성령으로부터 부여받는 능력을 통해 얻을 수 있다.

하나님은 그분의 자녀들이 하나님 안에서 자신들이 누구인지 알기를 원하신다. 하나님은 그분이 우리를 어떻게 보시는지 우리가 알기를 원하신다. 이런저런 이유로 우리는 자신에 대해 왜곡된 견해를 갖고 있으므로 이것은 우리 대부분에게 엄청난 계시로 다가온다. 우리가 다른 사람들에게서 듣는 말과 반응, 원수가 말로써 심어 놓은 거짓은 우리의 왜곡된 견해가 형성되는데 기여해 왔다. 하나님이 우리를 보듯이 하나님의 말씀은 우리 자신을 볼 수 있는 가장 신뢰할 만한 거울이다. 하나님은 우리가 이 거울에 비친 모습을 직접 보기를 원하신다. 나는 이 책의 각 장을 통해 여러분이 자신을 들여다볼 좋은 기회를 가졌으리라 소망한다. 거울에 비친 여러분 자신의 모습에서 여러분이 상상하는 것보다 더욱 아름답고 결의에 차며, 권능으로 충만한 자신을 발견하게 되길 기도한다.

서두에서 언급했듯이, 자신에 대한 왜곡된 인식은 많은 문제의 원인이 되며, 그것은 우리가 삶에서 겪는 실패로 이어진다. 하나님의 말씀을 근거로 우리가 누구인지 더 정확하게 인식하는 것이 이런 문제를 극복하는 시작이다. 나는 우리 자신을 하나님의 가족과 하나님의 목적과 성령의 능력에 관하여 바라본다면 우리는 패러다임 전환을 경험할 것이고, 새로운 삶의 방식을 시작할 수 있다고 확신한다.

나는 여러분이 이 책의 각 장을 통해 바라본 여러분 자신의 이미지를 신뢰할 것을 촉구한다. 하나님의 가족 관계에서 볼 때, 우리 자신은 하나님의 자녀, 하나님의 가족, 하나님 나라의 시민, 예수 그리스도의 제자, 온전한 사람이라는 정체성을 갖기를 요청한다. 여러분의 삶 가운데 하나님의 목적에 관한 정체성에 관해서 스스로 상처 입은 치유자인 예수를 대변하는 치유자로 바라보길 요청한다. 여러분 자신을 소망이 없는 세상에서 소망을 낳는 사람, 다른 사람을 이끌도록 소명을 받은 사람, 여러분의 세대를 향해 선교사적 메시지와 예언적 소리를 내도록 부름받은 사람으로서 자신을 인식하게 되길 바란다.

마지막으로, 성령으로부터 받는 능력에 관해 여러분의 몸을 성령이 거하시는 성전으로 보게 되길 바란다. 여러분은 성령의 선물인 기름 부음을 받은 사람으로서 성령의 초자연적 현상(은사)과 여러분의 삶을 통해 성령의 모든 열매를 성장시킬 잠재력을 내포하고 있다. 여러분은 복받은 사람으로 이웃을 축복하라는 사명을 받았고, 성자로서 거룩한 능력과 보호를 받으며 하나님의 임재와 권능에 대한 자각 속에서 소명을 살아 내는 사람으로 자신을 인식하게 되길 바란다.

여러분 자신에 대한 이 다면적인 성경적 관점을 여러분의 존재에 통합할 수 있도록 성령께 간구해야 한다. 이런 통찰력이 여러분의 현실과 세계관의 필수적인 부분을 차지할 수 있도록 여러분의 삶을 성령의 역사하심 가운데 개방해야 한다. 믿음으로 여러분이 누구인지 여러분이 무엇을 하도록 부르심을 받았는지 그리고 성령이 여러분에게 권능을 부여할 것인지에 관해 여러분을 향한 하나님의 인식을 이해하는 것과 함께 기능하기 시작해야 한다. 여러분의 참된 정체성을 가느다란 재봉실과 같은 모양에서 두꺼운 전기선으로 변화시켜야 한다. 여러분의 삶 가운데 영적 정체성을 작게 흐르는 물줄기에서 커다란 강줄기로 변화시켜야 한다.

여러분이 읽고 공부했던 내용을 삶에 반영하길 바란다. 여러분의 정체성을 여러분 자신에게 선포하는 것을 두려워하지 말아야 한다. 자기 자신에게 다음과 같이 외쳐 보자.

① "나는 하나님의 자녀다."
② "나는 하나님의 가족이다."
③ "나는 예수 그리스도의 제자다."
④ "나는 하나님 나라의 시민이다."
⑤ "나는 온전한 사람이다."

증가한 민감성과 함께 하나님이 여러분을 보시는 것처럼 여러분 자신을 보는 것을 시작하길 바란다. 이런 정체성을 가지고 믿음으로 행하겠다고 결단하고 영적 정체성과 함께 수반된 영적 권위를 주장해야 한다. 여러분의 삶 가운데 성령의 권능으로 행하고, 불완전한 세상 가운데 온전한 사람이 되길 바란다. 앞으로 다가올 여러분의 새날에 여러분의 '아바'이신 하나님의 음성과 그분의 영광스러운 임재의 빛과 그분의 무한한 치유의 능력이 여러분과 함께하길 기도한다. 여러분 자신이 정말로 누구인지 그리고 하늘의 도시로 가는 남은 여정 동안 우리가 누구를 섬기는지를 알려 주는 계시 안에서 행하게 되길 기도한다.

하나님의 충만한 복이 여러분에게 함께하기를 기원한다!